알자배기
초등 복습 비법

사진 출처 및 제공처

교육부, Shutterstock, 네이버지식iN, 서울신도중학교신입생안내, KBS, bandhayoga

오리진하우스는 이 책에 사용한 모든 자료의 출처를 밝히기 위해 최선을 다했습니다.
누락되었거나 잘못된 점이 있으면 알려 주십시오. 바로잡겠습니다.

알자배기
초등 복습 비법

유혜영 지음

공부를 배우기를 기뻐하는 초등 자기주도 학습의 긍정적 공부법

공부력을 완성하는 초등 복습법의 모든 것

오리진하우스
ORIGIN HOUSE

차 례

1장 복습으로 하는 자기주도 학습

5장 알자배기 복습 실행

6장 | 알자배기 복습 습관

'힘들다'는 말의
숨은 뜻

———————— 아이들은 지쳐 보였습니다. 그리고 슬퍼 보였습니다. 언제까지 참아내야 하냐며, 놀지도 못하고 이렇게 애써 살다 보면 어른이 되어 진짜로 행복해지냐며 제게 따져 물었습니다. 남들은 공부하기 싫어 엄살이냐 할지 몰라도 담임인 저는 분명히 알 수 있었습니다. 아이들은 자신들이 하는 공부에서 아무런 흥미도 의미도 찾지 못해 괴로워하고 있다는 것을 말입니다.

고학년 담임을 맡게 되면 아이들에게서 일상적으로 듣게 되는 말이 있습니다. 바로 '힘들다'입니다. 수업 후에 더 익혔으면 하는 내용으로 숙제를 내주면 '학원 숙제도 많은데 그 숙제는 언제 해요?'라고 항의를 합니다. 그래서 수업 학습활동으로 구성해보려 하면 이번에는 '하교 후엔 놀 수가 없으니 학교에서라도 놀게 해 달라'고 조릅니다. 평소 공부에 할애하는 시간이 많아 힘들어서 그런 거라고 합니다. 교실을 둘러보면 번 아웃 증후군 앓는 회사원처럼 만사 귀찮고 의욕 없는 친구들도 심심치 않게 만나게 됩니다. 사정이 이렇다 보니 저도 '공부를 많이 해서 아이들이 힘들구나'라고만 생각했습니다.

그런데 아이들을 유심히 관찰해보니 좀 의아한 점이 눈에 들어왔습니다. 놀 시간도 없이 공부하느라 힘들다고 하는데, 정작 학교 수업을 따라오지 못해 힘겨워하는 학생이 의외로 많았기 때문입니다. 아이들의 학업성취도를 가늠해 보아도 마찬가지였습니다. 한마디로 힘들게 공부하는 것에 비해 학생들이 공부를 썩 잘하지 못한다는 것입니다.

초등 교육과정은 그동안 난이도를 낮추고 내용을 줄이는 방향으로 개정을 거듭해 왔습니다. 스토리텔링 등 교육 방법의 변화는 있었지만, 학생들이 습득해야 할 지식 자체의 분량과 수준은 하향 조정된 것입니다. 중학교 수학, 과학 교과서에서 이전 세대가 초등학교 때 배운 내용을 발견하게 되는 것은 이런 이유에서입니다.

그런데 놀 시간이 없을 만큼 공부하느라 하루하루가 힘든 초등학생들이 정작 학교 수업을 따라가기 어렵다는 것은 쉬이 납득하기 힘든 일입니다. 학생 입장에서는 학교 공부가 만만치 않은 일일 수 있겠으나, 그것은 배우려고 노력하지 않았을 때의 경우입니다. 학교에서 만나는 '힘들다'는 학생들은 모두 공부를 '많이' 하고 있었습니다.

필자가 파악한 이 현상이 사실이라면, 현재 초등 고학년 학생들이 처한 상황은 다음 중 하나일 것이라고 가정할 수 있습니다.

1. 효과가 나지 않는 방법으로 공부하고 있다.

2. 공부할 마음이 없는데 억지로 하고 있다.

3. 둘 다이다.

어떤 일을 많이 하면 결국 잘하게 되고, 잘하게 되면 그 일이 좋아지고 힘들지 않습니다. 그런데 공부를 많이 하는데도 잘해지지도 좋아지지도 않는다는 것은 학생들이 효과가 나지 않는 방식으로 그것도 등 떠밀려 공부하고 있기 때문입니다.

불행히도 알려진 여러 통계는 교실 안에서 일개 교사인 필자가 감지한 초등 고학년의 어려움이 결코 국지적인 것이 아님을 보여줍니다. 공부가 한국 학생들을 불행하게 하는 원인이 된 것은 어제오늘 일이 아닙니다. 2019년 12월 통계청의 조사*에 따르면 한국 아동·청소년의 삶의 만족도는 10점 만점에 6.6점으로 OECD 27개국 가운데 꼴찌를 기록했습니다. 여기에서 아이들을 불행하게 하는 가장 큰 원인으로 '공부'로 꼽혔으며, 아동·청소년 3명 중 한 명은 자살 충동을 느낀다고 답하고 있습니다.

우리나라 초등 고학년의 공부 양상은 공부 성과의 본격적인 측정이 시작되는 중학교에서 모습을 드러냅니다. 2010년 OECD 회원국 중등학생의 읽기, 수학 및 과학의 학습 투자 시간과 학업성취도를 비

---

* 이데일리 2019-12-25일 기사 「"죽고 싶다"는 한국 아이들…삶의 만족도 OECD 꼴찌」, 「KOSTAT 통계플러스 2019년 겨울호」

교한 결과, 한국 학생들의 성취도는 우수한 편이었습니다. 그러나 한국 중학생들은 3개 교과 모두에서 OECD 회원국 중 가장 많은 시간을 공부하고 있는 것으로 나타났으며(학교 정규 수업 시간, 방과 후 수업 시간, 혼자 공부하는 시간의 세 영역 모두에서), 학습 투자시간 대비 성취도를 환산한 '학습효율성지수'는 세 과목 모두 OECD국 중 가장 낮은 수준을 보였습니다.•

불행한 아이들, 높은 성취도, 낮은 효율성을 조합하면 우리 아이들의 상태는 '낮은 효율의 공부로 높은 성취를 이루느라 물량 공세 식으로 공부한 끝에 결국 마음의 병을 얻게 된 것'으로 해석할 수 있습니다. 아이들의 일상적인 '힘들다'는 말을 학생 개인의 문제로 보기에는 너무나 근본적이면서도 시급한 문제가 담겨있는 것입니다.

무기력과
비효율의 악순환

———————— 이런 상황을 누구보다도 바꾸고 싶어 하는 사람은 바로 학생들입니다. 놀기에도 부족한 점심시간에 공부 상담을 신청하는가 하면, 공부법 이야기에는 눈이 초롱초롱해지는 것만 보아도 알 수

• 최호성 (Ho Seong Choe), 이옥연 (Ok Houn Lee). 『OECD 회원국 중등학생의 학습 투자 시간과 학업성취도의 비교 분석』 職業 敎育 硏究 VOL.29 NO.1 (2010):45–61

있습니다. 그러나 학생 자신은 무엇을 어떻게 해야 할지 알지 못합니다. 학원이 힘들어 상담 온 한 학생은 제게 이런 말을 했습니다.

"사실 힘들긴 하지만 1학년 때부터 다녀온 학원이고, 학원을 안 다니면 지금만큼도 못 하게 될까 봐 불안해요. 그냥 열심히 해야죠. 뭐."

저학년 때부터 부모님의 관리하에 성실히 살아온 이 학생은 공부를 열심히 해 왔지만 어떤 방식으로 공부할지 항상 부모님의 판단에 따라왔습니다. 아직은 모호하지만 그래도 자기 공부에서 문제점이 있음을 스스로 깨달았기에(문제점은 '힘들다'에 함축되어 있습니다) 학생은 이 상황을 간절히 바꾸고 싶어 합니다. 그러나 공부에 대해 자기결정권도 없고 자신을 믿을 수도 없기에 뭔가를 바꾸거나 시도해볼 엄두조차 내지 못하고 있는 것입니다.

만약 아이들에게 지금처럼 자기통제권이 없고 자신이 처한 어려움에 대해 아무것도 할 수 없는 상황이 계속된다면 어떤 일이 벌어질까요? 그 결과는 무기력으로 찾아옵니다.• 무기력이란 어려움을 만났으나 자신이 상황을 바꾸기 위해 아무것도 할 수 없을 때 느끼는 감정입니다. 통제할 수 없는 상황에 자신을 어쩔 수 없이 내맡기다 보면 수동적인 태도가 내면화되고 만성화되는 것입니다.

• 김현수, 『무기력의 비밀』(에듀니티, 2016). 이 책에서는 무기력의 경험이 내가 어쩔 수 없고 나의 통제력을 벗어난 상황, 즉 원치 않는 일을 억지로 시켜서 계속해야 할 때 생겨난다고 말한다(143쪽). 무기력은 야단쳐서 해결할 수 있는 문제가 아니다. 자녀의 무기력으로 고심하는 부모님이라면 『무기력의 비밀』을 읽어보길 권한다.

필자가 관찰한 고학년의 무기력하고 수동적인 생활 모습들은 다음과 같습니다.

1. 의미 없고 성의 없이 공부하기 – "대충 빨리 혼나지 않을 만큼만 끝내고 놀아야지."
2. 공부를 두고 협상하기 – "공부하면 뭐해줄 건데요?"
3. 결정을 다른 사람에게로 미루기 – "엄마, 학습지 다했는데 이제 뭐 할까?"
4. 공부하는 척하기 – "(깜짝 놀라며) 공부하고 있었어~."
5. 효율 낮은 공부하기 – "온종일 앉아있었는데 한 게 고작 이거야?"
6. 무기력 – "어차피 해도 안 돼. 안 할래"

아이들이라면 다들 공부하기 싫어하니 이렇게 행동하는 것이 당연하다고 여겨서는 안 됩니다. 초등 고학년 정도면 어떤 식으로 공부하는 것이 책임감 있게 공부하는 것인지 정도는 판단할 수 있어야 합니다. 그런데 이 학생들은 대충 하려 하고 보상이 있어야 공부하며, 공부하는 척으로 남의 눈을 속이려 합니다.

'다소 수동적이더라도 공부만 잘하면 됐지'라고 생각하는 학부모님이 계실지 모르겠습니다만, 수동적 공부의 결정적인 맹점은 바로 '비효율성'입니다. 지식은 외부에서 욱여넣는다고 넣어지는 것이 아닙니다. 그것은 오직 내가 직접 지식을 내 안으로 끌어들이는 과정을 통해 습득됩니다. 마음에도 없는 공부를 오랜 시간 반복해서 배워도 좀처럼 발전이 없는 것은 이런 이유에서입니다. 겉으로만 배울 뿐 실제로는 학습자가 지식을 자기 안으로 받아들이는 머릿속 노력을 하지 않기 때문입니다. 수동적인 공부로 최고의 성과를 거둔다는 것은 어불성설입니다.

부모님이 떠먹여 줘야 먹을 수 있던 아기도 성장하면 매일같이 제 손으로 밥을 먹을 수 있게 됩니다. 마찬가지로 저학년 때는 부모님의 적극적인 개입과 도움으로 공부했었다 하더라도, 고학년이 되면 점차 스스로 공부할 수 있는 부분이 늘어나야 합니다. 그러나 많은 학생이 공부할수록 성장하고 독립하는 것이 아니라 스스로 할 수 없는 존재, 무기력하고 의존적인 존재가 되어가는 것은 부인할 수 없는 현실입니다.

이런 상황을 가장 '힘들게' 여기는 사람도 바로 학생들입니다. 사람은 누구나 타인의 감시와 감독하에 일하기보다 일의 주인이 되고 싶어 합니다. 고학년이면 몸도 마음도 성장하여 청소년이 되어 가는데, 공부에 대해서만은 주어진 방법으로 잘하기만 요구될 뿐, 내 공부인데도 내가 결정할 것이 별로 없습니다. 이의를 제기하면 고민하지 말고 그냥 열심히 하라고 합니다. 스스로가 껍데기처럼 느껴지고 공부가 남의 일 같습니다. 내 일이 아닌 남의 일에 전략을 고민하고 최선을 다할 이유가 없습니다. 학생들의 공부가 수동적이고 비효율적인 모습이 되어가는 것은 어쩌면 당연한 결과입니다.

공부 성패는
공부의 주인이 누구인가에 있다

———————— 그렇다면 능동적으로 공부한다는 것은 어떤 것일까요? 초등학생이 능동적으로 공부할 수는 있는 것일까요? 수동적인 학생에 비해 소수지만 5, 6학년 학생 중에도 이런 모습을 보여주는 학생들이 있습니다.

6학년인 S는 학교를 대표하는 축구 유망주입니다. 평일 하루 3~4시간씩 축구를 하고 주말에도 따로 훈련해야 할 만큼 빡빡한 일정이지만 S가 공부에 소홀할 것으로 생각하면 오산입니다. 수업과 훈련 사이의 1시간 남짓한 시간에 S는 학교 도서관에서 숙제와 복습에 매달립니다. 수업 시간에는 누구보다도 적극적으로 참여하고 질문도 많습니다. 사실 운동으로 진로가 거의 정해진 것이나 다름없는 S가 힘을 다해 공부하는 모습이 신기해서 이유를 물어보니 학생은 이렇게 대답했습니다.

"공부를 소홀히 할 거면 축구를 그만두라고 아버지가 말씀하셨어요."

축구를 하려면 공부도 열심히 하기로 부모님과 약속을 한 것입니다. S는 자신의 아버지가 틀림없이 그렇게 하실 분이라고 했습니다. S는 하고 싶은 축구를 위해 자신의 공부에 책임져야 했습니다. 이런 절박함 때문인지 S의 전 과목 성적은 매우 우수합니다.

밝은 성격으로 친구 관계가 좋은 6학년 여학생 Y는 영어 학원에 다니고 있고 다른 과목은 혼자서 합니다. Y는 수업을 주도하는 학생입니다. 수업 시간에 배우는 내용이 이해가 안 되거나 잘 모르겠다 싶으면 알 때까지 끈질기게 질문합니다. 학원에 가지 않는 날이나 비는 시간이면 Y는 교실이나 도서관에 남아 숙제를 하고 그날 수업의 필기를 정리한 후 하교합니다. 어머니가 오시는 저녁때까지 학원에 가고 간식도 혼자 챙겨 먹어야 해서 시간을 알차게 보내기 쉽지 않을 텐데도 Y는 그 시간에 필요한 공부를 스스로 합니다. Y의 성적은 전 과목이 최상위입니다. 더욱 주목할 만한 점은 Y의 수학 계산력은 학급의 다른 친구들에 비해 느린 편이지만 개념 이해가 남달라 수학시험에서 혼자 100점을 맞는 일이 종종 있다는 것입니다.

초등 고학년을 전반적으로 힘들게 보내는 친구들이 있는가 하면, 같은 나이인데도 어떤 학생들은 일상생활도 잘 꾸리고 공부도 잘 해내는 모습을 보입니다. 여건이 완벽하지 않은데도 말입니다. 어떤 차이가 있는 것일까요?

그 차이점은 이 학생들은 **공부의 이유와 동력을 모두 '자기 자신'에게 두고 있다**는 데 있습니다. 이들은 부모님이 매번 시켜서 공부하는 것이 아닙니다. 공부를 해야 하고, 하고 싶은 자신만의 이유가 있습니다. 공부가 부모님의 일이 아닌 자신의 일인 것입니다.

또한 이 학생들은 남을 이기거나 누군가로부터 칭찬을 들으려고 공부하는 것이 아니라 자신이 더 배우고 성장하기 위해서 스스로가 만족스러워질 때까지 공부합니다. 그렇기에 내가 남들에게 어떤 모습으로 비칠까를 생각하기보다 나의 공부 내용을 '잘 알기 위한' 행동들로 기꺼이 선택하고 소신 있게 밀고 나갑니다.

초등학생이 자기 공부를 책임지는 것에는 한계가 있을 수밖에 없습니다. 그러나 공부를 잘하기 위해 스스로 할 수 있는 일이 무엇인지 생각하고 시도하면서, 부족한 부분을 어떻게든 스스로 풀어가려 노력하는 것. 그것이 초등학생으로서 자기 공부의 주인이 되는 모습이라고 할 수 있습니다. 예에서의 학생들은 공부뿐만 아니라 생활 전반에 대한 자기 책무성도 강한 모습을 보입니다. 자기 공부의 주인일 뿐만 아니라 자기 생활의 주인이기도 한 것입니다.

자녀가 초등 고학년이라면 부모님의 꼼꼼한 관리와 코칭 이상으로 생각해야 할 일이 있습니다. 그것은 바로 학생 자신이 자기 공부의 주인이 될 수 있도록 기회를 주면서 공부 주도권을 조금씩 학생에게 이양해야 한다는 것입니다. 가까운 미래에는 결국 공부의 주도권이 학생 자신에게 있어야 합니다.

복습의
재발견

───────── 이런 일련의 생각으로 저는 학생들의 공부 주도성을 되살릴 방법, 과도하면서도 효과 없는 공부로 힘들어하는 학생들을 도

울 방법을 고민했습니다. 목표는 공부를 자신의 일로 돌려주어 공부 자립을 이루도록 하는 것입니다. 그래서 우리 반의 급훈도 여기에 맞추어 알자배기(알고 자립하고 배려하기를 기뻐하는 반)라고 정했습니다. 학생들이 행복하고 성공적으로 공부하려면 앎을 기뻐하고 자기 삶과 공부의 주인이 되어 남을 도울 수 있는 사람이 되어야 한다고 생각해서였습니다.

공부의 주도권을 점차 학생에게 넘겨주자면 초등학생이 학교 공부를 스스로 감당할 방법을 알려주어야 했습니다. 그래서 초등학생도 자기 공부를 주도할 수 있는 방법, 바로 '복습'을 시작하게 되었습니다.

복습이 학생에게 학습 주도권을 주는 일이라니 좀 싱겁게 느껴질 수도 있습니다. 복습하라는 말을 너무 많이 들어서인지 복습이 특별하거나 가치 있는 공부로 느껴지지 않는 것도 사실입니다. 그러나 복습은 일단 시작하면 초등학생이라 할지라도 학습의 주도권을 갖게 되는 마법 같은 작동 과정을 갖고 있습니다.

A라는 학생이 복습하기로 마음먹었다고 합시다. 이 학생에게 어떤 변화가 일어날까요?

하교 후 집에 돌아온 A는 일단 책상에 오늘 배운 과목들의 교과서와 공책을 펼쳐 놓습니다. '무엇부터 해야 할까?' 생각 끝에 배운 과목 순서대로 교과서를 살펴봅니다. '어디에서 뭘 배웠더라?' 생각하며 교과서를 뒤적이니 오늘 배운 본문과 메모했던 글씨들이 눈에 들어옵니다. 또 그 부분에서의 수업 맥락과 친구들의 이야기, 선생님의 말씀도 떠오릅니다. 상기한 내용을 바탕으로 이제 배운 것을 정리하기로 합니다. 그러자 떠오른 내용 중에 무엇이 핵심이었는지 생각하게 되고, 잘 몰랐는데 그냥 넘어갔던 부분도 다시 보입니다. 만약 수업 내용이 잘 떠오르지 않았다면 '내가 놓쳤구나!' 반성하며 다음 시간에는 수업에 더 집중하기로 마음먹습니다.

　복습 과정에서 학생이 학습 주도권을 쥔 모습, 발견하셨습니까? 복습하면서 A는 자기 공부의 정도를 스스로 평가하고, 자신에게 필요한 공부가 무엇인지를 판단했습니다. 그 판단에 따라 해야 할 행동을 정하고 이를 실천하고자 마음먹기도 했습니다. 이런 일련의 과정은 노울스●가 정의한 '자기주도 학습'의 과정과 정확히 일치하는 것입니다. 복습하는 과정에서 자연스럽게 자기주도 학습이 이루어진 것이죠. 독자 여러분은 이것이 부모님이나 선생님이 '~이 부족하니 이것을 해라. ~하는 것이 좋겠다.'와 같이 판단해 주고 따르도록 하는 방식과는 전혀 다른 것임을 이해할 수 있을 것입니다.

　또한 학생들은 복습 과정에서 자기 공부를 객관적으로 바라보고 그에 따라 행동을 스스로 통제하게 되는데, 이것은 공부를 잘하는데 꼭 필요한 메타인지●●와 자기 통제력을 발휘하는 일임을 알 수 있습니다.

● 　노울스(Malcom S. Knowles)는 자기주도 학습을 '개인이 솔선수범하여 자신의 학습욕구를 진단하고 학습목표를 정하고, 학습에 필요한 인적·물적 자원을 탐색하여 적절한 학습전략을 선택·시행하고 학습결과를 평가하는 과정'으로 정의한다. 즉 방법적으로 학습을 계획하고 시행하고 평가하는 1차적 책임을 학습자가 지면 그것이 곧 자기주도 학습인 것이다.

●● 　자신의 인지과정에 대하여 한 차원 높은 시각에서 스스로를 관찰, 발견, 통제하는 정신작용을 말한다. 메타인지가 구체적으로 무엇이고 학습자에게 왜 중요한지는 3장 복습 원리 편의 '출력식으로 공부하기'에서 확인할 수 있다.

복습으로 공부하는 일이 지금 하는 공부 내용을 완성해 줄 뿐만 아니라 공부를 할 수 있는 능력 자체도 계발되도록 돕는 것입니다.

이 책은 ...

─────────── 알자배기 반을 운영하면서 저는 우리 반 학생들을 대상으로 '복습 특강'을 열기도 하고, 매일 복습 숙제를 내주었다가 열심히 한 친구들에게는 학기 말에 상을 주어 칭찬하기도 했습니다. 하지만 여전히 학교 공부를 어떻게 해야 할지 몰라 고민하는 제자들을 보면서 효과적인 복습 방법을 더 자세히 알려줘야겠다고 생각해 왔습니다. 이제 이 생각들을 책으로 구체화하게 되었습니다.

이 책은 초등학생들이 복습을 중심으로 자기 공부를 끌어갈 수 있도록 돕기 위해 만들어졌습니다. 학생 스스로 공부를 잘할 수 있도록 돕지만, 그렇다고 중고등학생들의 공부법 도서처럼 '최대한 많은 시간을 투자해라'라고 말하지 않습니다. 대신 뇌의 작동 원리를 통해 공부가 일어나는 원리를 학생들이 이해할 수 있도록 제시하고, 바르고 효과적인 방법을 사용해 학생 스스로 조금씩 꾸준히 공부하도록 돕는 데 중점을 두었습니다. 공부가 힘들어 우울한 학생들이 복습을 통해 성장하기를, 그래서 자기 공부의 주인이 되어 공부가 평생 좋아하는 일이 되었으면 하는 마음입니다.

그러나 아직은 초등학생인 아이들이 책의 내용을 온전히 이해하자면 여러 가지 어려움이 따를 것입니다. 아이들과 함께 도움닫기 해 줄 부모의 도움이 절실합니다. 그래서 이 책은 부모님과 학생들이 함께 볼 수 있도록 구성했습니다.

1장에서는 초등 고학년이 되면 왜 공부의 주인으로 나서야 하는지, 복습을 통한 자기주도 학습이 어떤 효과를 가져오는지에 대해 설명했습니다. 이 책의 의도를 이해하고 복습을 실천하자면 이 공부법이 왜 필요하고 어떤 효과가 있는지 부모님과 학생이 함께 공감할 수 있어야 합니다. 따라서 1장 만큼은 부모님과 학생이 꼭 함께 읽으시길 권합니다.

2장에서는 본격적으로 복습을 실행하는 방법을 설명합니다. 2장 배우기 편은 복습을 제대로 하려면 먼저 배우기의 방법부터 달라져야 함을 이야기합니다. 대충, 의미 없이 배우다 보면 배운 것을 또 배워야 하고 복습도 불가능하기 때문입니다.

복습을 본격적으로 다루는 첫 장인 3장 복습 원리 편에서는 공부를 잘하기 위해 복습할 때 우리의 생각과 태도를 어떻게 다루고 사용해야 하는지 설명합니다. 이것은 공부를 잘하게 되는 '팁'이 아니라 필자가 공부하고 가르치는 과정에서 발견한 일종의 '원리'들입니다. 어떤 일이든 원리를 알면 개별의 팁을 따라 하느라 애쓰지 않아도 그 일을 장악할 수 있게 마련입니다. 그러므로 공부의 원리라고 할 수 있는 복습 원리 편의 내용은 학생들이 자세히 읽고 직접 시도해보면서 익혔으면 합니다.

4장 복습 방법 편에서는 복습할 때 우리가 선택할 수 있는 공부법들을 하나씩 살펴봅니다. 읽기, 설명하기, 문제풀기 등 평소에 일반적으로 사용하는 방법들도 있고 새로운 방법도 있습니다. 복습 방법 편의 방법들이 최고의 효과를 얻기 위해서 이 책에서는 여러 공부법을 어떻게 하면 출력식*으로 바꿀 수 있을까 하는 저의 고민을 담았습니다. 새로운 공부법들은 재미있게 시도해 보고, 평소에 해 오던 공부법은 출력식으로 바꾸어 보아 공부 효과가 어떻게 나아지는지를 직접 경험해 보기 바랍니다.

5장 복습 실행 편에서는 복습을 실행하는 방법과 과목별 복습 방법을 다룹니다. 2015 개정 교과서를 중심으로 국어, 수학, 사회, 과학, 영어 과목의 특성을 살펴보고, 복습 방법 편에서 다루었던 공부법들 중각 복습의 단계별로 어떤 방법을 어떻게 골라 쓰는 것이 좋을지 추천합니다. 학생들은 여기에 나오는 공부법을 과목별로 다 적용해 보아도 좋고, 약한 과목 한두 개만 골라 먼저 실천해 보아도 좋겠습니다.

마지막 6장 복습 습관 편에서는 지금까지 다룬 복습 공부법을 꾸준히 끌어가는 데 도움이 될 조언을 담았습니다. 하루 공부에 성공하고 이것을 습관으로 만들어 공부가 쉬워질 방법도 소개했습니다. 또한 지키기 쉬운 시간 계획표 작성법이나 예시를 보고 학생 독자는 따

---

* 이 책에서는 공부의 방법을 크게 입력식과 출력식으로 나누고 있다. 출력식 공부가 무엇인지는 3장 복습 원리 편에서 자세히 설명한다.

라 해 보기도 하고 고쳐보기도 하면서 자기만의 공부법을 만들어보았으면 합니다.

이 책은 다양하게 활용하는 것이 가능하겠지만 다만 부모님이 혼자 읽고 학생에게 공부를 지도하도록 만들어진 것이 아님을 밝혀둡니다. 이 책의 공부법이 성공하려면 책을 읽는 학생이 공부의 주인으로 나서려고 마음먹어야 하며, 부모님은 반드시 자녀를 믿고 도와주셔야 합니다. 이제 공부의 주도권은 학생에게로 넘어가야 하기 때문입니다.

아무쪼록 저의 미약한 공부가 책을 보시는 학부모님과 학생들, 그리고 사랑하는 제자들과 자녀들에게 꼭 도움이 되었으면 하는 바람입니다.

긴 장마의 끝자락에 유 혜 영

복습으로 시작하는

자기주도 학습

1장

공부의 재미는
어디에서 오는가?

재미있는 공부는
가능한 것인가?

初等 선생님들이 수업을 준비할 때 신경 쓰는 부분이 여러 가지가 있겠지만, 그중에서도 가장 많이 생각하는 요소는 바로 '재미'입니다. 혹시 아이들이 수업을 재미없어하진 않을까? 전부터 알고 있던 것이라 시시하다고 하면 어쩌지? 뻔한 내용이라면 게임으로라도 만들 수는 없을까? 생각하고 또 생각합니다. 하지만 수업을 게임으로 만드는 데는 한계가 있습니다. 초등 고학년만 되어도 공부할 내용이 꽤 복잡하고 많아지기 때문입니다. 여러 선생님과 대화를 나눠 봐도 고민은 한결같습니다.

"다 게임식으로 할 수 없는데 수업이 조금만 밋밋하다 싶으면 아이들이 금세 집중을 못 하고 소란해져요."

저 역시 제자들의 '공부가 재미없다'라는 하소연을 듣다가 하루는 '공부 재미'를 검색어로 넣어 검색해 보았습니다.

공부가 재미없다는 학생 앞에서는 지식인의 우주신, 태양신도 이렇다 할 해결책이 없나 봅니다. 정말 공부는 원래부터 재미없는 일일까요? 그래서 게임이 되지 않고서는 재미있을 수 없는 것일까요? 우리는 언제부터 공부하는 일이 이렇듯 재미없고 싫어진 것일까요?

새로운 것을
아는 즐거움

———————— "엄마! 이거 '카' 다 '카!' 맞지?"

어느 날 설거지를 하고 있는데 거실에서 놀던 5살 아이가 가쁜 숨을 몰아쉬며 제게 소리쳤습니다. 무슨 일이라도 났나 싶어 가보니 아이가 얼마 전에 봤던 만화영화 제목인 '카'라는 글자를 어느 책 표지에서 발견해서 생긴 소란이었습니다. '카'라고 쓰고 '카'라고 읽는 무언가를 찾아냈고 알았다는 희열에 아이는 얼굴이 빨개지도록 소리치며 좋아했습니다.

5살 아이도 '카'라는 글자 한 개를 알게 된 것이 기쁘고 스스로가 대견한데, 우리는 학교에서 새로운 것들을 매일같이 배우고 공부하는데도 왜 기쁘지 않은 것일까요?

> "사람들이 움직이는 게 신기해
> 팔다리가 앞뒤로 막 움 움 움 움직이는게
> 숨 크게 들이쉬면 갈비뼈 모양이 드러나는 것도
> 내쉬면 앞사람이 인상 팍 쓰며 코를 쥐어 막는 것도
> 놀라와 놀라와 놀라와
> Amazing
> ...
> "

– AKMU(악동뮤지션) 〈사람들이 움직이는 게〉 가사 중 일부

이 노래를 작사, 작곡한 이찬혁 씨는 사람들이 팔다리를 흔들고 숨을 쉬는 것이 신기해서 곡으로 만들었네요. 그의 호기심은 여기서 끝

나지 않습니다. 노래 가사를 좀 더 볼까요?

> "
> ...
> 손발로 막 치고 박고
> 두 다리로 공 차고 받고 했던 내
> 익숙하던 몸뚱아리가 낯설게 느껴질 땐
> 몸치고 박치고 다 하나같이 쿵쿵짝
> 호키포키 clap your 궁둥짝
> 누구라도 한 번쯤은 다 생각해보는 Right?
> Who am I? Who are you?
> "
> ...

이찬혁 씨는 당연한 손과 발의 움직이는 모습을 신기해하며 내 몸에 대해서, 나에 대해서 그리고 사람에 대해서 궁금해하고 있습니다. 당연한 것 같았던 나와 내 주변의 것들에 문득 궁금증을 품고 그 모습들을 흥미롭고 신비롭다고 생각하다가 더 나아가 나는 누구이고 너는 누구인지 생각해 보기에 이르는 것. 이런 것이 바로 우리가 하는 공부의 본래 모습 아닐까요? 처음에 공부는 그렇게 '알고 싶어서' 시작되었습니다. 그 '알고자 하는 마음'이 나를 더욱 공부하도록 이끌어갑니다. 사랑스러운 눈으로 나와 너와 세상을 바라보고 놀라워하고 알기를 열망하는 그 어린아이 같은 마음 말입니다.

생각해보면 우리 주변에는 새로운 것들, 놀라운 것들로 가득 차 있기에 그것들을 하나하나 경험하고 알아가는 것이 신기하고 재미있을 법도 한데, 우리는 언젠가부터 그 자연스러운 앎의 기쁨을 잃어버린 것 같아 안타깝습니다.

재미는
공부 안에 있다

알고 싶어서 공부하는 것과 알고 싶지도 않은데 그냥 등 떠밀려 공부하는 것에는 그 효과와 결과 면에서 큰 차이가 있습니다. 알고 싶어 하는 학생들은 대상을 알려고 애쓰고 고민한 끝에 그것을 해결하거나 이해할 때마다 성취감과 기쁨을 경험합니다. 이런 경험은 학습자에게 앞으로 더 큰 공부의 어려움도 넘어설 수 있는 에너지와 자신감으로 작용합니다. 그래서 공부를 잘하는 사람 중에는 이런 앎의 기쁨을 오랫동안 잘 유지하는 사람이 많습니다. 알고 싶은 마음이 공부를 끌어가는 동력에서 근본적 차이를 만드는 것입니다.

이렇게 앎의 기쁨이 중요하기에 어릴 때는 공부가 재미있을 수 있도록 많은 내용을 게임과 노래 등의 활동으로 배웁니다. 하지만 인위적으로 만든 재미는 오래가지 않습니다. 공부의 진짜 재미는 공부를 게임으로 만든다거나 보상이 주어져서 생겨나는 것이 아닙니다. 진정한 공부의 재미는 공부 내용 그 안에 숨어있습니다. 국어 공부의 재미는 국어 속에, 수학 공부의 매력은 수학 자체에 있다는 이야기입니다. 공부를 제대로 해 보지 않은 사람은 그 재미를 모르기에 공부 밖에서 재미를 찾으려고 합니다. 그러나 진정으로 공부를 오랫동안 재미있게, 잘하고 싶다면 공부 자체가 주는 이 재미를 알아야 합니다. 깊이 공부한 끝에 일찍이 이 사실을 깨달은 공자는 후학들에게 이런 말을 남겼습니다.

知之者 不如好之者, 好之者 不如樂之者
안다는 것은 그것을 좋아하는 것만 못하고, 좋아하는 것은 즐기는 것만 못하다.[1]

특히 좋아할 호好는 '잘하다, 능숙하다'의 뜻으로도 해석을 할 수 있어서 이 뜻을 반영하여 풀어쓰면 다음과 같습니다.

알기만 하는 것은 그것을 좋아하고 능숙하게 하는 것만 못하고, 좋아하고 능숙하게 하는 것은 그것을 즐기는 사람만 못하다.

즉 아는 것을 뛰어넘어 좋아하고 능숙하게 잘하면 더 좋지만, 그 사람도 그것을 사랑하고 즐기는 사람은 따라갈 수 없다는 말입니다. 능숙함을 뛰어넘어 공부를 즐기는 사람은 어떤 사람들일까요? 그들은 공부를 사랑해서 즐기다 보니 자기 분야에 최고가 되어 기여하기에 이른 사람들입니다.

여기 공부하기를 즐기면 남다른 업적을 이룬다는 것을 삶으로 보여 주는 사람들이 있습니다. 그 첫 번째 인물은 우리나라 사람입니다. 그는 명문가의 셋째 아들로 태어나 신분이 좋은 데다 유복해 공부할 필요가 없었습니다. 아버지는 그에게 공부 말고 하고 싶은 것을 실컷 하라고 할 정도였습니다. 그러나 이 사람이 하고 싶은 것은 오직 공부였습니다. 앞으로의 쓸모를 떠나서 그냥 독서와 공부가 좋았기 때문입니다. 어릴 적 그는 밤을 새워 책을 읽기 일쑤였고 공부하다가 병이 날 지경이었습니다. 공부를 사랑하다 보니 성장해서도 그는 과학이면 과학, 음악이면 음악, 손을 댔다 하면 무엇이든 최고의 경지를 이루어냈습니다. 이 사람은 바로 우리나라의 자랑, 세종대왕입니다.

또한 노벨상 수상자 중에는 이렇게 공부를 사랑한 사람들이 많습니다. 미국 최초의 과학 분야 노벨상 수상자인 앨버트 마이컬슨은 엄청난 시간을 빛의 속도를 재는 데 바쳤습니다. 게다가 그 실험은 에테르라는 실제로는 존재하지도 않는 물질을 증명하는 실험이었기 때문에 실패한 실험이었습니다. 그런데도 수상 후에 연구의 이유를 묻자 그는 "너무나 재미있었거든요!"라고 대답했습니다. 반입자의 존재를 예측한 공로로 1933년 노벨 물리학상을 받은 폴 디랙도 마찬가지였습니다. 수상소감을 묻자 그는 "마치 아주 흥미로운 게임을 하는 것 같았습니다."라고 했습니다.[2] 노벨상을 받기 위해서는 답이 나오지 않는 어려운 공부에 오랜 시간 동안 전념할 수밖에 없었을 것입니다. 그런데도 이들은 공부를 마치 너무 재미있어서 하지 않을 수 없었다는 듯이 말합니다. 재미있게 몰두하다 보니 남달리 훌륭한 업적도 자연스럽게 따라왔습니다. 이 사람들은 결과뿐 아니라 과정도 행복한, 말 그대로 성공적인 공부를 한 사람들이라고 할 수 있겠습니다.

이처럼 공부 안에 숨어있는 매력을 알고 그것을 진정 사랑하고 즐기게 되면 공부 과정이 행복할 뿐만 아니라 남다른 결과도 얻게 됩니다.

자기주도 학습

공부의 주인이
된다는 것

—————— 초등학생들이 공부로 힘들어하는 모습을 매일 보고 있자니 기왕 하는 공부, 아이들이 잘했으면 좋겠고 공부 과정도 즐거웠으면 좋겠다는 마음뿐이었습니다. 이런 바람으로 여러 유형의 학생들을 관찰하고 공부에 대한 글들을 읽은 끝에 필자는 앎의 기쁨을 느끼며 공부하는 사람들에게서 하나의 공통된 특징을 발견할 수 있었습니다. 이들이 갖는 특징은 무엇일까요?

그것은 공부를 즐길 줄 아는 사람들은 하나같이 자신이 자기 공부의 주인이라는 사실입니다. 이들은 처음에는 누군가 이끌어주었거나 경쟁심에서 시작했을지라도 결국에는 자기가 하는 공부가 온전히 자신의 것임을 깨닫고 공부의 주인으로 나섰기에 행복한 공부가 가능했습니다.

그렇다면 공부의 주인이 된다는 것은 어떤 것일까요? 여기에는 크게 두 가지 뜻이 있습니다.

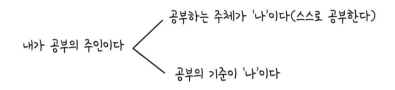

이해를 돕기 위해 남이 주인이 되는 공부와 내가 주인이 되는 공부를 표로 비교해 보았습니다.

	남이 주인이 되는 공부	내가 주인이 되는 공부
공부하는 주체	시켜서 한다.	내가 필요해서 한다.
	칭찬받거나 보상받으려고 한다.	내 실력이 나아지기 위해 한다.
공부하는 기준	남을 이기려고 한다.	오늘의 나를 이기려고 한다.
	남들에게 인정받으려고 한다.	내가 만족하는 수준까지 알려고 한다.
관심사	실력보다 점수에 신경 쓰는 공부	점수보다 실력에 신경 쓰는 공부
마음	공부할수록 앞으로 어떻게 공부할지 깜깜하고 자신이 없다.	공부할수록 스스로에 대한 자신감이 생긴다.
결과	공부할수록 남에게 의존하게 된다.	공부할수록 내 삶의 주인이 되어간다.

내가 공부의 주인이 되는 학생들은 공부를 하고 싶거나 해야 하는 나만의 이유가 있습니다. 그렇기에 남이 시켜서가 아니라 내가 필요해서 공부합니다. 또한 이 친구들은 진짜로 아는 것에 관심이 있습니

다. 이들이 공부하는 이유는 지금 내가 공부하는 내용을 제대로 알게되어 이를 통해 성장할 수 있기를 바라기 때문입니다. 남들을 이기고 남들보다 나아져서 다른 사람들로부터 칭찬받는 것에 집중하면 진짜로 알고 싶은 마음, 모르던 것을 알게 되어서 기뻐지는 마음과는 멀어지게 됩니다.

우리나라를 대표하는 성리학자 이이 선생의 어머니이고 오늘날 5만 원 지폐의 주인공이기도 한 신사임당은 내 공부의 기준을 남에게 두어선 안 된다는 것을 잘 알고 있었습니다. 그래서 아들 이이가 어느날 서당에서 1등을 하고 집에 돌아와 자랑하자 상을 주기는커녕 이렇게 꾸짖습니다.

> "내가 너더러 공부하라고 했지 남과 견주라고 했느냐"
>
> — 신사임당

남과 비교하여 이기는 데 연연하지 말고 공부가 깊어지는 데 집중하라는 신사임당의 꾸짖음입니다. 여기서 혹시 제게 이렇게 되물을 수도 있겠습니다.

"선생님, 요즘은 경쟁 시대예요. 이이가 살던 시대와 달라요. 경쟁에서 이겨야 살아남을 수 있어요."

내가 주인이 되는 공부는 현실의 경쟁을 외면하고 나 홀로 공부하자는 이야기가 아닙니다. '내가 주인이 되는 공부'를 통해 스스로 공부하고 내가 진짜 '아는 것'에 집중해서 공부하면 공부를 진정으로 잘할 수 있게 된다는 의미입니다. 이것을 증명하는 사람이 바로 위의 꾸짖음을 들었던 신사임당의 아들, 율곡 이이입니다. 이이는 자라서 우리나라의 대학자이자 정치가로 우뚝 서게 됩니다. 또한 다른 사람들과 경쟁해야 하는 과거시험에 9번 장원급제하여 구도장원공(九度壯元公: 아홉 번 장원한 분)이라는 역사상 유례없는 인물이 됩니다. 공부의 주인으로 앎에 집중하는 공부를 하면 공부의 즐거움과 깊이는 물론 경쟁력도 갖출 수 있음을 의미합니다.

이렇게 말하고 있는 필자도 부끄럽지만 공부하는 척하고, 남들보다 조금 나은 점수를 받는 데 연연하며 학창 시절의 대부분을 보냈습니다. 힘만 들고 공부도 잘하지 못하는 어둡고 긴 터널과도 같은 시간이었습니다. 그러나 영어만큼은 점수가 아닌 '실력'을 높이는 데 집중했고, 그렇게 단 3개월을 매진하자 상황은 반전되었습니다. 학교 성적이 급상승하는 거짓말 같은 경험을 하게 되었고 덕분에 수능 외국어(영어) 영역에서 전국 상위 0.2%의 성적을 얻을 수 있었습니다. 이 일을 계기로 저는 당장의 시험 점수를 높여서 남을 이기려는 노력보다 스스로 공부한 내용을 제대로 알고자 치열하게 노력하는 것이 효과적인 공부이자 곧 경쟁력 있는 공부법이라는 것을 알게 되었습니다. 공부의 기쁨이 공부 자체에 있었던 것처럼 공부를 잘할 수 있는 비결도 남이 아닌 바로 나 자신에게 있는 것입니다.

자기주도 학습

────────── 공부를 재미있고 효과적으로 하려면 내가 공부의 주인이 되어 스스로 이끄는 공부를 해야 한다는 이야기, 이것을 우리가 익숙한 용어로 바꾸면 바로 자기주도 학습을 말하는 것이라고 할 수 있습니다. '자기주도 학습'이라는 말을 한 번쯤은 들어 보았을 것입니다. 입시 전형에 '자기주도 학습전형'이 있을 정도로 알려진 말이지만 그 뜻을 알고 실행하는 사람은 생각보다 많지 않습니다. 그렇다면 자기주도 학습이란 무엇일까요?

교육학에서는 '자기주도 학습'을 다음과 같이 정의하고 있습니다.

"학습자 스스로가 학습의 참여 여부에서부터 목표 설정 및 교육 프로그램의 선정과 교육평가에 이르기까지 교육의 전 과정을 자발적 의사에 따라 선택하고 결정하여 행하게 되는 학습형태." [3]

이 정의에 대한 실제적인 이해를 돕기 위해 요즘 학생들이 많이 하는 공부 형태를 예시로 제시해 봤습니다. 다음의 문장들을 보고 자기주도 학습에 해당하는 것은 어떤 것인지 한 번 생각해 봅시다.

1. 학원에 안 다니고 집에서 엄마, 아빠와 공부하는 것
2. 학원에 안 다니고 부모님이 세워주신 계획대로 공부하는 것

3. 학원에 안 다니고 집에서 학습지 선생님과 공부하는 것

4. 학원에 안 다니고 인강을 듣는 것

5. 학원이 아닌 공부방을 다니며 공부하는 것

6. 학원은 안 다니고 학교 숙제만 꼬박꼬박 해 가는 것

이 중에서 자기주도 학습에 해당하는 것은 무엇이라고 생각합니까? 1~5까지라고 생각합니까? 아니면 6번만이라고 생각합니까? 결론부터 말하면 1~6까지 모두 자기주도 학습이라고 보기 어렵습니다. 자기주도 학습에서 '자기주도'란 자신이 자기 공부를 끌어가는 것을 말하는데 1~5는 모두 학원에 다니지 않는다 뿐이지 내가 아닌 누군가가 내 공부를 끌어주고 있기 때문입니다. 그럼 6번은 어떨까요? 이것 역시 자기주도 학습이 되기에는 부족합니다. 학교 숙제는 선생님이 수업에 필요한 공부 내용을 선정해서 내주는 것이므로 공부를 끌어가는 주인이 역시 내가 아닌 선생님이라고 할 수 있습니다. 정의에 의하면 학습목표, 프로그램, 평가까지 학습자가 정하는 것이 자기주도 학습이기 때문에 자기주도 학습에서 학원을 다니고 안 다니고는 별로 중요하지 않습니다. 자기주도 학습을 하는 학생들은 자신의 필요에 따라 학원에 다니기도 하고 또 필요 없다고 생각되면 학원에 다니지 않습니다.

그러면 이렇게 질문을 던져 봅시다. 지금까지 학원을 꾸준히 다니면서 무리 없이 공부를 잘 해왔는데 굳이 체질을 바꿔가면서까지 자기주도 학습을 꼭 해야 할 필요가 있을까요? 예. 맞습니다. 앞으로는 누구나 자기주도 학습을 해야 하고 반드시 할 수 있어야 합니다. 왜 그럴까요?

미래에
필요한 사람

─────── 조지타운대학교 컴퓨터공학과 칼 뉴포트 교수는
자신의 책『딥워크』에서 미래 사회는 많은 것들이 너무나 빠르게 변해
서 공부한 것을 활용해 직업을 갖는다거나 성과를 내는 주기가 지금과
비교할 수 없이 짧아질 것이라고 이야기합니다.[4] 이런 상황에서 그는
미래의 인재가 성공하기 위해서는 다음 두 가지 능력을 갖추어야 한다
고 조언합니다.

1. 어려운 일을 신속하게 습득하는 능력
2. 질과 속도 면에서 최고 수준의 성과를 올리는 능력

미래에 필요하다는 이 두 가지 핵심능력이 모두 '새로운 지식을 얼
마나 빠르고 깊게 익힐 수 있느냐'와 관련되어 있음을 여러분은 눈치
채셨나요? 요즘 웬만한 정보는 검색하면 다 나오니 굳이 공부할 필요
가 없다고 말하는 사람도 있습니다. 그러나 정보가 넘쳐나기 때문에 이
많은 정보 중에서 유용한 것을 골라내고, 이것을 완전히 내 것이 되도
록 '습득'하는 일이 과거보다 더 중요해질 수밖에 없습니다. 지식이 많
으니 그 깊이가 경쟁력이 되는 것입니다. 어쩌면 우리가 미래를 위해
가장 시급하게 배워야 할 것은 영어나 수학이 아닌 바로 '익히는 능력'
그 자체라는 말을 칼 뉴포트는 하고 있는 것이지요. 어렵더라도 스스로

배울 줄 아는 힘, 새로운 것을 받아들여 진짜 내 것이 되게 하는 능력. 그것이 다른 말로 바꾸면 자기주도 학습능력이라고 할 수 있겠습니다. 자기주도 학습능력은 우리가 반드시 갖추어야 할 능력이며 미래를 살기 위해서는 누구라도 당장 시도해야 할 과제입니다.

공부로 내 인생의
주도권 갖기

사람들은 모두 행복하기를 원합니다. 그러나 행복이 놀이공원에 가거나 맛있는 것을 먹거나 친구와 어울리는 데만 있는 것은 아닙니다. 행복은 자기 인생을 자신이 끌어가고 그것이 생각한 대로 효과를 거둘 때도 찾아옵니다. 이런 감정을 심리학에서는 자기효능감이라고 합니다. 자기효능감이란 자신이 어떤 일을 성공적으로 수행할 수 있다고 믿는 기대와 신념입니다. 아직 하지 않은 일인데도 할 수 있다고 자신을 믿는 것입니다. 이런 믿음은 단지 주변에서 '넌 할 수 있다'고 말해 주거나 스스로 마음먹어서 쉽게 생기는 것이 아닙니다. 자기효능감은 어릴 때부터 내 의지로 작은 것을 시도해서 그것이 성공하는 소소한 경험들이 쌓여갈 때 생겨납니다. 이렇게 만들어진 자기효능감은 인생의 어려움을 만나도 '난 할 수 있어'라고 믿으며 삶의 주인으로서 난관을 당당히 헤쳐 갈 내면의 힘으로 작용하게 되는 것입니다.

초등 고학년이 완전히 자기 생활을 이끌고 책임지는 것은 아직 불가능합니다. 하지만 초등학생도 일상적으로 하는 내 공부의 주인이 될 수는 있지요. 작은 부분이지만 내가 계획하고 실행해서 그 효과를 보는 일까지 짧게는 하루 이틀 만에도 내 공부의 주인이 될 수 있습니다. 생각한 대로 시도했는데 모르던 것을 알게 되는 경험이 매일같이 쌓여간다면 그 학생은 매일의 공부가 신나고 자신감이 넘치게 될 것입니다. 학생에게 자기주도 학습은 공부를 통해 내 인생의 주인이 되는 일을 당장 시작하고 연습할 수 있는 좋은 도구입니다.

공부법의 획득

──────── 지금 시중에서는 전교 1등, 전국 1등, 명문대생들의 공부법 영상이나 책을 쉽게 만날 수 있습니다. 하지만 그런 공부법들을 막상 따라 해보면 잘되지 않는다는 이야기를 합니다. 그 이유는 우리가 모두 다른 사람이기 때문입니다. 공부의 신에게 통했던 공부법이 공부의 신과는 다른 성격, 다른 환경, 다른 기호를 가진 나와는 맞지 않는 것이지요.

나에게 맞는 공부법을 찾는 데는 시행착오의 시간이 필요합니다. 내가 하고자 하는 공부법을 시도해 보고 그 효과를 판단해보는 '실패'의 경험을 해 볼 시간 말입니다. 여러 방법을 시도해 보다가 실패하면 다른 방법으로 바꾸어보고, 잘 맞는 것은 하나씩 내 것으로 만들어 가다 보면 결국에는 내게 맞는 공부 방법을 찾을 수 있을 것입니다. 입시로부터 비교적 자유로운 초등 고학년부터 이런 노력을 해 본다면 좀 더 빨리 나만의 공부법을 찾을 수 있을 것입니다.

문제는 내가 끌어가는 공부인 '자기주도 학습'을 초등학생들이 어떻게 할 수 있느냐 하는 것입니다. 하지만 걱정하지 마세요. 누구나 당장 쉽게 할 수 있는 공통된 자기주도 학습 방법이 있습니다. 그것은 우리가 이미 어느 정도 알고 있는 방법이기도 합니다.

바로 '복습'이지요.

복습

복습으로
공부를 시작하다

——————— 초등 고학년은 곧 중학교에 진학하게 됩니다. 중학교에 진학한다는 것은 학생들로서는 상당한 변화입니다. 학교 환경이 바뀌고 학교에서 공부하는 방식이 달라지며 무엇보다도 공부의 무게가 달라짐을 경험하게 됩니다. 학생으로서는 버거울 수 있는 이 변화를 준비하여 공부 도약의 기회로 삼는 것이 필요합니다.

중학교라는 변화가 힘든 것은 저도 마찬가지였습니다. 초등학교 때 부모님은 제게 늘 '잘한다'고 말씀하실 뿐, 공부법이나 성적에 대해서는 크게 신경 쓰지 않으셨습니다. 그래서인지 전반적으로 그럭저럭 평범한 학생이었던 저는 자신감만은 충만했습니다. 막연히 중학교에 가면 공부를 잘할 수 있으리라 믿었으니 말입니다.

중학교에 입학해서 3월을 보내고 첫 성적표를 받아보니, 초등학교 때는 볼 수 없었던 '등수'라는 것이 적혀 있었습니다. 정확한 반 등수가 생각 나진 않지만 60명 중에 대략 몇십 등이었던 것으로 기억합니다. 뭐 나쁘지 않다고 생각하고 부모님께 성적표를 보여드렸는데, 두 분의 얼굴이 생전 처음 보는 심각한 얼굴로 바뀌는 것이었습니다. 예상하지 못했던 상황에 저는 적잖이 당황했습니다. 아무 말씀 없이 성적표를 살펴보시던 아버지가 갑자기 자리를 박차고 밖으로 나가십니다. 잠시 후 어머니마저 저녁 식사 준비가 아닌 필요도 없는 물고기 밥을 사러 나가셨습니다. 이 정도 되면 눈치 없는 저로서도 사태의 심각성 정도는 감지할 수 있었습니다.

'중학교에서는 이거보단 잘 해야 하나보다.'

공부에 대해 너그러운 태도를 가진 두 분이셨지만 그래도 중학교에 가서는 공부를 어느 정도 잘해야 한다고 생각하신 모양입니다. 이 일로 저는 제대로 공부를 해봐야겠다는 생각이 들었습니다. 하지만 뭘 어떻게 해야 잘할 수 있는지 알 길이 없었습니다. 초등학교 내내 공부다운 공부를 해 본 적이 없었으니까요. 분위기가 진정된 후 어머니께 조용히 말씀드렸습니다. '저도 잘하고 싶은데 뭐부터 할지 모르겠다.'고. 지금 생각해 보면 저희 어머니는 그때 참 현명한 말씀을 제게 해주셨습니다.

"학교 갔다 와서 1시간씩 복습을 해 봐."

복습을 어떻게 하는 것인지 몰랐지만 어머니의 조언에 따라 방과 후 학교에서 그날 배운 것을 다시 펼쳐 보기로 했습니다. 학교에서 돌아오면 즉시 방에 들어가 국어, 사회 교과서의 배운 본문을 다시 읽었습니다. 영어는 배운 부분에 해당하는 테이프를 들었고요(당시에는 mp3 파일이 아닌 교과서 테이프로 발음을 공부했습니다). 수학과 과학은 학교에서 배운 곳에 해당하는 문제집을 풀었습니다. 1시간 동안 공부하라고 하셨기 때문에 학교에서 돌아오면 무조건 방에 들어가 이런 활동으로 1시간을 채웠습니다. 때로는 좀 쉬고 싶기도 했고 간식을 먹고 싶기도 했습니다. 하지만 중간고사는 한 달 남짓 남았고 최소 한 달은 해 보자고 어머니와 약속했던 터라 그만두고 싶은 마음을 꾹 누르며 매일 똑같이 이렇게 보냈습니다.

한 달의 시간이 흘러 중간고사 기간이 되었습니다. 지난 시험처럼 시험 범위를 한 번씩 보고 시험을 치렀는데, 이번 성적표에는 60명 중 2등이라는 석차가 나왔습니다. 기간은 한 달에 불과했고 그동안 복습 외에는 다른 공부를 하지 않았는데도 성적이 눈에 띄게 향상된 것입니다. 이 일로 저는 한 가지는 분명히 알 수 있었습니다. 그것은 그날 배운 것을 복습하는 공부가 생각보다 꽤 괜찮은 공부법이라는 것입니다. 더 중요한 것도 덤으로 얻었습니다. 바로 내가 하는 일이 내 인생의 변화를 만들 수 있다는 사실입니다. 이 깨달음은 2등 성적보다 훨씬 값진 결과였습니다.

사실 매일 1시간의 공부라는 것은 그리 많은 양의 공부가 아닙니다. 복습의 내용도 그날 배운 부분의 교과서를 읽고, 집에 있던 문제집에서 배운 곳을 찾아 풀었을 뿐 평범했습니다. 그런데 어떻게 이런 변화가 일어난 것일까요? 그것은 바로 작지만 매일 하는 복습이 기억과 이해라는 두 마리 토끼를 잡았기 때문입니다. 무슨 시험이든 좋은 결과를 기대하려면 시험 범위 내의 많은 내용을 속속들이 다 알아야 하지요. 하지만 막상 시험 기간이 되어 공부를 하려고 하면 배운 지 오래된 터라 내용은커녕 언제 배웠는지조차 기억이 안 나기 일쑤입니다. 그것은 머리가 나빠서가 아니라 모든 사람에게 일어나는 자연스러운 망각 현상입니다. 독일의 심리학자 헤르만 에빙하우스의 연구에 따르면 망각은 학습한 지 10분 후부터 시작되고 1시간 뒤에는 50%, 하루 뒤에는 70%, 그리고 한 달 뒤에는 학습한 것의 80%를 망각하게 된다고 합니다.[5]

하지만 복습을 하면 매일같이 배운 내용을 상기하므로 기억이 다시 100%가 되고 공부 내용을 기억하는 시간도 더욱 연장되게 됩니다. 또한 그날 수업에서 이해가 안 된 부분이 복습할 때 드러나기 때문에 그때그때 보완하게 됩니다. 시험이 임박해서 몇 단원씩이나 되는 거대한 양을(그것도 여러 과목을) 한꺼번에 이해해야 하는 재난을 매일의 복습이 막아주는 것이지요. 저의 복습은 적은 양의 공부였고 완벽하지도 않았지만, 시험이 임박해서야 하는 벼락치기 시험공부의 어려움과 문제점을 상당 부분 해결해 주었던 것입니다.

복습, 쉽고 효과적인 공부 방법,
그러나...

——————— 저의 첫 복습 이야기, 별로 어려워 보이지 않지요? 복습 공부는 저만의 공부법이 아닙니다. 많은 사람이 효과적인 공부를 위해 일반적으로 사용하는 공부법이 바로 복습입니다.

학창 시절부터 복습을 중요하게 생각했던 공신닷컴 강성태 대표는 자신의 책 『강성태의 66일 공부법』에서 복습을 아예 습관으로 만들도록 권유합니다. 그는 고등학교 때 매 수업 직후 쉬는 시간에 5분 복습을 했고, 고3 때는 지독한 반복 복습을 통해서 수업 이해를 넘어 수업 전체를 거의 외우다시피 했습니다.[6]

〈서울대는 어떻게 공부하는가〉라는 팟캐스트를 운영하는 공부 멘토 한재우 씨의 복습 사례는 더욱더 흥미롭습니다. 공부를 전혀 할 줄 모르던 과외 제자에게 그는 수업 직후 복습, 매일 복습, 일주일에 한 번 전 과목 복습을 하도록 주문했고, 3개월을 오로지 복습만 한 이 중3 학생은 3개월 뒤, 뒤에서 3등이었던 자신의 성적을 진짜 반에서 3등으로 끌어올립니다.[7]

그저 배운 것을 매일 복습하기만 해도 이렇게 효과가 좋은데 왜 다들 하지 않는 것일까요? 생각과 달리 복습을 한다는 것은 은근히 귀찮고 어렵습니다. 한 번 배우고 나면 '그 내용을 이미 안다'라는 생각 때문에 학생들은 좀처럼 복습을 하지 않습니다. 아는 것을 다시 공부하는 일은 지루하고 쓸데없어 보이니까요. 하지만 수업 후에 갖게 되는 이 '안다'라는 느낌은 보통 진짜 알지 못하면서도 안다고 느끼는 것이기에, 어쩌면 가장 위험한 감정 상태라고 할 수 있습니다. 왜 위험한지는 '3장 복습 원리 편'에서 자세히 이야기하도록 하겠습니다.

복습이 어려운 또 다른 이유는 많은 학생이 하교 이후에 복습할 시간이 없기 때문입니다. 부모님도 학생들도 복습의 효과나 필요성을 알지 못하기 때문에 하루 일정에 복습을 고려하지 않는 것이지요. 하교 이후 학원 수업과 운동 등을 모두 마치고 집에 가면 늦은 시간이 되고, 저녁 식사 후에 학교 숙제와 학원 숙제를 하고 나면 복습을 할 시간도 에너지도 남아있지 않게 됩니다. 초등학생이라면 하루 1시간이면 족할 복습 시간이 이런저런 이유로 좀처럼 확보되지 않는 것입니다.

중학생이 되면
더욱 절실해지는 복습 습관

초등학교의 후반부를 보내고 있는 고학년 학생들은 곧 중학교에 진학하게 됩니다. 중학교에 가면 많은 변화가 있겠지만 일단 맞이하는 변화는 초등학교에 비해 심화되고 늘어난 교과 내용입니다. 그런데 중1이 자유학년제로 지정되다 보니 중학교 1학년의 교과 시간은 이전보다 적어졌고 대신 나머지 시간을 진로탐색을 위한 자율수업으로 배정하여 사용하고 있습니다.

4) 자유학년 교육과정 운영 모형(진로탐색 + 선택프로그램 모형) - 2학기

	월	화	수	목	금
1					
2			기본교과		
3					
4					
5	주제선택 프로그램/ 예술체육 프로그램	기본교과	주제선택 프로그램/ 예술체육 프로그램	기본교과	교과연계 진로탐색 활동
6		기본교과			자율창체 동아리
7	방과후	예술체육프로그램 (스포츠클럽)	방과후		방과후

| 중1 자유학년 교육과정 운영모형 예시[8]: 일주일 중 3일 오후수업 전체가 자율수업으로 구성되어 있다 |

따라서 소화할 교과 내용은 일정한 데 비해 배우는 수업 시간이 줄어들어 수업 진도가 비교적 빠르게 진행된다는 것을 예상할 수 있습니다. 게다가 중1의 경우 전 평가가 중간고사나 기말고사 등의 지필고사 없이 각 수업 내의 수행평가로 이루어지게 되어 학생들은 진도에 맞추어 배운 교과 내용을 놓치지 않고 부지런히 따라가며 소화해야 합니다.

이런 상황에서 시간에 쫓기지 않으면서 수행평가에 대비하는 사실상 유일한 방법은 배운 내용을 복습을 통해 즉시 소화하는 것입니다. 수업 내용을 밀리지 않고 익힌다면 과목별로 닥쳐오는 수행평가를 당황하지 않고 감당할 수 있으며, 새로 배우는 내용도 충실하게 맞아들일 수 있기 때문입니다. 효과적인 복습 공부를 통해 여유를 가질 수 있다면 중1 자율학년은 청소년기로 접어든 학생들이 제도의 취지대로 다양한 경험을 통해 진로를 탐색하고 자기 삶을 설계해보는 소중한 시간이 될 수 있습니다.

자기주도 학습의
첫 걸음, 복습

앞에서 자기주도 학습은 미래를 살아갈 학생들이 반드시 해야 할 공부법이라고 이야기했습니다. 자기주도 학습의 필요성은 알지만 많은 부모가 아직 어린 초등학생이라는 생각에 공부 습관 잡는 문제를 하루하루 미루며 소홀히 여깁니다. 그러나 2011년 서울대생 150명을 대상으로 이들의 우등비결을 조사한 교원교육연구소에 따르면 이 학생들이 올바른 공부습관을 만든 시기는 비교적 입시에 직접적인 영향을 받지 않는 초등학생 때이었음을 알 수 있습니다.[9]

자기주도 학습이 미래를 살아갈 학생들에게 반드시 필요한 공부법이라고 생각이 들고, 그것이 훗날 좋은 성과로 나타나기를 기대한다면 더 이상 지체해선 안 됩니다. 이 책의 독자는 초등과정의 끝자락을 달리고 있는 초등 고학년이기 때문입니다. 자기주도 학습을 시작하고 그것이 익숙하다 못해 습관이 될 정도의 노력을 기울여야 하는 시기는 바로 지금, 초등학생 시기입니다.

물론 초등학생이 하루아침에 자기주도 학습 본연의 뜻대로 계획부터 평가까지 공부 전 과정을 스스로 끌어간다는 것은 결코 쉬운 일이 아닙니다. 거의 불가능에 가깝지요. 그래서 저는 초등 고학년이 생애 처음 시도하는 자기주도 학습의 방법으로 복습을 제안하는 바입니다. 복습의 기본 틀은 바로 '학교에서 배운 것을 스스로 익히는 시간을 갖는다.' 입니다. 대단한 기술이나 엄청난 시간 투자가 아니어도, 특별한 교재가 없어도, 학생이라면 누구라도 당장 시작할 수 있는 자기주도 학습 방법이 바로 복습인 것입니다.

복습의 정체를
이해하자

복습은
자기주도 학습의 미니버전

——————— 복습은 자기주도 학습을 시작하는 초등학생에게 가장 좋은 방법이라고 이야기했습니다. 그 이유는 복습의 과정이 자기주도 학습의 과정을 꼭 닮았기 때문입니다. 본래 자기주도 학습은 평생학습을 하는 성인 학습자에게 적용되는 개념입니다. 성인 학습자는 어른이기에 뭔가를 배우고 싶으면 학습목표를 정해서 그 목표를 이룰 방법을 탐색하고, 이를 실행한 후에 학습결과의 평가까지 스스로 합니다. 내가 계획하고 방법을 정하고 추진해서 결과까지 보는 것이지요. 복습은 자기주도 학습과 여러 면에서 유사하지만 앞부분의 절차가 다릅니다. 무엇을 배울지 무엇을 목표로 공부할지는 학교 수업으로 이미 정해지기 때문입니다. 그러나 이후의 과정인 복습 방법을 정하고 실행하는 일은 학습자의 몫입니다. 내가 학습목표에 정말 도달했는지의 여부는 초등 학습자라 할지라도 스스로 판단할 수 있습니다. 복습은 이렇듯 자기주도 학습의 축소판이기에 초등학생이 시작하기 좋은 자기

주도 학습 방법이라고 할 수 있는 것입니다. 자기주도 학습과 복습의 과정을 간단히 표로 비교해 보자면 다음과 같습니다.

자기주도 학습 과정 (성인 학습자)	복습 과정 (초등 학습자)
학습 욕구 진단 스페인에 여행가려니 생활 스페인어가 필요해!	학교 수업으로 정해져 있다.
학습목표 정하기 여행가서 스페인어로 생활할 수 있는 회화 수준까지 공부하자!	**과목 목표와 수업의 학습목표가 정해져 있으므로 목표를 정하는 것이 아니라 파악하는 것이다.** – 과학 과목의 목표는 자연현상에 대한 흥미와 호기심 갖고 과학적 핵심개념을 이해하며 탐구 능력 및 문제 해결을 위한 과학적 소양을 갖는 것 – 4학년 과학 수업 목표가 '물체의 무게를 비교하려면 어떻게 해야 할까요?' 였다면 물체의 무게를 비교하는 방법을 알고 실제 비교할 수 있는 것이 학생 공부의 목표
학습에 필요한 인적, 물적 자원 탐색 유튜브로 스페인어 배우기, 스페인어 학원 다니기, 스페인어 책 사서 혼자 보기, 스페인 친구와 language exchange 하기 중 어떤 방법이 좋을까?	**복습 방법 탐색하기** 과학은 어떤 방법으로 복습할까? 교과서를 읽을까? 문제집을 풀까? 2차 필기를 해 볼까?
적절한 학습 전략 선택, 시행 회사 일이 바쁘니 학원은 어렵고 매일 아침 한 시간씩 유튜브로 공부하겠어!	**복습 방법 정하고 실행하기** 과학은 노트필기로 복습해야지!

학습 결과 평가	학습 결과 평가하기 즉 나는 오늘 학습목표에 도달했을까?
오늘 배운 것은 확실히 알아졌나? 한 달 후: 공항에서 쓰는 핵심 표현들은 알아듣고 말할 수 있나?	물체의 무게는 수평대에 받침점으로부터 같은 거리에 두 물체를 올려놓아 기울어지는 쪽이 무거운 것으로 비교할 수 있어. 내가 학습목표 답을 말할 수 있는 것을 보니 공부가 잘 되었네!

학습

　　　성인 학습자이어야 할 수 있을 것 같은 자기주도 학습을 초등학생도 복습으로 할 수 있다니 참 반가운 이야기입니다. 그러나 아직 입니다. 복습이 숙제나 피동적인 활동으로 전락하지 않고 학습자의 의지가 들어간 자기주도 학습의 모습으로 거듭나려면 먼저 복습의 기본 개념인 습(習)에 대해 이해할 필요가 있습니다.

그동안 공부와 숙제는 해 왔지만, 복습은 해본 적이 없는 학생들이 대부분일 것입니다. 해 보진 않았어도 복습이 뭐냐고 물으면 학생들은 이렇게 대답합니다.

"배운 내용을 다시 공부하는 것 아닌가요?"

예, 맞습니다. 복습은 배운 내용을 다시 공부하는 것이지요. 하지만 진정한 복습은 배운 것을 또 공부하는 것 이상의 의미를 갖고 있습니다.

뭔가를 배우는 일을 다른 말로 '학습한다'라고 하지요. 한자어인 학습 學習은 배울 학學과 익힐 습習 두 글자로 이루어져 있습니다. 그런데 이상한 점이 있습니다. 배운다는 뜻의 글자는 학學 뿐인데 배우는 일을 왜 '학 한다'라고 하지 않고 '학습한다'라고 할까요? 그것은 지식을 얻는 일이 선생님께 배우는 것만으로는 부족하며 학생 자신이 그것을 익혀야 비로소 완성되기 때문입니다. 그래서 옛 현인인 공자께서도 공부에 대해 이렇게 말씀하셨습니다.

學而時習之 不亦說乎
배우고 때때로 그것을 익히면 또한 기쁘지 아니한가?[10]

배웠으면 됐지 익힌다는 것은 또 무슨 뜻일까요? 익힌다는 것은 이런 것입니다.

1. 빈틈없이 이해해서 모르는 것이 없게 하는 것
2. 배울 때 떠올랐던 질문들에 모조리 대답하는 것
3. 공부한 것을 다른 곳에 사용할 수 있을 만큼 익숙하게 만드는 것
4. 공부 내용을 다른 사람에게 설명할 수 있게 하는 것

익힌다는 것은 이렇듯 지식이 완벽하게 내 것이 되어 새롭게 활용할 수 있는 상태까지 되게 하는 것을 의미합니다. 어떤 내용을 공부할 때 익힘을 통해 이렇게 깊이 알 수 있게 된다면 그 공부는 다 한 것입

니다. 뭔가를 배울 때 깊이 알게 될 때까지 공부하고 있습니까? 사실 공부할 때 보통 이렇게까지 배운 지식을 분명하게 하려 애쓰지 않습니다. 그러나 공부 고수와 공부 하수의 차이는 바로 이 지점에 있습니다.

공부 하수는 뭔가를 배우면 '공부했다'고 생각하고 얻은 지식이 불분명한 것에 대해서는 별 신경을 쓰지 않습니다. 또한 이 학생의 생각에 공부란 배우는 활동이 전부이기 때문에 익힘을 왜 해야 하는지 이해가 가지 않습니다.

그러나 공부 고수는 배웠다 하더라도 내가 아직 잘 모르면 '공부했다'라고 말하지 않습니다. 이들의 입장에서는 제대로 알지 못하면 공부한 것이 아니기 때문입니다. 고수들은 배운 지식을 진짜로 알기를 열망하며, 이 지식을 알려면 내가 어떤 일을 해야 할까를 고민합니다.

공부 고수와 공부 하수의 차이는 '지식이 많은가?'가 아니라 '기꺼이 익힐 마음이 있는가?'에 있는 것입니다.

공부 스타일로 보는
공부 레벨

여기서 잠깐! 익히기와 관련해서 학생들의 공부 방법별로 공부의 레벨을 분류해 보았습니다. 독자분은 평소 어떻게 공부하고 있습니까? 내용을 둘러보며 자신이 어떤 공부 레벨에 해당하는지 한 번 점검해 보기 바랍니다.

1. 하수단계

배운다

공부의 하수는 배웁니다. 부지런히 배웁니다. 그러나 배우기만 합니다. 학교에서 배우고 학원에서 배우고 집에서는 부모님께 배우거나 인터넷 강의를 통해 배웁니다. 배우고 또 배우고 계속해서 배우기만 합니다. 이들에게는 배우는 일이 곧 공부이기 때문입니다. 이렇게 많이 배우면 공부를 안 할 때보다는 지식이 점점 늘어나긴 합니다. 그리고 초등학교 동안에는 공부를 잘한다는 소리를 들을 수 있습니다. 초등학교 지식은 비교적 간단하고 단편적이어서 계속 배워서 지식을 쌓는 것이 어느 정도 가능하기 때문입니다. 게다가 잊기 전에 반복해서 배우면 덜 잊어버리게 되어 괜찮은 성적을 받을 수도 있습니다.

그러나 이 학생은 실력을 유지하려면 배우기를 멈추어선 안 됩니다. 공부 실력의 원천이 오직 외부로부터 지식을 공급받는 '배우기'에 있는 까닭입니다.

이 학생은 자신이 무엇을 알고 모르는지 감이 오지 않습니다. 외부에서 내게 필요한 공부를 늘 판단해 주었고 또 이것을 누군가 늘 떠먹여 주었기 때문에 이들은 계속 배우는 것 이외에 어떻게 자신의 공부를 끌어갈 수 있을지 알지 못합니다. 중·고등학생이 될수록 점점 과목별 학원 수가 늘어나고 기존에 다니던 학원도 끊을 수 없는 것은 이 학생들이 오로지 배우기에 공부 전체를 의지해왔기 때문입니다.

2. 중수 단계

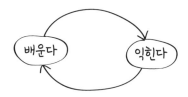

공부의 중수들은 배웠으면 스스로 익혀야 한다는 것쯤은 알고 있습니다. 그래서 이들은 배운 것을 익혀서 자기의 것으로 만들기 위해 기꺼이 시간을 투자합니다. 배운 것을 잊기 전에 익혀서 상기하기 때문에 공부 내용이 오래 기억되고 이해도도 배우기만 할 때보다 단연 높습니다. 여기까지만 해도 공부를 할 줄 아는 학생입니다.

문제는 오개념입니다. 잘못 배우거나 잘못 익혔을 때 그것을 바로 잡아줄 장치가 공부 과정에 없습니다. 문제를 풀고는 채점 없이, 오답 확인 없이 지나가는 것이 이 단계의 학생들입니다. 맞으면 기쁘고 틀리면 기분이 나쁘지만 그뿐입니다. 이 단계의 학생들은 책을 열심히 읽고 문제를 열심히 풉니다. 하지만 같은 문제를 여러 번 틀리고 같은 오류를 한참 반복한 후에야 자신이 잘못 알고 있음을 깨닫게 됩니다. 익히는 것이 중요하다는 것을 알지만 효과적으로 정확하게 익힐 줄 모르기 때문에 공부가 더디 이루어집니다.

3. 고수 단계

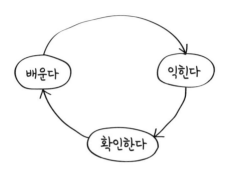

공부의 고수들은 배우고 익힐 때 자신이 정말 알고 있는지 확인하는 특성이 있습니다. 이들은 대충 아는 것을 무척 싫어합니다. 배운 것을 분명하고 정확하게 알고 싶어 하므로 익히면서 자신이 모르는 부분, 잘못 알고 있는 부분이 어디인지 확인하고 그것을 바로잡는데 많은 에너지를 쏟습니다. 공부란 모르는 것을 아는 것으로 바꾸는 일이라고 여기기에 이들은 모르는 부분을 확인해서 그 부분을 집중적으로 알려고 노력합니다. 고수들의 공부 과정을 조금 더 자세히 살펴보면 다음 그림과 같습니다.

이들은 자기가 잘 알지 못한다는 생각이 들면 기꺼이 그 부분을 다시 익힐 준비가 되어 있습니다. 그리고 정말 안다는 생각이 들 때까지 익히기를 끈질기게 반복합니다. 반복은 사실 지루하고 고달픈 일입니다. 하지만 이들은 모르는 부분이 있다고 전체 내용을 다시 배우거나 익히는 비효율적인 공부보다 모르는 부분의 반복이 훨씬 효율적임을

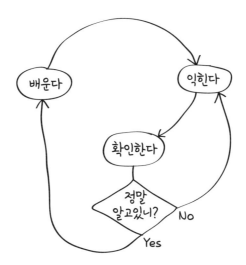

알고 있기에 지루함을 이겨냅니다. 그리고 끝내 실력의 진보를 이룹니다.

공부는 이렇듯 배우고 익히고 확인하는 일련의 과정입니다. 배우는 일은 학교 수업을 통해 이루어집니다. 배운 후에는 내용을 완전히 내 것으로 만들기 위해 배운 것을 익히고 확인하는 작업이 필요한데 이 과정이 바로 우리가 하려는 복습입니다.

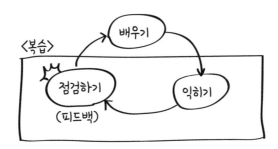

그래서 복습은 배운 것을 단순히 또 공부하는 일이 아니라, 배운 것을 익히고 확인하고 숙달해서 완전히 내 것으로 만들어내는 지식의 재창조 과정이자 공부 완성의 필수 단계라고 할 수 있습니다.

습(習)의
효과

　　　　　　　　　그렇다면 익히는 과정인 습習은 정말 공부에 도움이 될까요? 서울대학교 교육학과 연구자 손윤희는 학생이 학습에 투자한 시간을 사교육과 개인 공부 시간으로 나누어 학업성취도에 미치는 효과성을 분석했습니다. 그리고 연구의 결과를 다음과 같이 말하고 있습니다.

"... 개인 공부 시간의 변화율이 사교육의 변화율보다 중학교의 백분위 점수의 향상에 더 큰 영향을 미치는 것으로 나타났으며, 이는 동일한 1시간을 투자한 경우 개인 공부 시간이 보다 큰 영향을 미친다는 것을 의미한다. 또한 고등학교의 백분위 점수의 향상에는 사교육의 변화율은 유의미한 영향을 미치지 못하지만, 결론적으로 개인 공부 시간은 정적인 영향(긍정적 영향. 필자)을 미치는 것으로 나타났다. 이와 같은 결과는 단기적인 측면에서는 사교육 수강이 개인 공부보다 효과적이지만, 학년이 올라갈수록 사교육의 효과가 낮아지며, 장기적인 측면에서는 백분위 점수 향상에 개인 공부 시간이 보다 효과적이라는 것을 의미한다."[11]

    학교에서 공부하는 시간의 양은 모든 학생이 동일하기 때문에 학생 간의 사교육 시간의 차이란 곧 배우는 시간의 차이이며, 개인 공부 시간은 배운 것을 스스로 익히는 '습習'의 시간으로 볼 수 있습니다. 이렇게 생각한다면 위의 연구는 익히는 일이 배우기에 비해 학습효과가 높으며, 배우는 시간을 늘리는 것 보다 익히는 시간을 늘리는 것이 성적 향상에 장기적으로 도움이 된다는 것을 보여준다고 할 수 있습니다.

    실제로 공부를 잘하는 학생들은 익히기의 효율성에 대해 잘 이해하고 익히기를 적극적으로 활용하는 학생들이라고 할 수 있습니다. 2010년 EBS〈학교란 무엇인가〉프로그램에서 실시한 전국 최상위 0.1% 학생 800명을 대상으로 한 설문에서 학생들은 자신의 공부에서 가장 중요한 요인으로 학원이나 인터넷 강의보다는 혼자 스스로 공부하는 일을 꼽았습니다.[12] 이들이 개인 공부에 투자하는 시간은 하루 평균 4시간 12분이었으며 이들 중 64%의 학생들이 성적이 떨어지면 하는 일로 '개인 공부시간을 늘린다.'라고 답했습니다. 공부를 잘하는 학생들이 혼자 공부하는 일을 중요하게 생각한다는 것은 그들이 익히기를 통해 자신의 지식을 공고하게 만들고 있음을 보여주는 것이라고 하겠습니다. 공부를 잘한다는 것은 일차적으로는 외부지식을 내 것으로 잘 만들 줄 안다는 뜻이기에 공부의 고수들은 곧 익히기의 달인일 수밖에 없습니다.

배우는 공부인 '학'만 하면 애써서 공부하는 것 같은데 제대로 되지 않아 '학학'거리게 됩니다. 여기에 내가 스스로 익히는 과정인 습을 더해 봅시다. 내가 배우고자 하는 지식을 '습~'하고 빨아들이는 것처럼 배운 지식이 진짜 내 것이 되는 특별한 경험을 하게 될 것입니다.

알자배기 반의

배 우 기

2장

수업으로
배우기

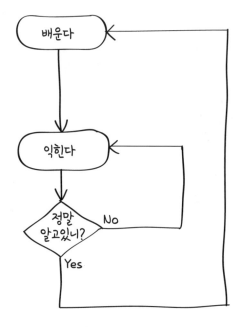

| 공부의 과정 |

1장에서 본 바와 같이 공부는 3단계인 배우기-익히기-확인하기로 이루어집니다. 그렇다면 '익히기-확인하기'에 해당하는 복습을 잘하기 위해 먼저 이루어져야 할 일은 무엇일까요? 그것은 바로 '배우기'에 해당하는 '수업'입니다. 그러면 독자 중에 어떤 분은 이렇게 말할지도 모릅니다.

'수업을 열심히 듣지 않더라도 교과서 내용만 잘 알면 되지 않나요?'

'수업이 이해가 안 되고 너무 지루해요.'

수업이 평소 이해가 안 되고 게다가 지루하기까지 하다면 '수업을 열심히 들어야 할까?' 하는 생각이 들 것입니다. 하지만 학교 수업을 듣지 않고 공부를 잘한다는 것은 사실상 불가능한 일입니다. 그리고 가장 비효율적인 일이기도 합니다. 왜 그럴까요?

먼저
학교공부

때는 학기 말의 어느 날이었습니다. 그날은 분위기가 도무지 잡히지 않아 저는 수업을 잠시 멈추고 반 학생들의 얼굴을 한 번 둘러보았습니다. 대화하는 학생, 물건을 만지는 학생, 임박한 학원 숙제를 몰래 하는 학생 등 각자 다른 일하기에 바빠 보였습니다. 어수선한 분위기 속에서도 수업에 집중하고 있던 몇몇 학생만이 '선생님이 왜 이야기를 멈추나?' 하는 표정으로 저를 바라보고 있었습니다. 그래서 한마디 했지요.

"여러분! 공부는 학교에서 하는 것입니다."

별 기대 없이 던진 말이었는데 다른 일에 바빴던 학생들도 하던 일을 멈추고 일제히 저를 바라보는 것이었습니다. 잠시 정적이 흐른 후, 한 학생이 자못 진지한 얼굴로 이렇게 말했습니다.

"그래 맞아. 공부는 학교에서 하는 것이었어!"

저는 놀랍기도 하고 한편으로는 엉뚱스러운 아이들의 반응에 피식 웃음이 났습니다. 학교에서 공부를 하지 않았다면 학생들은 그동안 수업 시간에 무엇을 했던 것일까요? 또 그간 대체 어디서 무슨 공부를 해 온 것일까요? 어떻게 공부해 왔기에 학교가 공부하는 곳이라는 사실조차 잊은 것일까요?

이 일을 계기로 저는 많은 학생이 공부는 학원에서 하고, 학교는 공부하는 곳이기보다는 친구들과 어울리는 장소 정도로 생각하고 있다는 것을 알게 되었습니다.

함께
생각해 봅시다

───────── 학교 공부를 따라가기 어려워서, 혹은 학교 공부를 더 잘하기 위해서 학원에 간 학생 A가 있다고 합시다. 공부를 잘하기 위해서 A학생이 선택해야 할 행동은 무엇일까요?

1. 학원에 가서 열심히 공부하고 학교에서는 쉬고 적당히 하자!

2. 학교에서 열심히 공부하자!

여러분은 몇 번을 선택하겠습니까? 최종 목적은 학교 공부를 잘하는 것이니 A에게 필요한 선택은 상식적으로 2번 아닐까요?

모든 학생이 학교 수업에 참여합니다. 공부하도록 마련된 학교 수업 시간을 공부하지 않고 대충 보내려고 한다면 선생님께 혼나는 것은 차치하더라도 학교에서의 시간은 그 학생에게 무의미한 시간이 될 것입니다. 그런 후에 방과 후에는 학원에 가서 학교 수업 내용을 새롭게 공부한다면 학생은 한 번 배우면 될 것을 두 번 배우고도 좋지 않은 성적을 받을 가능성이 큽니다. 수업을 구성하고 이에 따라 시험 문제를 내는 사람은 학교 선생님이고, 수행평가를 실시하는 곳도 학교이니까요.

이번에는 학원에 다니지 않는 학생의 입장으로 생각해 봅시다.

공부를 잘하고 싶은 학생 B는 여러 이유로 학원에 다니지 않습니다만 학교 공부가 생각처럼 잘되지 않고 어렵기만 합니다. 이런 경우 B가 선택해야 할 행동은 다음 둘 중 무엇일까요?

1. 학교에서는 쉬고 적당히 하다가 집에 가서 문제집과 교과서로
   열심히 공부하자!

2. 학교에서 열심히 공부하자!

어떤 선택이 '공부를 잘하겠다'라는 B의 목표를 이루는 데 도움이 될까요? 그것은 아마도 2번일 것입니다. 학교 수업 시간에 배우는 내용은 미리 배웠거나 책으로 접하지 않은 이상 대부분 학생들에게 낯선 내용입니다. 이 내용을 혼자 알아낼 수도 있겠지만 누군가가 가르쳐 준다면 더 빨리, 더 쉽게 배울 수 있겠지요. 학교는 교육과정의 낯선 내용을 누구에게나 차근히 가르쳐주는 곳입니다. 공부를 잘하기 위해서는 이 기회를 최대한 활용해야 합니다. 한 번 배울 때를 놓쳐 공연히 같은 내용을 자꾸 배우는 일은 없어야 합니다. 초등학생은 효과적으로 배우고 익힌 후에 나머지 시간은 열심히 놀기도 해야 하니까요.

배우지 않은 내용을 혼자 공부한다는 것은 아무것도 없는 공터에 혼자 집을 짓는 것과 같습니다. 당장 멋진 집을 짓고 싶지만 짓는 방법을 모르기 때문에 스스로 건축의 기초부터 공부하고 익혀야 합니다. 시간이 오래 걸릴뿐더러 방법을 안다 하더라도 잘하기란 더욱 어렵습니다. 그래서 공부를 잘하고 싶은 학생들이 첫 번째 할 일은 학교에서 처음으로 배우는 수업 시간에 집중하여 최대한 '잘' 배우는 것입니다.

수업을 듣기만 해도
얻어지는 이해의 발판

───────── 수업을 잘 들으면 어떤 일이 일어날까요? 학생의 입장에서 선생님의 수업 방식이 때로 만족스럽지 못할 수도 있습니다.

그러나 학교 선생님은 수업을 오래전부터 계획하고 준비해 온 초등 교육과정 전문가입니다. 학생 혼자서 공부하는 것과 초등 교육과정 전문가에게 배워서 공부하는 것 중 어느 쪽이 더 효과적일까요? 아무리 부족한 수업이라 하더라도 나은 쪽은 분명 선생님께 배운 후 그것을 바탕으로 공부하는 쪽일 것입니다.

학교에서 수업 시간에 공부하지 않은 학생은 하루 중 공부하기 가장 좋은 시간에, 교육과정이 가장 정확히 반영된 수업을 놓쳐버린 셈입니다. 반면 수업을 잘 듣고 참여한 학생은 집에 돌아올 때쯤이면 이미 어느 정도의 이해라는 발판 위에 서 있는 것과 다름없습니다. 수업을 통해 상당 부분 이해가 이루어졌기 때문입니다. 이후에는 그 이해를 발판 삼아 더욱 심화된 공부를 할 수 있습니다.

이 이야기는 필자가 학교 교사여서 하는 말이 아닙니다. 앞서 언급한 〈학교란 무엇인가〉의 여러 인터뷰에서 0.1% 학생들이 입을 모아 말하는 비결도 바로 학교 수업에 집중하는 것이었습니다. 사는 지역이 다르고 학교가 달라도 그들은 모두 학교 수업을 강조합니다. 이들이 주로 공부하는 장소는 학교였으며, 많은 학생 중에서도 이 학생들의 수업 집중도는 남달랐습니다. 가장 기본적이지만 대부분의 학생이 하지 않는 일이라고 덧붙이면서 말입니다.[1]

건너뛸 수 없는
교육과정의 구조

———————   수업 시간에 수업을 듣지 못했다면 어떤 일이 일어날까요? 오늘 지나간 수업은 이제 스스로 보충해야 합니다. 그냥 모르고 내일부터 알면 안 될까요? 예, 사실 어렵습니다. 왜냐하면 학교 수업 내용이라는 것이 서로 단계를 이루며 연결되어 있어서, 교육과정의 많은 부분이 오늘의 내용을 알아야 내일의 공부를 진행할 수 있도록 되어있기 때문입니다. 마치 게임을 할 때 1단계를 깨지 못하면 2단계로 올라가지 못하는 것처럼 아래에서부터 차근차근 올라가지 않으면 안 되는 것이지요. 이런 현상은 중·고등학교에 진학하더라도 동일합니다. 초등 교육과정과 중등 교육과정, 고등 교육과정은 서로 단계를 이루며 연결되어 있습니다. 오늘의 공부가 곧 내일 공부의 준비 단계인 셈이지요.

괜히 배운 것을
또 배우지 맙시다

———————   수업의 일차적 목표는 '이해'입니다. 그런데 학교에서 수업을 소홀히 한 채 집에 돌아가면 학생은 그 '이해'를 놓친 셈이 됩니다. 앞에서도 말했듯이 교육과정상 오늘 놓친 공부는 빼놓고 그냥

지나갈 수 없기에 결국 빠진 공부는 좋든 싫든 집이나 학원에서 다시 하게 됩니다. 학교가 끝나면 친구들과 놀고 가족들과 대화도 하며 보내야 할 소중한 여가시간이 이렇게 다시 '배우기'로 소비되는 것입니다.

학원에 가느라 놀 시간이 없다고 호소하는 초등 고학년 학생들이 많습니다. 하지만 무조건 학원에 가기에 앞서 나는 학원에서 왜 더 공부하게 되었나, 학원에서 나는 어떤 공부를 하고 있나를 생각해 봐야 합니다. 혹시 학교 수업에 제대로 집중하지 못해서, 그것을 더 보충하기 위해서 학원에 다니고 있다면, 수업에 집중하고 열심히 참여하는 것만으로도 학원에 갈 필요는 사라질 것입니다.

복습의 재료는 학교 수업입니다. 수업을 잘 들었는데도 이해가 안되고 내용이 어렵다면 그것은 괜찮습니다. 전체가 이해되지 않는다 하더라도 수업 시간에 참여하면서 기본적으로 얻게 된 '이해'를 발판 삼아 복습하면 부족한 부분을 메울 수 있기 때문입니다. 수업 시간에 열심히 참여하여 이해하려고 노력하면 할수록 수업 후에 얻게 되는 이해의 발판은 더욱 높고 견고해집니다. 그 발판 위에서 시작하는 복습은 학습자를 한 차원 높은 공부로 안내할 것입니다.

배우다가
질문하기

앞에서 복습 전에 해야 할 일은 바로 '수업을 잘 듣고 이해하는 것'이라
고 이야기했습니다. 하지만 보통 학생들은 수업을 잘 듣고, 수업 중 활
동에 잘 참여해도 이해가 되지 않을 때가 종종 있습니다. 수업을 잘 들
어도 이해가 되지 않으면 어떻게 해야 할까요?

'나는 역시 머리가 나쁜가 봐. 이것 봐, 열심히 해도 안 되잖아. 아
무래도 학원에 가야겠어.'

물론 이렇게 생각할 수도 있습니다. 하지만 학원에 다니기를 결정
하기 전에 할 일이 있습니다. 그것은 수업 중이나 후에 선생님께 또
는 나 자신에게 먼저 '질문'하는 것입니다. 질문하기. 왜 필요할까요?

질문, 적극적으로 생각하고
집중하는 방법

─────── 수업 시간에 집중해야 한다는 사실은 다들 알고 있
습니다. 그러나 의외로 어떤 식으로 해야 집중할 수 있는지 몰라서 수

업에 집중하지 못하는 학생이 있습니다. 실제로 집중력이 약한 학생일수록 '집중해야 해'라고 생각하느라 정작 수업에 집중하지 못하는 경우가 많다고 합니다.[2] 내 마음대로 안 되는 내 생각을 어떻게 하면 수업에 집중할 수 있을까요?

해결 방법은 수업 중에 마음속으로 지금 배우고 있는 내용에 대해 질문을 해보는 것입니다. 질문을 하려면 뇌 속의 옛 기억(스키마)를 뒤져 수업과 연관된 것을 찾아내고 판단해야 합니다. 그래서 수업 시간에 질문을 하자고 생각하면 질문거리를 찾기 위해 수업에 집중하게 되고 질문을 만드느라 딴생각을 할 틈이 없이 자연스레 두뇌를 총동원하게 됩니다. 이렇게 하면 수업이 진행되는 동안 머릿속에서는 새로운 궁금점이 생기기도 하고 수업을 통해 방금 품었던 의문점이 순간 해결되기도 합니다. 또 수업이 끝나도 여전히 남는 질문이 있을 수 있는데 이것이 곧 복습의 실마리가 됩니다. 수업 후에도 남은 질문의 답을 찾는 방식으로 복습을 하는 것이지요. 질문은 이렇듯 하려고 마음먹는 것만으로도 수동적으로 듣는 태도를 능동적으로 바꾸어 수업에 집중할 수 있게 해 줍니다.

공부 잘하는 학생들이
모인 곳의 풍경

———————— 학생들이 모인 곳은 언제나 왁자지껄한 에너지로

가득합니다. 그렇다면 공부 잘하는 학생들이 모인 곳의 풍경은 어떨까요? 친구들과 이야기하는 모습, 자리에 앉아서 공부하는 모습 등은 별반 다르지 않은데요. 제가 인상 깊게 생각한 것은 바로 수업 시간 직후에 항상 '줄'이 생긴다는 것이었습니다. 화장실 가는 줄일까요? 아니요, 그 줄은 교탁 앞으로 늘어선 학생들의 질문 줄입니다.

저는 일반 회사에 다니다가 뒤늦게 초등교사가 되려고 수능 공부를 다시 하게 되었습니다. 그해 8월, 입시 준비를 위해 찾아간 학원에서는 의대, 약대, 한의대, 교대 지망생들을 따로 모아 한 교실로 배정해 주고 수업을 진행했습니다. 그러다 보니 제가 공부하던 교실은 각 지역에서 저마다 내로라하는, 한마디로 공부 잘하는 학생들의 집합소였습니다. 이런 학생들에게 궁금할 것이 뭐가 있으랴 싶지만 매 수업 시간이 끝날 때, 특히 화학과같이 깊은 이해가 필요하지만 많은 시간을 투자하기 어려운 과목일수록 쉬는 시간에 많은 학생이 질문하려고 줄을 섰습니다. 아마 화학 선생님은 매시간 화장실 가기를 포기하셨을 것이 틀림없습니다. 언제나 질문에 끝없이 답하시다가 다음 시간 시작종이 치고 나서야 비로소 교실을 나서셨기 때문입니다.

수업 후에 질문이 없다는 것은 둘 중 하나입니다. 수업 중에 궁금증이 모두 해결되었거나 애초에 궁금증을 갖지 않았던 것이지요. 학년이 올라가면 공부 내용도 복잡해지니 수업 한 번으로 모든 것이 이해되기는 사실 어렵습니다. 질문해야 하는 것이지요. 고등학교 시절, 같은 내용을 반 친구들과 공부했지만, 그 교실에서는 학생이 질문하는 모습은 보기 드물었습니다.

그런데 학원에서 만난 이 학생들은 이미 잘 알고 있을 텐데도 다들 질문이 항상 많았습니다. 누구에게든 질문하는 것을 별로 주저하지 않아서 이 교실에서는 이야기를 나눠본 적 없는 옆 학생에게 서로 질문하는 일이 흔했습니다. 공부하는데 질문하는 것은 당연한 일이며, 주변 친구들에게도 손해날 일은 아니라는 분위기가 잘 형성되어 있었던 것입니다. 남에게 질문하기가 쑥스러웠던 저였지만 학생들이 스스럼없이 질문하는 모습을 보면서 저 역시 한수 배운다는 생각이 들었습니다. 수업 시간에 질문거리가 많고 누구에게든 질문하기를 주저하지 않았기에 그 학생들은 공부를 잘할 수 있었던 것입니다.

질문하기는
구멍 메우기이다

하교 후 수업 내용을 돌이켜 생각해보면 잘 떠오르지 않거나 이해가 되지 않는 부분을 발견할 수 있습니다. 그 부분이 바로 이해의 구멍입니다. 공부라는 것은 사실 모르는 것을 아는 것으로 바꾸는 일인 만큼 복습에서 가장 중요한 일이 바로 이 구멍을 메우는 것입니다.

이해의 구멍은 사람마다 다른 곳에 생깁니다. 사람은 저마다 경험한 것도 이해하는 방식도 다르기 때문입니다. 수업 중이나 후에 이해가 안 되는 부분을 발견하면 가능한 한 빨리 질문해서 문제를 해결하는 것이 가장 좋습니다. 이해의 구멍이 없는 채로 집에 갈 수 있다면 모르는 것을 보충하기 위해 사용해야 하는 시간과 노력이 매우 절약됩니다.

공부를 잘하는 학생들이 유독 쉬는 시간에 선생님을 붙잡고 늘어지는 이유가 여기에 있습니다. 오늘 배운 내용에 대한 이해를 학교에서 최대한 끝내고 집에 돌아가 새롭게 이해해야 하는 수고를 줄이려는 것입니다.

중고등학생들의 공부 멘토로 유명한 공신닷컴의 강성태 대표는 자신의 책에서 학창 시절 질문 때문에 교무실에 안 가는 날이 없었다고 말합니다. 그래서 다른 학년의 선생님들이 그를 전교 1등으로 오해할 정도였습니다. 선생님은 질문에 답하느라 바쁘셨겠지만, 질문하는 사람 치고 수업에 집중하지 않는 사람은 없기에 강성태 대표는 늘 선생님의 칭찬과 격려를 받았다고 이야기합니다. 그의 이야기를 들어볼까요?

"공신(공부의 신)들은 수업뿐 아니라 자습 중에도 자신에게 끊임없이 질문한다. 우리가 흔히 최고의 학습법이라고 생각하는 '자기주도 학습'의 시작이 바로 질문이다. 공부하다가 나에게 부족한 부분, 내가 모르는 부분을 발견하고 이를 이해하고 자기 것으로 만드는 것, 그것이야말로 자기주도 학습의 시작이다. 우리가 하는 학습 활동 중 질문만큼 적극적이고 능동적인 학습 전략이 어디 있겠는가?"[3]

좋은
질문이란?

좋은 질문은 어떤 것일까요? 또 나쁜 질문이란 무엇일까요? 결론부터 이야기하면 나쁜 질문이란 없습니다. 내 이해에 도움이 된다면 그것은 항상 좋은 질문입니다. 학교에서 학생들은 질문이 있어도 좀처럼 하지 않습니다. 아래와 같은 생각을 하고 있기 때문입니다.

'이런 기초적인 것을 모르다니, 이걸 모르는 사람은 나밖에 없을 거야.'

하지만 내가 모른다면 교실의 친구 중에 적어도 한 명쯤은 나와 같은 질문을 가졌을 가능성이 큽니다. 사람들이 생각하는 방식은 다르면서도 또 비슷하니까요. 다른 친구들은 내가 한 질문을 듣는 것만으로도 하나를 배워가는 것입니다.

또 이런 생각 때문일 수도 있습니다.

'1분만 있으면 쉬는 시간인데, 내가 눈치 없이 질문하면 소중한 쉬는 시간이 없어졌다고 아이들이 난리 칠 거야.'

이런 경우에는 수업이 끝난 즉시 선생님께 질문을 해보세요. '수업 시간에 이해가 안 된 부분이 있어서 질문드려요~'하고 말한다면 선생님은 매우 기특하게 여기면서 답해 주실 것입니다. 만약 선생님이 바쁘시다면 나중에 질문할 시간을 선생님과 약속하면 됩니다. 질문이 있다는 것은 수업 시간에 충실히 참여했다는 뜻이고 공부를 열심히 하고 있다는 뜻이기 때문에 모든 선생님은 질문하는 학생을 좋아합니다.

모르는 부분이 있을 때 주저하지 말고 질문하세요. 질문하면 주변 사람들은 분명히 이렇게 생각합니다.

'맞아 나도 저 부분이 궁금했어!'

'대단해, 나는 왜 모르면서 질문하지 못했지?'

'저 친구, 요즘 공부 열심히 하는구나!'

한발 더
나아가는 질문

_____ 교실에서 선생님이나 친구에게 하는 질문 이외에도 공부하는 과정에서 스스로에게 하는 질문은 공부를 이끌어가는 원동력이 될 수 있습니다. 『내가 공부하는 이유』의 저자 사이토 다카시는 생각하는 힘을 키우고 싶다면 평소에도 의식적으로 질문을 던지는 연습을 하라고 조언합니다.[4] 그는 여럿이 모인 자리에서 질문하는 것이 부끄러워 어렵다면 혼자서 책을 읽을 때 머릿속에 떠오른 질문을 간단하게 메모하는 것에서부터 시작하라고 합니다.

특히 그는 스스로 질문을 던지고 답을 찾는 과정이 혼자 공부할 때 대단히 도움이 된다고 소개합니다. 이는 어떤 질문을 할까 고민하는 동안 머릿속에서 내용이 정리되어 핵심을 한두 문장으로 요약하게 되고, 내용을 여러 각도에서 점검할 수 있기 때문입니다. 이런 이유로 그는 수업을 마치고 나면 요점 정리 대신 '스스로에게 던지는 질문'을 만들어보라고 권하고 있습니다. 실제로 많은 초등 교실에서 복습 노트에 수업 후 질문을 하나씩 써 보도록 하고 있는데, 이것 역시 학생이 질문을 통해 요점을 파악하도록 하기 위해서입니다. 성인 학습자인 저 역시도 마음에 새기게 되는 조언입니다.

오늘 품은 질문에 당장 답을 얻지 못한 모든 이들에게 아인슈타인은 말합니다.

'중요한 것은 질문을 멈추지 않는 것'이라고.

선행에
대하여

───────── 공부 잘하는 초등 고학년 학생 중에는 학교 수업
에 적당히 참여하다가 학원에서 다음 학기나 중학교 선행에 힘을 쏟
는 경우가 종종 있습니다. 특히 수학의 경우가 그렇습니다. 수업 내용
이 쉬우니 학교 수업은 복습 없이 참여만 하고, 방과 후에 선행을 하
는 것이지요.

저는 이제 막 6학년이 된 학생들을 대상으로 교육청에서 실시한 진
단평가 결과를 검토하던 중에 깜짝 놀란 적이 있습니다. 당시 우리 반
학생들은 대체로 공부에 대한 열의가 많고 수학만큼은 6학년 내용을
끝내고 중학교 선행을 하거나 영재반 대비 심화 문제풀이를 하고 있는
경우가 상당수 있었습니다. 그런데 반 학생 30명 중 7명만이 맞힌 문제
를 보고 저는 학생들이 지금 선행이나 심화 학습을 할 때가 아니라는
생각을 하게 되었습니다. 23% 정답률을 보인 문제는 다음과 같습니다.

※ 다음 중 $\frac{1}{3}$ 과 같은 것은?

① $1 \div 3$

② $3 \div 1$

③ $1 \div \frac{1}{3}$

④ $\frac{1}{3} \div 1$

⑤ $\frac{3}{3} \div 1$

이 문제는 5학년 '분수의 나눗셈' 단원에서 '분수와 나눗셈의 관계' 시간에 다루는 기본 원리 문제입니다. 나누기가 '대상을 똑같이 나눈 것 중 하나'를 의미하는 것임을 알고 있다면 나누기와 분수의 개념이 서로 다르지 않음을 알게 되고, 이 문제의 답은 ①임을 고민 없이 답할 수 있습니다. 하지만 어떻게 된 일인지 이 문제의 정답률은 반 전체의 $\frac{1}{3}$ 에도 미치지 못했습니다. $\frac{1}{3}$ 이 곧 '세 개로 나눈 것 중 하나'라는 것은 5학년 '분수의 나눗셈' 단원에서 다루는 핵심 개념으로, 이것을 답하지 못했다면 5학년 분수의 나눗셈 단원을 제대로 이해하지 못했다고 볼 수 있습니다. 이 결과에 따르면 $\frac{2}{3}$ 가량의 학생들은 선행은 커녕 5학년 '분수의 나눗셈' 단원을 다시 공부하여 개념을 분명히 해야 하는 상황입니다.

상황이 이런데도 학생들은 '나는 일차 방정식을 배운다'며 자랑할 뿐, 정작 현재 5, 6학년 내용을 확실히 아는 것에 대해서는 별로 중요하게 생각하는 것 같지 않습니다. 왜 이런 일이 일어나는 것일까요? 선행의 위험성은 학생의 배우는 마음가짐을 흩트려 놓는 데 있습니다. EBS 다큐프라임 『학교란 무엇인가 '9부 사교육 분석 보고서'』편에서 학습 컨설턴트 조남호 대표는 선행에 대해 이렇게 말합니다.

"선행이라는 것은 기본적으로 쾌감을 줍니다. 남들이 안 배운 것을 먼저 배운다는. 이런 느낌이 수업에 대한 느슨함과 우월감이 겹치면서 학생들 스스로 착각에 빠지는 것이죠. 나는 상당히 앞서있는 사람이라는. 그런데 지금 실험[5]처럼 문제를 풀거나 이해도, 완벽도를 측정하면 어처구니없는 성적이 나오는 것입니다."

정말 아는 것이 아닌데 안다는 느낌. 남들보다 더 안다고 생각하기에 갖게 되는 우월감 때문에 선행을 많이 한 학생은 학교 수업에 정성을 다하지 않게 됩니다. 자신이 완전히 알지 못하는 내용을 수업에서 다루고 있는데도 말이지요. 그러나 쉽게 지나가기에 초등 고학년 시기는 너무나 중요합니다. 한성과학고 등에서 30년간 고등학교에서 수학을 가르쳐 온 최수일 선생님은 강연에서 심지어 이렇게 이야기합니다.

"어머님, 중학교 선행을 시키고 싶으시면 차라리 4학년 때 시키세요. 5, 6학년의 내용은 다른 내용을 선행하면서 따라가기에는 너무나 중요합니다."

– 사교육 걱정 없는 세상, '초등사용 설명서' 강연, 2017

이유는 중요한 개념들이 5, 6학년에 상당수 포진해있기에 5, 6학년 수학을 대략 하면 중고등학교 공부 밑천을 날리는 것과 다름없기 때문이라고 선생님은 설명합니다. 실제로 중고등학교에 많은 수포자(수학포기자)는 실은 5학년 때 시작된 것이라고 이야기합니다.[6] 그 이유는 분수 때문인데요. 분수가 처음 도입되는 것은 3학년이지만 학생들이 충분히 이해하는 데에는 시간이 필요하기 때문에 5학년이 되어도 아직 분수 개념이 약한 경우가 많습니다. 위의 우리 반 사례도 이런 경우라고 할 수 있습니다. 5학년 수학에서는 분수와 관련된 단원이 전체 분량의 절반 가까이 되고 6학년이 되면 비와 비율, 비례배분 등으로 더욱 응용, 확장되기 때문에 분수를 가볍게 보아선 안 됩니다. 5, 6학년 과정에 시간을 갖고 충실히 복습하지 않으면 분수개념이 완전히 자리 잡지 못해 중고등학교 때 결국 수학을 포기하는 경우가 생기는 것입니다.

5학년 수학은 6학년으로, 5·6학년의 수학 내용은 중학교 수학으로 직접 연결됩니다. 5학년 분수의 나눗셈은 6학년 1학기 때 배우는 비와 비율로 이어집니다. 또한 5학년에 배우는 $\frac{1}{3}$이 $1 \div 3$임을 이용하여 중학교의 새로운 수의 개념인 유리수, 무리수 개념이 도입됩니다. 초등 5, 6학년은 중고등학교에서 사용하게 될 핵심 개념들을 도입하고 이해하는 중요한 시기입니다. 과시하기 식의 무리한 선행보다는 학교 수업에 집중하고 배운 내용을 철저히 복습하여 5, 6학년 수업 내용을 완전히 이해하는 것이 오히려 시간을 아끼는 길입니다.

집중,
생각보다 어렵다

_____ 공부를 잘하고 싶다고 하면서도 의외로 수업 시간
에 집중을 하지 못하는 학생들이 많습니다. 필자는 여러 수업을 진행하
면서 아무래도 학생들이 기본적으로 선생님이 '말'로 전달하는 내용을
이해하지 못하는 것은 아닐까 생각되어, 학급 학생들을 대상으로 작은
실험을 해보았습니다. 방법은 우선 '중요한 내용을 전달하겠으니 집중
하자'라고 학생들의 주의를 끈 후, 3분가량의 간단한 내용(내용은 공부에
관한 것이 아닌 학교생활을 안내하는 내용이었습니다)을 전체 학생들에게 시각
자료 없이 오직 말로만 해주고 그 이해 여부를 판단해 보는 것이었습
니다. 내용을 전달한 후에는 질문을 통해 학생들이 내용을 잘 이해했
는지 확인해 보았는데, 결과는 놀라웠습니다. 학급이 조용한 상황에서
분명한 목소리와 적당한 말하기 속도로 내용을 이야기했지만 30여 명
의 학생 중에 한 번에 내용을 이해한 학생은 5명에 불과했습니다. 물론
학생들이 이해하지 못한 데에는 다른 이유가 있었을 수 있습니다. 하

지만 전달한 내용이 일상적이고 쉬운 내용이었고, 학급의 보통 학생들도 전달내용을 이해한 것으로 보아, 이 실험의 이해도 차이는 학생 개인의 능력 차이 때문이 아닙니다. 그것은 단지 학생들이 선생님의 '말'에 집중하지 못했기 때문입니다.

영특한 학생을 이르는 옛말 중에 '하나를 가르치면 열을 안다' 는 말이 있는데, 수업을 진행하다 보면 하나를 가르쳤을 때 하나를 이해하는 학생들이 매우 적으며, 그 하나를 이해하는 학생이 곧 공부 잘하는 학생임을 발견하게 됩니다. 보통 수업에서는 많은 내용이 선생님과 친구들의 '말'로 제시됩니다. 만약 이때 집중하지 못하면 그것으로 중요한 이해의 기회를 놓치는 셈이 되지요. 잠깐의 딴생각으로도 선생님의 말씀, 친구들의 발표는 금방 지나가 버립니다. 수업에 잘 참여하고도 모르는 내용이 있으면 복습하면 되지만 통째로 놓쳐버린 수업 내용은 무엇을 모르는지조차 몰라 복습도 어렵습니다. 수업 시간에 집중하기, 특히 '말'에 집중하기는 그래서 중요합니다.

어떻게 하면 수업 시간에 좀 더 집중할 수 있을까요?

준비된 책상이
집중도를 결정한다

─────────── 선생님들 중에 수업 전에 책을 펴 놓고 수업 준비를 하도록 강조를 넘어 강제하는 분들이 많습니다. 선생님들은 왜 이리

수업 준비를 미리 하도록 강조할까요? 그것은 수업 준비된 책상이 곧 수업 집중도를 결정하기 때문입니다. 책상 위에 교과서나 수업 준비물 외에도 쉬는 시간에 놀던 종이접기나 장난감 등을 그대로 올려놓는 학생들이 있습니다. 수업 중에 그 물건들을 바라보는 것만으로도 생각은 어느새 머릿속으로 종이를 접고 있는가 하면 손은 장난감과 함께 책상 아래로 가 있기 일쑤지요.

수업에 집중하겠다는 우리의 의지력은 생각보다 상당히 약합니다. 그래서 공부하겠다는 의지력을 유지하려면 주변이 공부만 생각할 수 있는 환경이 되어야 합니다. 수업 시간에 딴생각에 빠지지 않는 가장 쉬운 방법은 수업 중에 딴생각의 도화선이 될 만한 물건을 눈앞과 주변에서 완전히 치우는 것입니다.

책이나 공책들도 여러 과목, 종류의 책들을 겹쳐 올려놓기보다는 이번 수업 시간에 쓸 교과서와 공책, 필통 정도만 두는 것이 좋습니다. 수업 시간에는 지금 수업하는 하나의 과목에 대해서만 충분히 깊이 생각하겠다고 마음먹는 것이 중요합니다.

선생님의 눈을 바라보고 반응하기

————— 선생님들은 수업 시간 동안 여러 학생들을 두루 바라보고 시선을 맞추려 노력합니다만 제가 막상 교사가 되어보니 아무

래도 더 많이 바라보게 되는 학생이 있다는 것을 알게 되었습니다. 선생님은 어떤 학생을 보며 수업할까요? 그것은 바로 선생님을 향해 눈을 맞추고 반응하는 학생입니다. 초등 선생님은 수업을 진행할 때 주로 질문을 사용합니다. 이 질문을 좀 어려운 말로 '발문'이라고 하지요. 발문은 학생들의 내용 이해를 돕고 학생들이 더 궁금증을 가질 수 있도록 '안내하는 질문'입니다. 수업 시간에 선생님은 주의 깊게 발문하고, 발문 후에는 학생들의 반응을 면밀히 살핍니다. 그런데 오늘은 늘 선생님과 눈을 맞추며 반응하던 철수의 표정이 갑자기 어두워지네요. 선생님은 걱정이 됩니다.

'아이들이 내 이야기를 이해하지 못했나 보다'

이제 선생님은 수업 속도를 늦추어 보충설명을 시작합니다. 이런 방식으로 교사는 학생의 이해정도를 수업 시간 동안 계속 살피게 되는데, 이런 정보를 제공하는 학생이 바로 선생님과 눈을 맞추는 학생입니다. 이 학생이 몰라서 반응한 내용은 수업에서 다시 설명하게 되고 분명하게 짚은 후 넘어가게 되지요. 바꿔 말하면 선생님과 눈을 맞추는 학생이 수업의 주도권을 쥐고 있는 것이라고 할 수 있습니다. 하지만 수업에 집중하지 못하는 학생의 경우에는 교사가 이해도를 확인할 기회가 잘 생기지 않습니다. 선생님은 그 학생이 딴 일을 멈추고 수업에 돌아오도록 종용하게 될 뿐입니다. 30여 명이나 되는 학생 중에서 수업의 주도권을 쥔 학생과 그저 딴 일만 하지 않도록 단속대상이 되는 학생의 수업 결과는 당연히 달라질 수밖에 없습니다.

선생님을 잘 바라보는 것만으로도 수업에서 중요한 학생이 될 수 있다는 사실이 놀랍지 않나요?

친구처럼 해 봅시다

선주(가명)는 수업 시간에 선생님 바라기로 유명합니다. 선생님이 이야기하는 동안 언제 봐도 선주는 선생님을 바라보고 있습니다. 게다가 선생님의 설명에 눈빛과 몸짓으로 늘 반응합니다. 공감하거나 이해하면 고개를 끄덕이고, 반대하거나 이해가 되지 않으면 찡그리는 모습을 보입니다. 마치 선생님과 1:1 대화를 하는 것처럼 말이죠. 선주처럼 해 보면 선생님을 바라보는 행동만으로도 수업에 집중하기가 한결 수월한 것을 경험할 수 있을 것입니다.

적극적으로
발표하고 질문하기

──────── 수업의 주도권에 관한 이야기를 했는데요, 수업의 주도권을 가진 학생들이 또 있습니다. 바로 수업 시간에 발표하고 질문하는 학생입니다. 학교 수업 시간을 가만히 떠 올려 보세요. 선생님의 질문에 먼저 손들고 발표하거나 시간이 조금 지나서라도 꼭 발표하고 넘어가는 학생들이 있습니다. 선생님은 질문을 하고 학생들의 반응을 살펴서 이해도를 확인하며 수업을 진행합니다. 이때 발표를 적극적으로 하는 학생들의 경우에는 그 학생의 이해도를 쉽게 파악하게 됩니다.

'아, 재혁이는 이 내용이 감 잡혔구나.'

'민규는 내용이 어려운가 보다. 전체적으로 연습 시간을 가져야겠어.'

이것이 많은 교실에서 하는 수행평가 중 관찰평가의 한 모습입니다. 질문이나 발표를 통해서 이 학생은 자신의 수업 이해도와 참여도를 직접 선생님께 보여준 것이나 마찬가지입니다.

발표 내용이 틀리더라도 걱정하지 마세요. 이렇게 이루어지는 수업 내 평가는 잘하고 못하는 학생을 가르기 위한 것이 아니라 이해가 부족한 학생들을 파악하여 돕기 위한 것이니까요. 내용을 잘못 알고 발표한 학생들은 당장 선생님의 도움을 받아 모르는 부분을 바로잡게 될 것입니다. 그러나 발표를 하지 않는 학생들이 이해를 했는지 당장은 선생님이 알 길이 없습니다.

선생님은 준비한 대로 수업을 진행하지만, 수업의 구체적 방향은 언제나 학생들의 반응에 따라 열려 있습니다. 아무래도 반응에 적극적인 학생들이 잘 모르면 보충학습으로, 잘 알고 있다면 심화나 응용 학습으로 전체적인 수업의 방향이 정해지게 됩니다. 그러므로 혹시 수업 시간에 잘 모르는 내용이 있다면 모르는 채로 진행되지 않도록 모른다는 의사를 적극적으로 표시할 필요가 있습니다. 그래야 한 시간의 수업이 그저 들러리가 되는 시간이 아닌, 모르는 것을 알게 되는 의미 있는 시간으로 사용될 수 있습니다.

친구처럼 해 봅시다

수호(가명)는 우리 반에서 선생님의 질문에 가장 먼저 대답하기로 유명합니다. 수업 중에 선생님이 질문할 때는 물론이고 활동 중이나 소란한 상황에서도 선생님의 질문에는 어김없이 대답하지요. 마치 귀를 선생님을 향해 늘 열어 놓고 있는 것 같습니다. 수업에 활기가 부족할 때에도 수호의 대답이 도화선이 되어 다시 활기가 생기곤 합니다. 맞는 답을 해도, 틀린 답을 해도 그 대답은 늘 도움이 됩니다.

수업이 지루하고 집중이 잘 안 되는 학생은 수호처럼 대답해 보세요. 선생님의 질문을 놓치지 않게 되고 내가 이해하고 있는 것인지 선생님이 직접 확인도 해 주시니 마치 개인 과외를 하듯 높은 수업 효과를 볼 수 있습니다.

미디어가 만드는 뇌,
팝콘 브레인

────────── 초등 수업에서 설명이나 시범만으로 수업이 진행되는 시간은 고학년이라 하더라도 보통 길어야 10분 내외입니다. 아직은 학생들의 집중시간이 그리 길지 않기 때문이지요. 그렇기에 활동이 중심이 되는 초등 수업에서, 학생들의 집중이 어려움에도 불구하고 선생님이 어떤 내용을 설명으로 제시한다는 것은, 그것이 그만큼 기본적이고 꼭 전달해야 할 중요 내용이라는 뜻입니다. 초등 고학년이라면 10분 정도의 설명에는 집중할 수 있어야 합니다. 그런데 교실에서는 노력하고 있음에도 집중이 유달리 어려운 학생들을 종종 보게 됩니다.

혹시 독자 중에 집중이 힘든 학생이 있다면 자신의 미디어나 스마트폰 사용량을 점검해 볼 필요가 있습니다. 이 기기들은 우리에게 유익한 정보를 제공하기도 하지만 특성상 학생들의 집중력을 약하게 만들 가능성이 있습니다.

스마트폰이나 TV를 보면 전개도 빠르고 재미있는 장면도 많아서 누구라도 금세 그 내용과 장면에 빠져들게 됩니다. 이것은 미디어의 자극이 일상 생활보다 상당히 강한 자극이기 때문입니다. 문제는 여기에 있습니다. 스마트폰, TV에 많이 노출된 뇌는 강한 자극에만 반응하는 '팝콘 브레인'이 될 가능성이 크다고 뇌 전문가들은 이야기합니다. 팝콘 브레인은 뇌가 강렬한 자극에 길들여져 일상의 일들에는 좀처럼 집중하기 어려운 상태가 되는 것을 말합니다. 팝콘 브레인 상태가 되면 학생들은 남들보다 수업 시간이 더욱 지루하고 견디기 어렵게 느껴질 수밖에 없습니다. 스마트폰에 비하면 수업 시간에 듣는 선생님의 이야기나 친구의 발표, 글씨로 된 내용들은 너무 소소하고 잔잔한 자극이기 때문입니다. 미디어가 우리 뇌에 미치는 영향에 대해 심리학자 김경일은 이렇게 이야기합니다.

"뇌의 신경 세포들을 연결하는 것은 시냅스인데, 컴퓨터를 하는 동안에는 시냅스가 연결되지 않는다. 인터넷 서핑이나 온라인 게임 등은 우리가 생각할 틈을 주지 않고 그냥 모든 것을 제시해 주기 때문이다."[7]

어린이, 청소년의 뇌는 지금 성장하며 만들어지고 있기 때문에 미디어의 과다한 사용은 뇌의 구조 자체를 바꾸어 놓게 됩니다. 그래서 수업 시간에 유난히 집중하기 어려운 학생이라면 반드시 자신의 미디어 사용 습관을 점검하고 이를 과다하게 사용하지 않도록 해야 합니다. 미디어가 도저히 절제되지 않는다면 미디어를 주로 즐기는 시간에 아예 운동이나 놀이 등의 다른 활동을 하도록 계획을 하면 좋습니다. 몸을 움직이는 활동이나 즐겁게 몰입할 수 있는 놀이는 미디어를 하고 싶은 생각에서 벗어나게 해 주고, 위축되었던 뇌의 활성화와 회복에도 도움이 됩니다.

알자배기

복습 원리

3장

출력식으로
공부하기

탁월함의 추구

피드백

출력하기

힘써 생각하기

같은 공부를 해도 공부 효과가 잘 나는 사람이 있는가 하면 그렇지 않은 사람도 있습니다. 공부를 열심히 하는 것은 같은데 왜 효과 면에서 차이가 나는 것일까요? 이는 공신(공부의 신)들이 쓰는 공부법을 겉으로만 따라 했을 뿐, 그 사람들이 발휘하는 정신작용 즉 머릿속에서 일어나는 일을 그대로 실행하지 못했기 때문입니다. 효과적인 공부는 요리 레시피를 보듯 몇 가지 꿀팁 따라하기로 배워지지 않습니다. 그것은 오직 공부하는 마음가짐과 생각하는 방식 자체를 바꾸려 애써야 비로소 달성될 수 있습니다.

이번 장에서는 공부 효과가 높은 사람들의 머릿속에서는 어떤 일이 일어나는지 알아보겠습니다. 겉으로 하는 노력 외에 머리로 하는 노력이란 무엇일까요? 오랜 시간, 열심히 공부하는데 효과가 낮다고 생각하는 학생일수록 이번 장에 주목해야 합니다. 한번 시작해 볼까요?

나는 정말 알고
있을까?

중학교 때의 일입니다. 시험기간을 맞이한 저는 제일 자신 없는 사회 시험을 앞두고 만반의 준비를 하고 있었습니다. 당시 사회 선생님은 문제를 까다롭게 출제하기로 악명이 높았습니다. 어설프게 공부했다가는 50점도 못 맞는다는 것을 경험으로 잘 알고 있었습니다. 저는 시험 보기 전에는 기필코 '잘 아는' 상태로 다시 태어나야만 했습니다.

다음날 사회 시험을 앞두고 한차례 공부를 마친 뒤 볼일이 있어 아랫집 동생을 찾아가 잠시 이야기를 나누게 되었습니다. 이야기하는 나를 보더니 그 집 큰언니가 물었습니다.

"시험 기간이지? 시험 준비는 다 되었어?"
"응, 언니. 나 이번에는 공부 많이 했어."

"그래? 그럼 어디 볼까?"

'시험공부가 잘되었는지 어떻게 알 수 있지?'라고 생각하고 있는데 언니가 내 손에 있던 사회 교과서를 빼앗아 질문 공세를 시작합니다. 질문은 개념을 묻거나(민주주의가 뭐지? 와 같은) 아니면 문장을 읽다가 중간에 단어를 빼고 말하는 일종의 가로 넣기 문제였습니다. 공부를 다 했다고 생각했는데, 막상 질문을 받으니 어찌 된 일인지 제대로 대답을 할 수가 없었습니다. '어? 교과서에 그런 게 있었나?', '알긴 하는데 막상 대답하려니 못하겠네.' 생각하며 어물어물하니 언니가 걱정된다는 듯이 말합니다.

"너 공부 다 했다며, 시험 치기에는 좀 위험해 보이는데?"

저는 시험에 대비해서 교과서도 여러 번 읽었고 문제집 한 권도 범위까지 다 푼 상태였기에 당황할 수밖에 없었습니다. 교과서 내용을 달달 외운 것은 아니지만 시험은 대부분 객관식 문항이니 이 정도 공부하면 시험 범위 안의 웬만한 문제는 맞힐 수 있다고 생각했습니다. 그런데 막상 언니가 용어의 뜻이며 용어 간 관계를 꼼꼼히 물으니 대답할 수 있는 것이 별로 없었습니다. 질문에 등장하는 단어들은 보아하니 시험에 나올 키워드임이 분명했습니다.

'큰일 났다, 어쩌지?'

사회책을 돌려받고 집으로 오면서 공부한 내용에 대해 다시 생각해 보았습니다. 그동안 시험공부라는 것은 '교과서를 3번 읽는다, 문제집 한 권을 푼다.'와 같이 일종의 할 일 해치우기였습니다. 이 일들을 다 했으면 공부를 다 한 것이고 시험 준비가 끝난 것으로 생각했지, 교과 서의 빈칸을 채우거나, 단어의 의미를 술술 말할 수 있을 만큼 아는 정 도를 가늠해봐야 한다는 생각은 하지 못했습니다. 그러다 보니 공부한 주요 단어와 정의들을 내가 진짜 알고 말할 수 있는지 확인하지 못했던 것입니다. 공부가 다 되었는가의 여부는 얼마나 오래 공부를 했나, 얼 마나 많은 문제집을 풀었느냐가 아니라, '그 내용을 내가 이해하고 기 억해서 말로 막힘없이 설명할 수 있는가'로 판가름되는 것이었습니다.

메타인지

시험 준비를 하려면 내가 무엇을 모르고 있으며 어 느 부분을 공부해야 할지 알아야 하고, 공부했다면 이제 내가 공부한 내용을 알게 되었는지, 공부가 충분한지 판단할 수 있어야 합니다. 사 람에게는 다양한 사고 능력이 있지만, 그중에서도 자기 생각을 스스 로 들여다볼 수 있는 특별한 능력이 있습니다. 이것을 메타인지라고 합니다.

메타인지 덕분에 사람은 자신이 무엇을 알고, 모르는지 파악할 수 있습니다. 만약 '민주주의가 뭔지 아니?'라는 질문을 받는다면 사람은 누구라도 즉시 내가 안다, 모른다를 대답할 수 있습니다. 반면 컴퓨터가 이 질문에 답을 하려면 기억장치에서 '민주주의'라는 내용이 있는지를 다 뒤져본 후에야 답할 수 있습니다. 인간과 같은 방식의 메타인지가 없기 때문입니다.

여기 메타인지가 공부와 어떤 관계가 있는지 보여주는 실험이 있습니다. 한 방송사가 주최한 이 실험[1]에서 전국 모의고사 석차가 0.1% 안에 들어가는 학생과 평범한 학생을 한자리에 초청해 25개의 단어를 3초에 하나씩 보여주며 외우게 했습니다. 제시되는 단어들은 서로 연관성이 없는 단어들로 외우는 일이 쉽지 않아 두 그룹의 학생 모두 하나라도 더 외우려 안간힘을 썼습니다. 그 후 실험 팀은 외운 단어 수를 확인하기 전 학생들에게 자신의 점수를 예상해보게 했습니다. 외운 단어의 수는 두 그룹 모두 비슷했습니다. 그러나 흥미롭게도 0.1%의 학생들은 예상한 단어의 수와 실제 기억해낸 단어의 수가 거의 같았습니다. 반면, 평범한 학생들은 자신이 예상한 단어의 수와 실제 기억한 단어 수가 크게 달랐습니다. 단어를 얼마나 많이 기억할 수 있는지와 상관없이 0.1%의 학생들은 자신이 알고 있는 정도를 정확히 파악하는 메타인지 능력이 보통 학생들보다 우수했던 것입니다.

공부를 하자면 내가 무엇을 얼마나 알고, 모르는지를 정확히 아는 것이 중요합니다. 그래야 자신이 모르는 것을 찾아내 공부할 수 있습니다. 자신 외에는 누구도 내가 모르는 것이 무엇이며 알려면 어떤 노력을 해야 하는지 정확히 알 수 없습니다. 그래서 메타인지 능력은 공부 잘하는 학생들이 갖는 대표적인 특성이자 학습자에게 꼭 필요한 능력입니다.

익숙함이
부르는 오해

앞에서 저는 사회 시험범위 내용을 완전히 아는 것이 아님에도 공부가 다 되었다고 생각했습니다. 왜 이런 착각에 빠진 것일까요? 그것은 익숙함 때문입니다. 책을 읽고 문제를 푸는 동안 전반적인 내용에 익숙해졌고 오직 그 느낌에 의존하여 '다 안다'라고 생각했던 것입니다.

이렇듯 메타인지는 '그 정보가 익숙한가?'를 기준으로 내가 아는지 모르는지를 판단합니다. 메타인지 덕에 기억 전체를 뒤지지 않고도 순간적으로 '내가 안다'는 판단을 내릴 수 있었지만, 잘 모르는 대상에 대해서도 안다고 착각을 일으킨 것입니다.

인지심리학자들은 지식을 두 종류로 구분합니다.[2] 하나는 내가 알고 있다는 느낌은 있는데 다른 사람에게 설명하지 못하는 지식이고, 다른 하나는 내가 알고 있다는 느낌도 있고 다른 사람에게 설명도 할 수 있는 지식입니다. 중요한 것은 두 번째 지식만이 진짜 지식이며 내가 쓸 수 있는 지식이라는 사실입니다. 첫 번째 지식은 익숙함에 속고 있는 가짜 지식에 불과한 것이지요.

이렇듯 내가 어떤 지식을 정말로 알고 있는지 제대로 판단하려면 내가 안다고 생각하는 것이 정말 아는 것인지 아니면 안다는 느낌만 있는 것인지 점검해 볼 필요가 있습니다.

메타인지를 단련하는
출력식 공부

———————— 그렇다면 공부에 꼭 필요한 메타인지 능력을 어떻게 하면 높일 수 있을까요? 심리학자들은 운동을 통해 근육을 단련시키듯 메타인지 능력 역시 반복 사용함으로써 키울 수 있다고 말합니다.[3] 즉 내가 아는지 모르는지를 스스로 판단해보고, 실제로 내가 얼마나 알고 있는지를 확인해서 내 판단과 실제가 어느 정도 일치하는가를 알아보는 것입니다. 이 작업의 대표적인 예로 '시험'이 있습니다. 잘 알고 있다고 생각했다가 시험을 치른 후에 의외로 내가 몰랐던 부분을 깨닫게 되듯이, 시험을 보면 쉽게 내 생각 속 실력과 실제 실력을 비교할 수 있습니다. 그럼 시험 이외에 일상에서 메타인지를 활용하여 공부할 수는 없을까요? 그 간단한 비결이 바로 출력식 공부입니다.

출력식 공부란 지식을 받아들이는 활동을 '입력', 알고 있는 지식을 꺼내보는 일을 '출력'이라고 생각했을 때, 지식을 꺼내어 확인하는 활동을 말합니다. 출력식 공부는 입력식에 비해 머릿속의 지식을 직접 쓰거나 말해야 해서 에너지가 많이 들고 집중력도 필요합니다. 많은 학생들이 복습 방법으로 인터넷 강의를 듣거나 책을 다시 읽는 것과 같은 편한 방식으로 공부하려고 합니다. 그러나 이처럼 입력식 공부인 '추가 강의듣기'와 '단순 반복읽기'는 매우 비효율적인 복습법입니다. 공부는 했지만 자기 생각보다 성과가 나오지 않습니다.

그 이유는 입력 활동인 인터넷 강의보기나 수업듣기로는 뇌의 교감신경계가 좀처럼 활성화되지 않아서입니다. 뇌가 적극적으로 일을 하지 않는 것이지요. 실제로 책을 읽거나 강의를 듣는 등의 입력식 공부와 설명하기, 가르치기와 같은 출력식 공부의 공부 효율을 비교했을 때, 출력식 공부가 입력식 공부보다 8배 정도 높은 학습효과가 있습니다.[4]

앞에서 복습하는 학생이 적은 이유가 한 번 배우고 나면 다 안다는 느낌 때문이라고 했습니다. 이것 역시 메타인지의 착각이라고 할 수 있습니다. 그리고 복습을 한다 하더라도 강의를 듣거나 단순히 여러 번 읽는 방식으로 입력만 해서는 메타인지의 착각은 개선되지 않습니다. 우리가 하려는 공부는 효율 높은 공부입니다. 당장 힘들더라도 지금 알고 있다고 생각하는 지식을 꺼내어 그 지식이 맞는 내용인지, 충분한지, 내가 잘 꺼낼 수 있는지를 확인하는 것이 필요합니다. 출력식 복습은 그냥 '공부를 많이 했다. 오래 했다'가 아니라 '공부가 되었다. 잘 알고 있다'를 목표로 해야 하는 것입니다.

출력식 복습법에는 설명하기, 가르치기, 써보기, 문제풀기 등의 여러 방법들이 있습니다. 알고 있는 것을 내가 직접 말하거나 쓰거나 활용하는 것입니다. 또한 읽기나 강의듣기도 조금만 방식을 바꾸면 효과 높은 출력식으로 바꿀 수 있습니다. 이 책의 '4장 복습 방법'에서 다루려는 것이 바로 출력식 복습법들입니다.

효과적인 복습을 하려면 공부 목표를 '배운 내용을 내가 출력할 수 있도록 하는 것'에 두어야 합니다. 그리고 복습하는 동안에 실제로 출력을 해봐야 합니다. 애써 어렵게 공부하면 더디게 잊힌다는 말이 있습니다. 특히 그 '애쓴다'라는 말은 '오랜 시간, 놀고 싶은 것을 참아가며'라는 뜻이 아니라 출력식으로 적극적인 공부를 하느라 두뇌를 최대 출력으로 사용하는 것임을 기억하기 바랍니다.

탁월함의
추구

탁월함이란?

여러 해 동안 학생들을 관찰해 보니 공부를 잘하는 학생, 앞으로 잘하게 될 학생은 알고자 하는 수준이 남다르다는 것을 알게 되었습니다. 그들은 알아내고야 말겠다는 열망으로 어떻게 보면 집요해 보이기까지 합니다. 특히 이 학생들은 자신이 원하는 지식의 수준에 도달할 때까지는 좀처럼 물러서지도 않고 부끄러움도 잊습니다. 저는 이런 학생들의 특성에 '탁월함의 추구'라는 이름을 붙여 보았습니다.

'탁월하다'는 어학사전에서 높을 탁卓, 넘을 월越로 이루어져 '남보다 두드러지게 뛰어남'이라고 정의합니다. 이는 남들보다 시험 점수를 잘 받아서 뛰어넘겠다는 뜻이 아닙니다. 탁월함의 추구는 지금 공부하고 있는 지식을 남달리 완벽하게 알고 말겠다는 마음가짐을 말하는 것입니다.

보통 학생들과 탁월함을 추구하는 학생들의 공부 수준은 어떻게 다를까요? 이해를 돕기 위해 이들의 차이를 표로 정리해 보았습니다.

	보통 학생	탁월함을 추구하는 학생
아는 것을 추구하는 수준	• 안다는 느낌이 들 만큼	• 정확하고 완벽하게 알았다고 확신이 들 때까지
수준에 대한 일반적인 예	• 선생님 말씀을 알아듣는 수준 • 교과서 문제를 어느 정도 풀 수 있을 정도 • 남들만큼 • 책에 나온 말이 익숙할 만큼 • 두루뭉술하게	• 공부한 부분에 대한 어떤 질문에도 답할 수 있을 만큼 • 내 마음속에 질문이 더 이상 생기지 않을 때까지 • 그 부분에 대해 내가 누군가에게 설명해 줄 수 있을 만큼 • 배운 부분에 대해 당장 시험을 봐도 자신 있을 만큼 • 배운 부분에 대해 마치 전문가처럼 • 정확하게
수학에서 모르는 문제가 나오면	• 해설을 눈으로 읽고 이해한 후 다음 문제로 넘어감 • 선생님의 풀이 설명을 듣고 이해 갔으면 넘어감 • 문제 풀이에서 미심쩍은 부분이 있지만 전체적으로 알겠으면 넘어감 • 내가 직접 하기 어려워 보이는 부분이 있지만 "그렇구나" 하고 넘어감	• 해설의 문제풀이를 읽은 후 나 혼자 풀이를 쓸 수 있을 때까지 해봄 • 문제풀이를 보면서 그 풀이의 다음 줄을 내가 스스로 말할 수 있을 만큼 풀이의 줄마다 분명한 이유를 찾음 • 풀이에서 사용한 논리를 익히고 여기에 나만의 논리를 접목해서 변형된 풀이를 해보고 답을 맞힐 수 있음 • 풀이의 각 과정이 나온 이유를 말로 설명하면서 풀어낼 수 있음 • 기호와 단위까지 정확하게 쓸 수 있으면 그 기호와 단위가 왜 나와야 하는지 설명할 수 있음

영어에서 문장을 해석 한다면	• 각 단어 뜻을 떠올려 머릿속으로 문장 뜻이 이해되면 해석된 것으로 여기고 넘어감 • 해석이 매끄럽지 못한 부분을 해석된 것으로 보고 이해되면 넘어감	• 각 단어들의 뜻을 생각하고 접속사의 용법까지 고려해서 완벽한 하나의 문장으로 번역함 • 문장 해석에 동원되는 문법 내용을 떠올려보고 어떤 경우에 해당되는지 생각하여 문장이 가진 느낌까지 맞는지 확인하기 • 해석이 매끄럽지 못한 부분이 있으면 내 해석과 해답의 해석을 비교하고 어떤 차이가 있고 왜 그렇게 해석되어야 하는지 이유를 밝힘 • 마치 내가 번역가라도 된 것처럼 • 번역된 한국어 문장을 여러 줄 연결해 놓아도 매끄럽도록 • 문장을 제대로 된 영어 발음으로 완전히 읽을 수 있도록

표에서 알 수 있듯이 탁월함의 추구라는 말은 바로 '완벽한 이해'를 추구하는 것을 말합니다. 비슷한 문제를 앞으로도 맞히기 위해 몇 가지 요령을 익히거나 공식을 암기하고 넘어가겠다고 생각하는 것과는 완전히 다릅니다. 당장 시험에 나올만한 것만 공부한다거나, 지금 푸는 문제를 외워서 또 맞히려는 자세가 아닌, 마치 학자라도 된 듯이 공부하는 내용은 물론 그 근본 원리까지 파헤쳐 알고 말겠다는 자세를 말하는 것입니다.

질문으로 물고 늘어지는
공부 태도

———————— 이렇게 남달리 앎에 대한 기준치가 높은 학생들은
어떻게 공부할까요? 이 학생들은 공부하고 있는 순간만큼은 알고자 하
는 마음이 남달리 집요하기 때문에 공통적으로 정확히 알 때까지 물고
늘어지는 태도를 보입니다. 가령 수학 문제를 풀다가 뜻대로 잘 풀리
지 않으면 마음속에는 갖가지 질문들이 생겨납니다.

> '이렇게 저렇게 해도 안 풀리는데 방법이 맞는 거야?'
> '풀이에 나온 이 방법은 갑자기 어떻게 나오게 된 거야?'
> '이 문제는 대체 뭘 물어보려고 낸 문제일까? 중요한 점이 뭘까?'

질문도 잠시, 약간의 노력을 더 해서 문제가 풀리고 나면 보통 학
생들은 이 문제에 동그라미를 친 후 넘어갑니다. 그러나 탁월함을 추
구하는 학생은 문제를 푼 것에 만족하지 않고 마음속에 일어났던 위와
같은 질문을 해결하기 위해 추가적인 노력을 시작합니다. 해답지 해설
부분을 바꿔 써 보기도 하고, 교과서를 앞뒤로 뒤적이기도 하며, 새로
운 질문을 만들어 내기도 합니다. 겉에서 볼 때는 조용해 보일지 모르
지만 그 학생의 머릿속은 계속 질문하고 답하느라 너무나 바빠서 다른
일로 주의가 흐트러질 틈이 없습니다. 지금 공부하고 있는 내용에 완
전히 몰두하게 되는 것이지요. 이렇듯 질문으로 물고 늘어진다는 것은

학생이 지금 하는 공부에 대해 스스로 문제를 설정하고 해결하는 방식으로 공부하고 있음을 의미합니다.

머릿속 구조를 바꾸는 공부

탁월함을 추구하는 공부는 까다롭게 공부하는 일이기 때문에 에너지가 상당히 들어갑니다. 그러나 이 깐깐한 공부는 그냥 몸만 피곤한 공부가 아닌 머릿속의 구조를 근본적으로 바꾸는 공부이기 때문에 힘들지만 반드시 할 만한 가치가 있습니다.[5]

우리 뇌는 뉴런이라는 신경 세포들로 이루어져 있습니다. 뉴런의 모습은 다음 그림과 같이 핵을 중심으로 가지들이 뻗어있는 형태입니다. 공부를 하면 우리 뇌 속에서는 새로운 뉴런이 만들어지거나 뉴런 간에 새로운 연결이 생깁니다. 공부하는 정신작용이 실제로 뇌에서는 세포를 만들고 세포의 모양을 바꾸는 물리적인 변화를 만드는 것입니다. 뉴런의 가지들은 전기신호를 전달하는 일종의 전선입니다. 이 가지들은 공부함에 따라 길이가 연장되기도 하고 연관성이 있는 다른 뉴런과 연결되기도 하면서 점점 더 복잡한 모습으로 발달해 갑니다.

뉴런의 가지에는 '미엘린'이라는 것이 있습니다. 뉴런이 전선이라면 미엘린은 일종의 전선 피복입니다. 전선을 감싸는 전선 피복은 구리선을 감싸서 전기가 밖으로 새지 않고 전선을 따라 잘 흐르도록 돕습니다. 미엘린 또한 뉴런 가지를 감싸는 절연물질로, 뉴런에 흐르는 생각의 전기신호가 새지 않고 뉴런 가지를 따라 흐르도록 돕는 역할을 합니다.

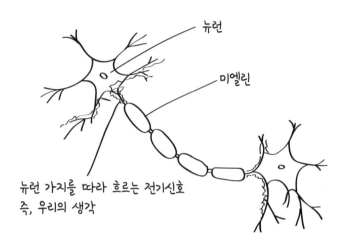

뉴런

미엘린

뉴런 가지를 따라 흐르는 전기신호
즉, 우리의 생각

정확히 공부를 한다는 것은 공부할 때마다 같은 뉴런 가지를 사용한다는 뜻입니다. 한마디로 같은 뉴런 가지에 똑같은 전기신호를 자꾸 흘리는 것이지요. 이렇게 전기신호가 자주 흐른 가지는 미엘린이 유달리 두꺼워집니다. 미엘린이 두꺼워진 뉴런에는 어떤 일이 일어날까요?

만약 한 학생이 뺄셈에서 받아 내림 공부를 한다고 생각해 봅시다. 이 학생은 받아 내림을 잘하기 위해 그 원리도 공부하고 문제를 풀면서 연습도 할 것입니다. 연습할 때마다 이해를 바탕으로 받아 내림 규칙을 정확히 지키며 받아 내림을 반복하면 해당 뉴런의 미엘린은 점점 두꺼워지게 됩니다. 절연 처리가 특별히 잘 된 전선처럼 이 뉴런은 이제 다른 뉴런에 비해 오가는 전기신호를 훨씬 손실 없이 강하고 정확하게 주고받을 수 있습니다. 전기신호가 새지 않는다는 것은 해당 뉴런을 사용하는 사고 과정에 흔들림이 없음을 의미합니다. 이제 이 학생은 새로운 상황에도 주저함 없이 정확한 받아 내림을 할 수 있고, 다른 공부를 하다가 받아 내림으로 돌아와도 헷갈리지 않습니다. 내림수가 10이건 9건, 1의 자리나 10의 자리에서 내리건 주저하지 않습니다. 다른 것은 몰라도 이 학생의 뇌에서 받아 내림을 수행할 때 흐르는 전기신호는 다른 곳으로 새지 않고 매우 강하고 확실하게 오갈 수 있기 때문이지요. 이제 학생의 받아 내림 공부는 뇌 안의 회로가 튼튼한 경로로 만들어졌기에 원활한 출력과 응용이 될 수 있을 만큼 확고하게 완성되었습니다.

여기서 중요한 것은 공부 내용을 정확하게, 반복하는 것입니다. 그렇지 않으면 해당 지식에 대해 만들어진 뉴런과 가지들이라 할지라도 집중적으로 강한 전기신호가 흐르지 않습니다. 그래서 해당 뉴런 가지의 미엘린도 두꺼워지지 않습니다. 비와 비율을 공부할 때 분수의 뜻과 개념을 다시 떠올려 봐야 하는 것처럼 만들어진 뉴런들과 뉴런 가지들은 없어지지 않고 있다가 관련 내용이 필요할 때 다시 사용됩니다. 그러나 미엘린이 충분히 만들어지지 않은 뉴런은 생각할 때 전기신호가 사방으로 새어버려 잘 활용되지 못합니다. 분수 뉴런을 자유자재로 활용할 수 있어야 비와 비율의 개념을 새롭게 배울 수 있는데 아직 분수 뉴런도 제대로 동작하지 않는 것이지요.

뉴런과 미엘린을 이해했다면 정확하게 알지 못하면서 단순히 많은 문제를 푸는 공부, 많은 문제를 풀어도 생각 없이 기계적으로 푸는 공부가 실력이 나아지는 데 도움이 되지 않음을 짐작할 수 있을 것입니다. 그냥 반복이 아닌 해당 개념을 정확히 건드리는 반복이어야 정확한 경로로 강한 전기신호가 흐를 수 있을 테고, 그래야 그 지점의 미엘린이 강화될 수 있기 때문입니다.

탁월함을 추구하는 공부는 시간이 걸립니다. 개념을 정확히 이해하는 순간은 공부 과정에서 만나게 되는 의문점과 씨름을 하다가 찾아오기 때문에 많은 시간을 필요로 합니다. 그러나 시간이 걸리더라도 내용을 정확히 짚고 간다면 뇌의 구조는 지금의 공부 내용을 확고하게 반영한 모습으로 바뀌게 될 것입니다.

선생님이 된 것처럼
하는 공부

———————— 사실 저는 고등학생이 될 때까지 공부를 잘하는 학생들이 완벽한 공부를 추구한다는 것을 몰랐습니다. 이 사실을 깨달은 것은 고2 때 만난 한 영어 선생님 덕분이었습니다. 그 선생님의 수업을 한마디로 하자면 학생이 혼자 북 치고 장구 치는 수업이라고 할 수 있습니다. 첫날 수업부터 문법책과 독해책을 학생이 혼자 문장을 읽고 소리 내서 해석하고 문법 원리까지 설명하도록 하는 수업 방식이었지

요. 선생님은 학생의 공연(?)을 듣다가 틀린 부분을 수정해 주었고, 끝까지 내용을 모두 설명하면 그제야 새로 익혀야 할 숙어와 단어, 놓친 원리 등을 잠시 소개해 주는 것으로 수업이 끝나곤 했습니다. 저는 이 수업을 마지막 기회라는 생각으로 열심히 준비했습니다. 그것은 하루 8시간씩 꼬박 사전을 찾고 문제를 풀어 채점하고, 문장을 소리 내서 읽고 해석하는 고행의 시간이었습니다. 문장을 눈으로 읽고 머릿속으로 해석하여 넘어가는 수준으로 공부해서는 내가 끌어가는 수업을 할 수 없기 때문에, 해석이며 발음, 문법 설명까지 영어 선생님이 된 것처럼 완벽하게 준비할 수밖에 없었습니다. 그렇게 딱 3개월을 보내자 지지부진하던 학교 영어 성적이 시험공부를 따로 하지 않아도 최상위권으로 나오기 시작했고, 그 후 고3 때 영어만큼은 유지하는 정도의 공부만으로도 수능을 잘 치를 수 있었습니다.

이전에도 공부를 나름대로 열심히 하고 있었지만 실력의 변화는 미미했습니다. 하지만 영어를 통해 스스로 애써 완벽히 공부를 하면 실력이 비약적으로 성장하게 된다는 것을 경험하고서는 다른 과목을 공부할 때도 이렇게 공부하고자 노력하게 되었습니다.

탁월함의 추구라는 말이 부담으로 다가올 수도 있습니다. 하지만 필요한 일은 의외로 간단합니다. 지금 내가 하고 있는 공부 내용을 정말 알고 있는지 생각해보고, 그렇지 않다면 정말 알 수 있도록 만드는 행동 한 가지를 실천하면 됩니다. 그것은 사전을 찾는 것일 수도 있고 교과서를 다시 찾아보거나 다른 사람에게 질문하는 일일 수도 있습니다. 분명한 것은 공부를 잘하고 싶다는 마음으로 누군가가 이해시켜주기를 수동적으로 기다려서는 안 되며 뭐라도 행동해야 한다는 것입니다. 탁월함을 추구하고 목표를 이룰 수 있는 행동을 할 수 있는 것은 오직 나 자신뿐입니다.

힘써
생각하기

책상에 앉아있다고
다 공부하고 있는 것이 아니다

공부 잘하는 학생의 또 다른 특징 중 하나는 바로 '힘써 생각한다'라는 것입니다. 힘써 문제 푸는 것도 힘써 강의를 듣는 것도 힘써 읽는 것도 아닙니다. 힘써야 할 부분은 바로 '생각하는 것'입니다. 저는 이 원리를 알고서는 수학 공부를 시작할 때마다 볼 수 있도록 수학 공책 겉장에 '힘써 생각하자'라고 일부러 크게 써 두었습니다. 그렇다면 힘써 생각한다는 것은 무엇일까요?

생각하는 일은 머릿속에서 일어나기에 눈에 보이지 않습니다. 겉으로는 책상에 앉아있고 책을 읽거나 연필을 움직이거나 문제를 푸는 모습이 전부입니다. 그래서 설명하기가 어렵지만 학생의 몇 가지 행동 특징으로 힘써 생각하는 모습을 설명하려 합니다. 어떤 특징이 있을까요?

그림은 보통 학생과 힘써 생각하는 학생의 모습에서 공통점을 뽑은

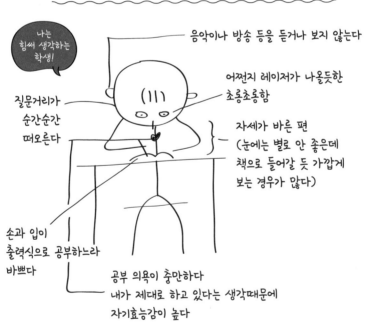

것입니다. 특히 힘써 생각하는 학생은 한 친구를 떠올리면서 그렸습니다. 대학 입시를 준비하던 시절, 언어영역의 신으로 불렸던 그 친구는 아무리 어려운 지문이 나와도 짧은 시간 내에 글을 파악하고 맞추어 내는 신기한 친구였습니다. 우연히 그 친구가 자습하는 모습을 보게 되었는데 눈에서 레이저가 나올듯한 모습에서 이 친구가 정말 무섭게 집중하고 있음을 한눈에 알 수 있었습니다. 다른 사람을 신경 쓰거나 느슨하게 생각해서는 연출될 수 없는 모습이었고 제가 음악을 들으며 비스듬히 앉아서 공부하는 모습과는 너무나 달랐습니다. 평소 공부할 때 길러진 강한 집중력 덕분에, 그 학생은 주의력을 유지하기 어려운 독하고 긴 지문도 거뜬히 읽고 풀어낼 수 있었던 것입니다.

책상 앞에 앉아 책을 바라보고 있다고 모두 공부하고 있는 것은 아닙니다. 머릿속으로 딴생각을 하면 그만입니다. 느슨하게 생각하면서 공부한다면 공부하고 있는 것이 아닙니다. 지금 내가 힘써 생각하는지 아닌지는 오직 자기 자신만이 알 수 있습니다.

힘써 생각해야
효율이 높다

오래 공부하기보다 효율이 높은 공부를 해야 합니다. 효율이 높다는 것은 짧은 시간 공부했는데도 효과가 나는 것을 말합니다. 물건으로 치면 가성비라고 할까요? 적은 시간을 투자하고도 필요한 공부를 마치게 된다면 그보다 좋은 것은 없습니다. 힘써 생각하는 공부는 일단 공부에 돌입하면 그 시간 내내 전력으로 생각하는 것입니다. 쉽게 말해서 공부하는 순간만큼은 시험 볼 때와 같은 강도로 생각해야 합니다. 시험 때는 1분 1초를 아끼며 생각하고, 시험 시간 내내 온갖 지식을 총동원해서 문제를 고민합니다. 바로 이와 같이 일단 공부를 시작하면 생각할 시간이 얼마 남지 않은 것처럼, 반드시 이 문제를 풀어내야 하는 사명이라도 받은 사람처럼 의식적으로 두뇌를 최대 출력으로 가동해야 하는 것이지요. 이렇게 하면 같은 시간을 들여도 느슨하게 할 때와는 비교할 수없이 많은 양을 공부할 수 있습니다. 공부 효율이 좋아지는 것입니다.

몰입해야
공부가 재미있다

앞에서 공부의 재미는 공부 자체에 있다고 이야기했습니다. 공부 과정에서 그 과목이 가진 매력을 맛보자면 공부를 할 때 몰입할 필요가 있습니다. 뭔가를 알기 위해서 또는 어떤 문제를 해결하기 위해서 이런저런 방법을 열심히 시도하다 보면 어느 순간 나는 어디에 있는지, 뭘 하고 있는지 그 의식조차 없어지게 됩니다. 문제와 문제를 생각하고 있는 나만 남게 되지요. 이런 상태를 몰입(flow)이라고 합니다. 레고를 만들 때 시간이 훌쩍 지나 있었다거나 한참 놀 때는 몰랐는데 다 놀고 나니 그때야 배고픔이 밀려오는 것은 모두 활동하면서 몰입을 경험한 것입니다. 몰입의 좋은 점은 몰입하면 기분이 좋아진다는 데 있습니다. 몰입해서 뭔가를 하면 우리 뇌 속의 뉴런 연결 부위(시냅스)에서는 도파민이라는 신경전달물질이 나오는데, 이것이 뇌에 쾌감을 줍니다. 도파민은 경쟁에서 이겼을 때나 얻기 드문 행운이 왔을 때 뇌에서 나오는 물질로 짜릿함, 희열, 의욕을 가져다줍니다. 숙제나 공부를 할 때 처음에는 온몸이 쑤시고 딴생각이 나지만, 좀 하다 보면 은근히 빠져드는 게 나름 재미있다는 생각이 든 적이 있나요? 그것이 바로 몰입하는 과정에서 나오는 도파민을 경험한 것입니다.

공부가 재미없고 힘든 것은 공부가 원래 그렇다기보다는, 공부할 때 충분히 몰입해 본 경험이 없어서입니다. '공부가 재밌다'라고 말하는 사람은 공부에 몰입할 때의 그 짜릿함, 쾌감을 알고 있기에 도파민 분비를 만드는 공부 몰입을 자꾸만 경험하고 싶어 합니다.

몰입이 공부의 재미를 가져온다고 하니 쉽고 놀이에 가까운 공부가 몰입을 잘 일으킬 것 같지만, 의외로 사람들은 뭔가를 알려고 또는 해결하려고 애쓰고 고민하는 과정에서 좀 더 쉽게 몰입합니다. 본래 몰입은 보통 자신의 능력보다 조금 높은 정신능력을 발휘해야 할 필요가 있을 때 더 쉽게 찾아온다는 연구결과가 있습니다.[6] 그래서 실제로 몰입을 통해 많은 난제들을 해결한 것으로 유명한 우리나라 몰입의 대가 서울대 황농문 교수는 몰입을 하려면 암기보다는 이해와 사고 위주의 학습을 해야 한다고 강조합니다.

"몰입도가 낮은 상태에서 공부하려는 의지만 강할 때 전형적으로 나오는 학습이 단순 암기이다. 학습에서 단순 암기가 가장 비효율적이고, 이해 위주와 상호 관련성을 파악하는 방식의 학습이 가장 효율적임을 명심해야 한다."[7]

그래서 그는 자신이 지도하는 학생에게도 시험 공부를 할 때 건성으로 넘어가면 몰입이 안 되니, 하나하나 꼼꼼하게 소화하고 이해하면서 공부하라고 주문합니다. 시험 점수를 위한 얕은 노력이 아닌 깊은 이해를 목표로 하는 '탁월함의 추구'가 곧 몰입을 불러오는 방법임을 보여주는 대목입니다.

이런 몰입의 즐거운 경험을 주기 위해 저는 가끔 수업 시간에 수업 내용과 관련해서 원리적으로 좀 어려운 질문을 하나 걸어놓고 반 전체가 도전하는 퀴즈 시간을 갖습니다. 원리를 알아낸 학생은 앞에 나와서 선생님과 친구들에게 알아낸 원리를 설명해야 합니다. 실패하면 자리에 돌아가 다시 고민의 기회를 가집니다. 수학 시간에 이렇게 하는 경우가 많은데, 고민하고 토론하다가 경쟁적으로 나와서 답을 맞히는 열기가 게임 못지않게 뜨겁습니다. 어린 학생들도 지적 도전을 하며 즐겁게 몰입할 수 있다는 것을 실감하게 됩니다.

힘써 생각하는
공부를 잘 하려면

_____ 일단은 공부 시작과 동시에 전력으로 생각하겠다고 마음먹는 것이 중요합니다. 책상에 앉아 책을 보거나 문제를 풀 동안에도 우리 머릿속에는 참으로 여러 생각이 드나듭니다.

'냉장고에는 먹을 것이 있던가? 오늘 영수 표정 너무 웃겼어… 그런데 일기는 또 언제 쓰지?'

눈으로는 책의 글씨를 읽고 있어도 공부 내용에 집중하지 않는 순간은 너무도 많습니다. 이런 생각들을 알아차리고 통제할 수 있는 것은 나 자신뿐입니다. 그래서 힘써 생각하는 공부에는 나만의 선언이 필요합니다.

'힘써 생각하지 않는 순간은 공부하는 것이 아니다'

이것은 힘써 생각할 때만 내가 스스로 공부한 것으로 인정하는 일종의 자기선언입니다. 공부하는 척하며 나와 남을 속이지 않겠다고 마음먹는 것이지요. 이렇게 생각하면 내가 공부다운 공부를 얼마나 하는지, 지금 내가 진짜 공부를 하고 있는 것인지 보다 명확해집니다.

힘써 생각하는 공부를 지속하려면 공부 몰입도를 올리는 것이 중요합니다. 일단 몰입(flow)상태에 진입하면 공부가 힘들지 않지만, 공부를 시작할 때는 누구나 몰입도가 낮은 상태이기 때문에 몰입도가 올라갈 때까지 자신을 채찍질해 주는 것이 필요합니다. 몰입이 되어 편해지기 전까지는 의지를 들여 의자에 좀 앉아 있어야 하고 열심히 생각하자고 자신을 부추겨야 합니다. 조심할 점은 '집중해야 돼, 집중해야 돼'라고 머릿속으로 계속 되뇌이기만 하는 것은 힘써 생각하는 것이 아니라는 점입니다. 힘써 생각해야하는 내용은 지금 공부하고 있는 내용을 깊이 있게 이해하려는 것이거나 문제를 해결하려고 고민하는 것이어야 합니다. 그래야 공부하는 중에 몰입을 경험할 수 있습니다.

몰입도를
올리려면

힘써 생각하다 보면 공부에 몰입하게 되어 공부가 효율적이고 재미있는 것이 되지만, 이렇게 되려면 앞서 말했듯이 공부 몰입도를 의도적으로 올리는 노력이 필요합니다. 그래서 공부 몰입도를 올리는 데 도움이 되는 조건들을 지금부터 이야기해보려 합니다.

● 몰입도를 올릴 수 있는 방법 ●

1. 출력식으로 공부할 것

2. 지금 하는 공부만 생각할 것

3. 공부 시간과 분량을 제한할 것

1. 출력식으로 공부할 것

힘써 생각하는 공부를 할 때 몰입을 빨리하기 위해서는 편안한 방법이 아닌 애써 생각해야만 진전이 있는 힘든 활동, 즉 출력식 활동을 일부러 택하는 것이 좋습니다. 또한 주의력이 부족한 학생일수록 눈 외에 손, 입과 같은 여러 감각기관을 다양하게 활용하는 것이 도움이 됩니다. 읽기나 강의듣기와 같은 수동적 활동을 할 때 딴생각이 자주 든다면 이 활동 역시 최대한 출력식으로 바꾸는 것이 좋습니다. 한 문단을 읽을 때마다 여백에 요점을 적는다거나, 강의를 들으며 요약정리를 한다거나, 수첩에 질문을 적어본다든가 하는 식으로 말입니다.

효과가 높은 만큼 출력식 공부에는 강한 주의력과 많은 정신적 에너지가 필요합니다. 한 마디로 전보다 생각하느라 훨씬 애써야 하는 것이지요. 그래서 공부 방법을 출력식으로 선택하기만 해도 학습자는 힘써 생각하지 않을 수 없게 되는 것입니다.

2. 지금 하는 공부만 생각할 것

자기 공부시간이 얼마나 되는지 알아보기 위해 많은 학생이 스톱워치를 사용합니다. 공부를 하고 있을 때는 시계를 작동시키고, 딴생각이 들거나 느슨해지면 시계를 바로 멈추는 것이지요. 초등학생도 숙제나 복습을 할 때 스톱워치를 사용해서 힘써 생각하기 연습을 할 수 있습니다. '공부하자'라고 마음먹으면 스톱워치를 켜고 바로 공부를 시작합니다. 스톱워치를 켜고 책상을 정리하거나 책을 펴선 안 됩니다. 공부 준비를 다 해놓고 머리로 생각하는 공부가 시작되는 그 순간에 시계를 작동시키는 것입니다. 그렇게 하다가 딴생각이 든다거나 졸리면 시계를 멈춥니다. 앉은 채로 잠시 쉬고 싶어질 때도 시계를 멈춰야 합니다. 힘써 생각하는 순간만 공부시간이기 때문입니다. 이렇게 공부를 하고 나면 힘써 생각하며 공부한 실제 시간이 스톱워치에 찍히게 됩니다. 우리의 진짜 공부시간은 책상에 앉아있는 시간이 아니라 스톱워치에 찍혀있는 그 시간 동안만입니다. 딴생각이 들어 자주 공부가 멈춰져도 괜찮습니다. 얼마나 연속적으로 오래 앉아 있나 보다 중요한 것은 잠시 공부하더라도 최대로 집중해서 힘써 생각했느냐 하는 것입니다.

이러한 고高 몰입 공부에서 피해야 할 일은 바로 멀티태스킹입니다. 멀티태스킹(multitasking)은 음악을 들으면서 공부한다든가 공부 중간중간 스마트폰을 확인하는 것과 같이 여러 일을 동시에 하는 것을 말합니다. 공부 용도라 할지라도 스마트폰을 사용하면 나도 모르게 다른 내용도 들여다보게 되고 애써 만든 몰입은 이내 깨지게 됩니다. 어떤 학생들은 TV를 보거나 방송을 들으면서 공부하면 공부가 더 잘 된다고 말하기도 하는데, 이것은 몰입하지 않으면서 공부할 때의 이야기입니다. 단순히 뭔가를 베껴 쓰거나 깊은 생각이 필요 없는 일을 하는 것이라면 멀티태스킹도 가능할 것입니다. 하지만 지금 우리가 하려는 공부는 최대 출력으로 힘써 생각하는 공부입니다. 모든 주의력을 발휘해서 짧은 시간에 공부를 끝내려 합니다. 힘써 생각하는 공부는 다른 일을 하면서 공부하는 것이 불가능합니다.

3. 공부 시간과 분량을 제한할 것

많은 사람이 몰입은 놀 때나 좋아하는 일을 할 때 잘 일어날 것이라고 생각합니다. 하지만 몰입 이론의 창시자 미하이 칙센트미하이의 연구에 따르면 사람들이 몰입을 경험하는 경우는 주로 놀 때가 아닌 일할 때입니다. 어떻게든 해내야 한다는 목표의식과 압박감, 시간제한이 적당한 긴장감을 주고 사람을 집중하게 만들기 때문이지요. 그래서 공부에 몰입하기 위해서는 몰입하기 좋은 상황을 만드는 것이 필요합니다.

몰입하기 좋은 상황이란 바로 공부하는 시간과 분량을 제한하는 것입니다. 이 시간과 분량은 몇 달 혹은 며칠간의 공부 계획을 말하는 것이 아닙니다. 지금 당장 하는 공부의 분량과 이 분량을 끝낼 시간을 정하고 시작하라는 뜻입니다. 저 역시 글을 쓸 때 효율을 높이려고 일부러 '지금 내가 쓸 수 있는 시간이 2시간이구나. 이 시간 동안 어제 시작한 소단락 하나를 끝내자'와 같이 생각합니다.

해야 할 과제가 많고 여러 개라면 어떨까요? 숙제와 복습 등 할 일이 많더라도 일단 이렇게 생각하는 것입니다.

'우선 일기 쓰기부터 5시~5시 30분 사이에 마칠 거야.'

이런 식으로 한 개의 과제를 얼마 만에 끝낼 수 있을까를 생각해서 지금 하는 공부의 목표로 삼는 것입니다. '일기 30분, 오늘 복습 30분, 영어 독해 20분'과 같이 말입니다. 하기 싫은 마음이 크다면 할 일을 보다 작은 단위로 나누는 것이 좋습니다. 작은 목표가 금방 성취되어 만족감을 쉽게 느낄 수 있도록 말입니다. 단, 분량과 비교해 너무 짧은 시간을 설정하거나 한 번에 지나치게 많은 분량을 잡으면 대충하게 되거나 좌절하기 쉬우니, 내가 충분히 할 수 있을 만큼의 현실적인 분량과 시간을 정해야 합니다.

힘써 생각하는 방식의 공부를 알지 못하는 학생들은 열심히 공부한다는 것은 오래 공부하는 것이고 졸음과 지겨움을 참아가며 공부하는 것으로 생각합니다. 그러나 열심히 공부한다는 것은 열심히 생각한다는 뜻임을 늘 기억해야 합니다. 단순히 문제집을 풀자, 필기를 하자가 아니라 힘써 생각하며 공부하자고 마음먹기를 바랍니다. 단 몇 번만으로도 공부 효과가 달라지는 것을 직접 경험할 수 있을 것입니다. 진짜 공부는 오직 열심히 생각할 때 이루어집니다.

피드백

마음속의 이상적인 그림,
심적 표상

세계적인 심리학자 안데르스 에릭슨 박사는 각 분야의 최정상에 오른 사람들을 연구하여 그들의 성공이 '재능'이 아닌 1만 시간가량의 '노력' 덕분이었음을 논문으로 발표합니다. 이것이 책 『아웃라이어』에서 소개되어 유명해진 '1만 시간의 법칙'입니다. 1만 시간의 법칙은 누구나 한 분야에 1만 시간을 들여 노력하면 그 분야의 전문가가 될 수 있다는 주장입니다. 그러나 이 법칙이 유행하면서 그는 사람들이 자신의 이론을 무조건 오래 노력하면 된다는 식으로 오해하고 있으며, 1만 시간의 법칙에서 노력한 시간의 양보다 더 중요한 것은 노력하는 방법과 질이라고 말합니다. 그 노력의 구체적 방법은 노력의 모델이 되는 '심적 표상'을 마음속에 만들고, 이것을 목표로 집중, 피드백, 수정의 과정을 거치는 의식적인 연습을 하는 것입니다.[8]

같은 1만 시간을 노력해도 누군가는 그 분야에서 더욱더 두각을 나타내는 전문가들이 있다는 것에 주목한 에릭슨은 평범한 사람들과 대가의 차이는 '보다 완벽한 심적 표상 만들기'에 있다고 말합니다. 심적 표상이란 어떤 일을 하는 데 있어서 그 일을 잘하는데 필요한 모범답안, 청사진입니다. 정상급 바이올리니스트는 그렇지 않은 사람들에 비해 마음속에 완벽한 연주에 대해 더욱 정교한 그림이 있다는 것이지요.

곡을 완벽하게 연주한다는 것이 어떤 것인지 온몸으로 이해하고 있는 바이올린의 대가는 훌륭한 연주의 시작부터 끝까지의 각 과정을 누구보다도 잘 알고 그것에 가까워지기 위해 부단히 연습합니다. 그러나 보통 사람들은 완벽한 연주가 무엇인지 제대로 알지 못할 뿐만 아니라 그런 마음속 지도(심적 표상)가 필요하다는 사실조차 모릅니다.

보통 사람들의
심적 표상

최상위 전문가들의
심적 표상

쉽게 말하면 보통 사람들이 자신이 하는 일에 대해 구멍투성이의 돌김과도 같은 불완전한 심적 표상을 가졌다면, 최상위 전문가들은 빈 틈없이 매끈한 김과도 같은 심적 표상을 갖고 있다고 할 수 있습니다. 전문가들은 자신의 분야에 관한 한 모든 경우, 모든 상황에 대한 이해와 대처 방법이 정밀하게 마련되어 있기 때문입니다.

이 법칙은 자신의 공부를 완성하기 위해 노력하는 학생의 경우에도 적용할 수 있습니다. 공부를 탁월하게 잘하는 학생은 자신이 공부하는 과목과 단원에 대해 남들보다 촘촘한 심적 표상을 갖고 있고, 현재 가진 것보다 더 완벽한 심적 표상을 만드는 것을 목표로 공부합니다. 『1만 시간의 재발견』에서는 이렇듯 심적 표상을 완성해가기 위해 노력하는 것을 '의식적인 연습'이라고 말합니다. 이 노력은 현재 자신이 가진 심적 표상의 부족한 빈틈을 찾아내어 메워가는 방식의 노력이며, 이 구멍들을 메워서 공부에 대해 완전한 심적 표상을 만들면 그 공부는 완성된 것이라고 할 수 있겠습니다.

피드백

———— 문제는 우리가 이 심적 표상에 난 구멍들을 제대로 파악하기가 쉽지 않다는 것입니다. 이 구멍들을 발견하고 메우기 위해 필요한 일이 바로 피드백입니다.

피드백이란 진행된 행동이나 반응의 결과를 자신에게 알려주는 일을 말합니다. 학습에서는 배움이 바르게 이루어질 수 있도록 감시하고 확인하는 활동이지요. 한 마디로 맞나 틀리나 확인하는 것입니다.

내가 무언가를 바르게 하고 싶다면 먼저 틀리게 하는 부분을 찾아내야 합니다. 틀린 부분, 잘못하고 있는 부분이 바로 심적 표상에 난 구멍들이고 그 문제 지점을 알아내는 일이 바로 피드백입니다. 바이올린을 연주할 때 활 연습을 100번 했다 하더라도 엉뚱한 곳에 활을 그었다면 보잉 실력은 전혀 좋아지지 않습니다. 한 번을 하더라도 바른 방법으로 하겠다는 각오가 중요합니다. 그러기 위해서는 내가 바르게 하고 있는지 아닌지를 감지하기 위해 안테나를 바짝 세워야 합니다. 내 문제가 무엇인지 잘 모르겠다면 선생님이나 다른 사람들의 도움을 받을 수도 있습니다. 오랫동안 문제점을 방치하지 않기 위해서 말입니다. 바르지 않은 공부나 연습 상황을 올바른 방법으로 바로잡는 일. 그것은 피드백을 통해서만 할 수 있습니다.

피드백의
방법들

학생은 어떻게 피드백을 받을 수 있을까요? 학생에게 보통 피드백을 주는 사람은 바로 선생님입니다. 선생님은 학생들의 과제를 확인하고 수업 시간에 질문과 답을 통해 학생이 잘못 아는 부분을 바로 잡아주는데 이것이 모두 피드백입니다.

잘 몰라서 마음이 답답할 때 빨리 피드백을 받는 방법은 바로 질문하는 것입니다. 선생님께 질문해도 되고 친구에게 질문할 수도 있습니다. 질문은 내가 모르는 것을 꼭 집어내어 맞는지 확인하는 것이기 때문에 정확한 부분에 대해 즉시 수정을 받을 수 있는 좋은 피드백 방법입니다.

피드백은 혼자서도 할 수 있습니다. 필자가 아는 한 중학생은 과학 과외수업을 시작했다가 얼마 지나지 않아 그만두기로 했습니다. 이유를 물었더니 학생은 이렇게 대답했습니다.

"답지를 보면 자세히 나와 있어서 굳이 과외를 받을 필요는 없을 것 같아요."

과학 공부를 할 때 피드백이 필요해서 과외를 시작했던 이 학생은 문제집의 해답지를 꼼꼼히 읽어서 모르는 부분을 알아내는 자기 피드백으로 충분하다는 생각을 한 것입니다. 해답지를 통해 피드백을 받으려면 우선 푼 문제를 채점해서 틀린 문제를 확인해야 합니다. 이 과정을 통해 몇 점을 맞았는지가 중요한 것이 아니라, 어떤 부분을 제대로 알지 못했는지, 무엇을 더 공부해야 할지에 관한 정보를 얻는 것이 더 중요합니다. 채점과 답지를 통해 스스로 피드백을 받는 것입니다.

혼자 하는 피드백은 배우거나 익히는 활동 중간에도 자주 일어납니다. 수업 시간에 공부하다가 잊어버린 부분이 있으면 교과서 앞장을 넘겨 이전에 배운 내용을 찾아볼 때가 있습니다. 이것 역시 스스로 하는 피드백입니다. 바이올린을 배우는 제가 흔히 하는 자기 피드백은 '거울 보기'입니다. 바이올린을 연주할 때는 활을 브릿지와 평행하게 긋는 것이 매우 중요한데, 거울로 내 모습을 보면 이것을 금방 알 수 있기 때문입니다. 연습할 때, 배울 때 한 번을 하더라도 자기 피드백을 통해 정확하게 하겠다고 생각하면 배우고 익히는 일에 정확함을 기하게 되고 공부 효과도 극대화될 수 있습니다.

이렇듯 피드백에는 선생님의 조언과 시험채점, 성적 매기기, 친구들 간의 평가, 나 스스로 따져보는 자기평가, 단어를 가렸다가 열어서 확인하기, 답지 보기 등 익히기가 바르게 되도록 돕는 모든 활동이 포함됩니다. 그래서 피드백은 어떤 공부를 하든지 내가 새로운 것을 바르게 익히는 데 꼭 필요한 과정이라고 할 수 있습니다.

피드백이
힘든 이유

피드백은 우리가 약한 부분, 개선하면 한 걸음 더 올라설 수 있는 부분을 말해주기에 꼭 필요한 과정인데도 대부분의 학생이 피드백을 싫어합니다. 이것은 100점 시험지를 좋아하고 틀린 것이 있으면 싫어하는 우리 마음과 같은 것입니다. 칭찬을 받으면 완벽하게 잘한 것이지만 지적을 받으면 내가 부족하다는 것이 확인되어 마음이 불편하기 때문입니다. 대부분은 그 섭섭한 마음에서 그칠 뿐 그것을 바로잡을 생각은 잘하지 않습니다.

그러나 진심으로 자기 성장을 위해 공부하는 학생이라면 피드백을 실패나 지적으로 여기지 않고 오히려 기회로 여겨야 합니다. 지금 당장의 점수, 남에게 보이는 평가보다 중요한 것은 현재의 나를 성장시켜서 지금보다 더 나아지게 만드는 일이기 때문입니다. 피드백을 기분 좋게 맞아들일 수 있다는 것은 진짜 자신의 모습을 있는 그대로 받아들이고, 더 발전된 나의 모습을 열망하며 노력할 줄 안다는 뜻도 됩니다. 그러기에 공부를 잘하고 싶다면 피드백을 두려워해선 안 됩니다.

알자배기

복습 방법

4장

읽기

잘 배우는 법과 공부의 원리를 알았으니 이제 복습에 사용할 수 있는 공부법들을 살펴보겠습니다. 복습법으로 잘 알려진 여러 방법이 있지만 이번 장에서는 복습 원리 편에서 말한 것과 같이 공부 효율이 높아지는 출력식 복습법을 소개합니다. 복습을 출력식으로 하려고 노력하다 보면 자연스레 공부 효율도 올라가고 내게 잘 맞고 재미있는 공부 방법도 찾게 될 것입니다. 그럼 함께 출발해 볼까요?

출력식 복습 방법 중에서도 전체적인 내용을 파악하고 이해하는 데는 읽기처럼 좋은 방법은 없습니다. 기본적으로 교육과정의 전체 내용은 교과서에 읽어야 할 '글'로 표현되어 있기 때문입니다. 읽기 복습은 수업 시간에 다룬 교재나 참고자료를 읽으면 되기에 누구나 쉽게 할 수 있습니다. 또한 문제풀기의 경우 문제집에 나온 문제와 관련된 내용에 대해서만 알 수 있는데 비해, 교과서나 참고서 등을 읽으면 과목의 전체적인 내용과 구조를 빠짐없이 파악할 수 있다는 장점이 있습니다.

문제는 복습용 읽기가 이만저만 따분한 일이 아니라는 점입니다. 처음 보는 재미있는 책이라면 모를까 보통 복습을 위해 읽게 되는 책은 대개 교과서나 수업 시간에 다루었던 책, 복사물이기에 흥미롭게 읽기가 어렵습니다. 따라서 읽는 동안 집중력을 유지하고 읽은 내용이 머리에 남게 하려면 일반적인 독서 때와는 조금 다른 방법이 필요합니다. 바로 앞서 말한 출력식 읽기입니다. 책을 눈으로만 보는 것이 아니라 손으로 표시하고 구조를 만들고 퀴즈를 내는 등 생산해내는 읽기가 필요합니다. 지금부터 따분하고 느슨하기 쉬운 읽기를 적극적이고 효과적으로 바꾸어줄 출력식 읽기 방법을 알아보겠습니다.

키워드와 중심내용 표시하기 -
먼저 글의 내용을 파악하자

────────── 읽기가 잘 된다는 것은 내용을 파악하면서 읽을 수 있다는 것을 의미합니다. 그래서 수업 시간에 사회나 국어 교과서를 읽을 때면 학생들이 읽기에 집중하고 글을 쉽게 이해하도록 흔하게 사용하는 방법이 있습니다. 주요 단어에 동그라미 표시를 하고 단어의 뜻에 밑줄을 치는 것입니다. 학생들은 물론이고 저도 혼자 책을 읽을 때면 이렇게 연필 표시를 하곤 합니다. 표시하며 읽으면 글의 요지를 찾고 표시하느라 집중하게 되고, 중요한 내용에 표시해 둔 흔적이 교과서에 남아 여러 번 복습하기에도 유용합니다.

그렇다면 교과서에 표시해야 할 글의 요지는 어떻게 알 수 있을까요? 이것은 국어 시간에 배우는 문단의 원칙, 즉 '하나의 문단에는 하나의 생각만 담긴다.'는 원칙을 생각하며 교과서 글의 각 문단에서 하나의 중심 생각을 찾아내면 됩니다. 새로운 문단은 한 칸 들여쓰기로 시작되는데 국어를 제외한 대부분의 교과서 글은 한두 문단 분량이라서 어렵지 않게 요지를 파악할 수 있습니다. 한 문단의 중심 생각은 보통 반복되는 단어이거나 문단에서 자세히 설명하는 내용인 경우가 많습니다. 그러나 한 문단을 읽어도 중심 단어나 내용을 찾기 어렵다면 도와주거나 설명하는 내용을 지워가며 문단에서 말하고자 하는 가장 중요한 단어 하나를 가려내는 것도 방법입니다. 만약 문단의 생각을 대표할 단어나 문장이 글에 없다면 그 문단이 결국 말하려는 바가 무엇인지를 생각해서 문단 옆에 나의 말로 직접 써볼 수도 있습니다. 그럼 연습을 한번 해 볼까요?

개인은 더 좋은 일자리를 얻으려고 다른 사람과 서로 경쟁을 하기도 하며, 기업은 보다 더 많은 이윤을 얻으려고 다른 기업과 서로 경쟁한다. 이러한 경쟁에서 앞서고자 개인은 자신의 능력과 실력을 높이려고 노력하며, 기업은 값싸고 품질이 좋은 물건을 만들고 그 물건을 홍보하고자 노력한다.

자신의 장점을 말해 보세요.

면접관

맛있는 고기를 팝니다.

친절한 서비스로 보답하겠습니다.

홍보 식당

맛집 식당

친절 식당

저렴한 식당

광고지를 보시고 홍보 식당으로 오세요.

싸게 드립니다.

| 초등 사회 6학년 1학기 교과서 96쪽 ⓒ교육부 |

6학년 1학기 사회 교과서 중 한쪽입니다. 5줄로 이루어진 옆 문단에서 동그라미를 해야 할 키워드는 무엇일까요? 첫 문장에서는 개인과 기업이 경쟁함을 이야기하고 두 번째 문장에서는 이들이 어떤 방식으로 경쟁하고 있는지를 설명하고 있습니다. 한 문단의 핵심어(키워드)는 반복되고 자

세히 설명됩니다. 따라서 이 문단에서 말하려는 핵심어는 '경쟁'입니다. 다행히도 교과서를 주의 깊게 보기만 한다면 핵심어를 파악할 수 있는 단서는 교과서 곳곳에서 얻을 수 있습니다. 우선 문단 아래의 두 그림은 각각 개인의 경쟁과 기업의 경쟁 모습을 보여주고 있습니다. 게다가 이 수업의 학습목표는 '우리나라 경제의 특징을 알아봅시다.'고, 다음 쪽에서는 아예 '우리나라 경제의 특징은 자유와 경쟁이다'라는 문장이 나와 있습니다. 이것으로 미루어 이 문단의 핵심어는 우리나라 경제의 특징 중 하나인 '경쟁'임을 알 수 있어, 글의 오른쪽 여백에 '개인과 기업은 경쟁한다.'라고 문단의 중심 생각을 써넣을 수 있습니다.[1]

교과서 문단마다 글의 요지를 파악했다면 이를 종합해서 글 전체의 내용으로 정리할 수 있습니다. 공부할 때 긴 글을 읽는 방법은 '5학년 1학기 국어-나, 9. 여러 가지 방법으로 읽어요' 단원에서 '설명하는 글을 읽는 방법'을 통해 배울 수 있습니다.[2] 생각해 보면 교과서에 수록된 글들은 국어의 문학작품이나 주장하는 글을 제외하면 대부분 설명하는 글일 수밖에 없습니다. 교과서는 지식을 제시하고 그것이 무엇인지 밝혀서 학생들에게 알려주는 책입니다. 따라서 사회든 과학이든 수학이든 교과서의 글을 읽고 그 글에서 설명하고자 하는 바를 파악하는 것이 곧 교과서의 지식을 습득하는 일입니다. 교과서 읽기는 설명하는 글 읽기인 셈인 것입니다.

초등 국어 교과서에서는 설명하는 글을 읽는 방법으로 4단계를 제시하고 있습니다.

① 설명하려는 대상이 무엇인지 생각한다.

② 대상의 무엇을 자세히 설명하는지 생각한다.

③ 대상을 보고 이미 아는 것을 떠올린다.

④ 대상에 대해 새롭게 안 것을 찾는다.

설명하는 글을 읽을 때 설명하려는 대상이 무엇인지 아는 것은 단원의 핵심 내용을 파악하는데 상당히 중요합니다. 글을 읽을 때 이해해야 할 대상, 즉 목표를 알고 글을 읽으면 이해가 더욱더 쉬워지기 때문입니다. 설명의 대상과 대상의 무엇을 설명하는 것인지 파악되었다면 이제 그 대상에 대해 내가 본래 알고 있었던 것을 떠올리면서 새로 알게 된 것과 비교해 봅니다. '내가 아는 경쟁은 달리기할 때 서로 앞서려고 애쓰는 건데, 어른들이나 회사도 평소에 경쟁을 하는구나'와 같이 말입니다. 이런 비교를 통해 새로 알고 깨닫게 된 점이 바로 공부로 얻게 되는 지식입니다. '경쟁이 사람 간에 하는 것 말고도 우리나라 경제의 특징이 될 수 있구나' 하고 깨닫는 것이지요.

목차를 기준으로 분류하며 읽기 - 글의 내용을 머릿속에 구조화하자

한 시간 분량의 교과서 글의 핵심 내용이 파악되었다면 이제 그동안 공부했던 여러 내용을 일정한 구조로 만들어 머릿속에 정리할 필요가 있습니다. 그러기 위해서는 교과서의 목차를 읽어야합니다. 공부할 때 교과서의 글을 읽는 것은 이해가 가겠지만 목차를 읽는다니 좀 생소할 것입니다. 그러나 공부 잘하는 많은 학생이 공부할 때 교과서 목차를 읽었다고 고백합니다. 공신닷컴의 강성태 대표는 공부를 시작할 때면 목차를 먼저 읽었고, 읽는 정도가 아니라 종이에 따로 써서 갖고 다니며 틈틈이 보고 줄줄 외웠다고까지 말합니다.[31] 시험에 제목 쓰기가 나오기라도 하는 걸까요? 그는 왜 목차에 이렇게 집착했을까요? 그것은 교과서의 목차와 제목이 그 과목의 골격에 해당하기 때문입니다. 제목을 정확히 알고 그 연결 관계만 생각하면 그것이 곧 과목 전체의 내용 구조가 됩니다. 구조가 파악되면 거기에 살을 붙이는 것만으로도 내용이 정리됩니다. 단원 제목과 제목 간 관계를 안다는 것은 과목 전체의 구조를 파악했다는 뜻이 되는 것입니다.

이해를 돕기 위해 공부할 내용을 '서랍에 넣을 물건'이라고 생각해봅시다. 그러면 목차의 각 장 제목은 내용을 담을 일종의 서랍이 되는 것이지요. 속옷 서랍에는 속옷만, 웃옷 서랍에는 웃옷만 담는 것처럼 단원 이름이 붙은 서랍에는 거기에 해당하는 내용만 담게 됩니다. 온도와 열 서랍 속에는 다시 더 작은 칸, 즉 1) 고체에서의 열의 이동 2) 액체에서의 열이 이동 3) 기체에서의 열의 이동 칸을 만들고 해당 내용을 각 칸에 분류해서 담는 것이지요. 읽으면서 목차를 파악하는 일은 이렇듯 일종의 '분류'입니다.

찾을 수 없는 물건은 꺼내어 사용할 수 없듯이, 공부한 각종 내용이 머릿속에 뒤섞여 어디에 해당하는지 모른다면 사실 아예 모르는 것이나 다름이 없습니다. 애초에 처음 읽고 받아들일 때부터 잘 분류해서 넣어야 합니다. 만약 오늘 알코올램프에 불을 켜고 그 위에 비눗방울을 부는 실험을 했다면 이 내용이 '기체에서의 열의 이동'이라는 서랍으로 분류된다는 것을 떠올려, '이 실험은 데워진 공기가 위로 올라가는 것을 확인하여 기체에서의 열의 이동이 대류를 통해 일어남을 보여주는 실험이야.'라고 생각하며 교과서를 읽는 것이지요. 단순히 '불을 켜고 비눗방울을 불면 위로 올라간다.'는 사실 자체를 알고 기억하려는 실험이 아닙니다.

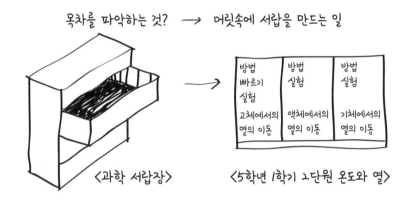

문제내고
답하며 읽기

─────────── 아무리 방대한 내용의 공부도 그저 여러 번 읽기만으로 공부를 끝낼 수 있다고 주장해서 많은 사람이 관심을 가졌던 공부

법이 있습니다. 바로 일본의 변호사인 야마구치 마유의 저서 『7번 읽기 공부법』에 나오는 읽기 공부법입니다. 공무원 시험이나 사법시험과 같은 자격시험을 준비하자면 까다롭고 많은 양의 공부를 소화해야 하는데, 마유는 이런 시험들을 읽기 공부로 몇 번이나 수석 패스했습니다. 그녀의 공부법에 대해서는 '읽기만 한다고 그렇게 될 수 있겠느냐'며 많은 논쟁이 있었습니다. 그러나 책을 읽어보면 마유의 읽기 공부는 그저 수동적으로 여러 번 읽기만 하는 것이 아닌 철저히 출력식으로 읽는 것임을 알게 됩니다.

7번 읽기 공부법도 3번을 읽을 때까지는 일단 받아들이는 읽기를 합니다. 다만 구조를 만들며 읽는다는 점에서 마냥 수동적인 읽기는 아닙니다. 첫 번째는 제목, 두 번째는 제목 간의 관계, 세 번째는 제목 간의 관계에 살을 붙인 줄거리를 파악합니다. 앞에서 보았던 것처럼 일종의 서랍 구조를 만드는 작업을 하는 것입니다. 4번, 5번째가 되어서는 핵심어(키워드)를 인식하고 핵심어의 뜻을 알아냅니다. 만들어진 구조 서랍에 중요한 내용을 추려서 제자리에 담는 것이지요. 마지막 6, 7번째 읽을 때는 그 장에서 중요한 핵심어는 무엇이었고 그 내용은 어떤 것인지를 미리 떠올렸다가 책을 읽어가며 이것이 맞는지 확인합니다. 책을 읽다가 내용이 나타날 즈음에 '국가 권력을 국회, 정부, 법원이 나눠 맡는 것을 삼권분립이라고 했지'라고 예상하고, 그 부분이 나타났을 때 내용을 확인하고는 '역시 내 예상이 맞았어!'와 같이 생각하는 것입니다. 마음속으로 일종의 퀴즈게임을 하며 읽는 것입니다. 꼭 7번을 읽지 않더라도 여러 번 반복해서 읽기 공부를 할 때, 전에 읽었던 내용을 기억했다가 이렇게 마음속으로 나올 내용을 예상하고 질문하며 답하는 읽기를 한다면 충분히 출력식 읽기가 될 수 있습니다.

제목 ⟶ 줄거리 ⟶ 핵심단어 ⟶ 중요내용 떠올리고 맞춰보기

| 마유의 7번 읽기 공부법 절차 |

마유와 같이 스스로 마음속 질문 만들기가 어렵다면 교과서나 문제집의 질문들을 먼저 확인한 후에 교과서 본문을 읽고 마음속으로 답을 생각해 보는 것도 읽기의 긴장감을 유지하는 방법이 될 수 있습니다. 국어 교과서에는 특히 본문 다음에 반드시 내용을 확인하는 질문이 나와 있는데, 본문을 읽기 전에 이 질문들부터 먼저 확인한 후 읽기를 시작하면 자연스레 마음속으로 먼저 읽었던 질문에 답을 하며 글을 읽을 수 있습니다. 질문이 글을 읽을 목적을 만들어주어 읽기 집중도가 올라가게 됩니다.

읽은 후에
요약해보기

──────── 긴 글을 읽은 후에 글이 잘 이해되었는지 어떻게 알 수 있을까요? 그것은 읽은 내용을 요약해 보면 쉽게 알 수 있습니다. 요약은 문단별로 파악한 내용을 종합해보아서도 할 수 있고, 아예

글의 내용 전체를 2~3문장 정도로 짧게 요약해서 말해보거나 써볼 수도 있습니다. 읽은 후에 요약을 성공적으로 할 수 있다면 읽기를 잘한 것이라고 할 수 있겠지요. 글을 읽는 처음부터 요약이라는 출력 목적을 마음에 품고 읽기 시작하면 읽는 동안 집중도와 긴장감을 유지하는 데도 도움이 됩니다.

설명하기

대화를 하다 보면 상대가 모르는 내용을 알려주고 이해시켜야 하는 경우를 종종 만나게 됩니다. 이럴 때면 평소 잘 아는 내용인데도 어디서부터 설명해야 할지, 어떤 예를 들면 상대가 쉽게 이해할지 등 짧은 시간이지만 고민이 됩니다. 내가 알고 있는 것과 그것을 말로 설명한다는 것은 별개의 문제입니다. 무언가를 잘 설명할 수 있다면 그것은 내가 진짜로 알고 있고 활용할 수 있는 지식이라고 할 수 있습니다.

설명을 목표로
하는 공부

교실에서 학생의 수업 흥미도와 효율을 높이기 위해 친구가 선생님이 되거나 학생끼리 서로 발표하는 방식으로 수업을 진행하는 경우가 있습니다. 안타깝게도 많은 학생이 문제집을 푸는 일은 공부로, 발표나 친구를 가르치는 수업은 노는 것으로 생각하고 가볍게 여기는 것이 보통입니다. 그러나 설명하기는 대표적인 출력식 공부법으로, 지식을 정리하고 기억하는 데 효과적이고 강력한 방법입니다.

EBS〈교실이 달라졌어요〉 프로그램을 진행했던 숭실대학교 CK교수학습계발연구소에서는 말하기 공부가 학생들의 메타인지를 계발하는 데 매우 효과적이라고 소개하고 있습니다.[4] 설명의 상대로는 친구가 좋은데, 특히 내가 설명하려는 내용을 전혀 몰라서 개념부터 알려줘야 하는 동생이나 공부가 다소 부족한 친구일수록 더욱 좋다고 합니다. 이것은 진짜로 이해한 사람만이 내용을 전혀 모르는 상대에게 이해할 수 있도록 쉽고 합리적으로 설명할 수 있기 때문입니다. 사람을 상대로 하기 어렵다면 인형을 의자에 앉혀두고라도 오늘 배운 내용을 차근차근 설명해 보도록 권하고 있습니다. 반응할 수 없는 인형에게 말한다고 할지라도 아는 것을 말하는 것 자체가 공부에 도움이 되는 것이지요.

필자는 자기주도 학습의 효과성을 확증하기 위해서 초등 고학년부터 자기주도 학습을 해 온 박주영 학생(현 고려대학교 경제학과 재학 중)[5]과 추적 인터뷰를 해왔습니다. 이 학생은 평소 집에 돌아와 그날 배운 것을 써보는 방법으로 복습을 했는데(이 방법은 연상하기 방법으로 다음 장에 소개합니다), 써보기 전에는 먼저 배운 내용을 혼자서 중얼거리며 말로 정리했습니다. 말로 중얼거리다 보면 졸리거나 지루하지도 않고 생각도 잘 나기 때문이라고 합니다. 같은 공부법을 동생에게도 전수하다 보니, 시험 기간이 되면 마주 보고 있는 각자의 방에서는 시끄러워서로 방문을 닫고 공부했을 정도입니다. 배웠으나 말할 수 없는 내용이라면 쓸 수도 없기 때문에, 주영 학생은 설명해 보다가 막히면 즉시 책을 찾아 확인했습니다. 설명하기를 통해 실시간 피드백을 실천하는 좋은 예입니다.

무엇을
설명할까?

—————— 설명하기 복습을 할 때 무엇을 말해보면 좋을까요? 이것은 외워야 하는 단어들을 기억하려고 같은 말을 반복해서 입으로 중얼거리거나 책에 있는 것을 그대로 읽는 것과는 전혀 다른 것입니다. 자동화가 아닌 배운 내용을 이해해서 내 말로 바꾸어 말하는 데 목적이 있습니다. 말 그대로 설명해야 합니다.

정의를 말해보자

오늘 복습할 내용에 정의가 나오면 책을 덮고 말해봅니다. 생태계란 무엇인지, 합동과 대칭은 무엇을 말하는지 동생에게 말하듯 예도 들어가며 설명합니다. 설명이 어렵다면 나란히 나온 비슷한 개념들을 비교하면서 그들 사이에 결정적 차이가 어디에 있는지 말해 보는 것입니다.

학습문제에 답해보자

오늘 공부할 차시의 교과서 맨 앞에는 학습문제가 굵고 큰 글씨로 나옵니다. '행성과 별은 어떤 점이 다를까요?'[6], '씨가 싹트는데 어떤 조건이 필요할까요?'[7] 와 같이 학습문제는 대개 질문으로 되어 있습니다.

그날 수업의 목표와 핵심 질문은 학습문제에 있습니다. 그러므로 위 단원들을 공부했다면 행성과 별의 차이점, 씨앗이 싹트는 조건을 말할 수 있어야 합니다.

교과서 질문의 답을 말해보자

교과서를 살펴보면 곳곳에 질문들이 있습니다. 내용을 확인하는 질문도 있고 수업 내용에서 한걸음 더 나아가 배운 것을 응용해서 답해야 하는 질문도 있습니다. 때로는 수업 시간에 다루지 못하고 지나가는 경우도 있는 데 복습 때는 이런 질문에 답해보면 좋습니다.

과정이나 방법을 설명해 보자

사회나 과학 과목의 복습을 할 때는 과정이나 방법을 말로 해 보면 훌륭한 복습이 됩니다. 실험을 했다면 실험 과정을 책을 보지 않고 하나씩 떠올리며 말해보면 좋습니다. 어떤 실험도구들을 어떻게 설치했는지, 변인통제를 위해 한 일은 무엇인지, 실험할 때 주의점은 무엇이었는지 등을 말하다 보면 실험 설계, 변인통제에 대한 이해도가 높아집니다.

또한 과정지식 자체를 알아야 하는 경우는 더욱 그것을 말해볼 필요가 있습니다. 북극성을 찾는 법[8]이나 생태계 평형이 돌아오는 과정[9]과 같이 내용에 일정한 순서나 절차가 있는 경우는 내가 그 과정을 말할 수 있어야 진짜 아는 것이라고 할 수 있습니다.

역사 내용이라면 하나의 사건을 가르치듯 설명해보자

수업 시간에 학생끼리 가르치고 배우는 수업을 가장 많이 활용하는 과목은 사회입니다. 그만큼 배우는 학생은 물론 가르치는 학생에게도 도움이 될 만한 내용이 많기 때문입니다. 그중에서도 특히 역사를 배우는 중이라면 집에 돌아와 배운 내용을 꼭 설명해 보기를 추천합니다. 수업 전체의 내용을 말하기가 부담된다면 오늘 배운 내용 중 주요 사건 하나를 설명한다는 목표를 갖고 말해보면 좋습니다. 예를 들어 '아관파천'에 대해 설명해 본다면 아관파천의 뜻, 아관파천이 일어날 당시의 국제 상황, 일어난 이유, 아관파천의 과정, 사건의 결과 등을 아관파천에 대해 전혀 알지 못하는 사람에게 설명하듯 말해보는 것입니다. 학생끼리 서로 가르치는 수업에서 친구에게 배운 역사 내용을 잘 설명하는 학생은 수행평가인 서술, 논술형 시험에서도 좋은 성과를 내는 것을 목격할 수 있습니다. 자기 말로 설명할 수 있는 내용은 시험에서도 그 내용을 자신 있게 쓸 수 있는 것입니다.

차시 마지막 질문의 답을
설명하기

───────── 교과서를 주의 깊게 살펴보면 한 차시 마지막 부분에 한마디로 답할 수 없으며 배운 내용을 사용해서 길게 설명해야 하는 질문이 있습니다. 과학이라면 '더 생각해 볼까요?' 수학이라면 '왜 그

렇게 생각하나요?' 와 같은 질문들입니다. 수업 시간에 이 질문은 선생님의 질문과 학생의 답으로 간단히 넘어가는 경우가 많지만, 사실 이 질문이야말로 수업을 마무리 짓는 가장 중요한 질문이라고 할 수 있습니다. 수업 가장 마지막에 나오는 질문은 그날에 배운 지식과 원리들을 총동원하거나 공부한 내용을 기반으로 생각을 넓혀야 비로소 답할 수 있는 적용 질문이기 때문입니다. 그러므로 그날의 복습을 마칠 때는 물론 단원 마무리 복습, 시험을 위한 복습을 할 때 이 질문을 설명하기로 답해보면 그 수업 전체 내용을 이해하고 활용하는 셈이 되어 강력한 복습 효과를 누릴 수 있습니다.

다음은 과학 교과서 마지막에 나오는 〈더 생각해볼까요?〉 질문입니다.

> 1. 균류와 식물의 공통점과 차이점은 무엇일까요?
> 2. 봄철에 가을철 대표적인 별자리를 볼 수 없는 까닭은 무엇일까요?

학생들이 이 질문에 답하려면 그날 수업에서 배운 내용이 머릿속에 정리되어 있어야 할 뿐만 아니라 별자리를 볼 때 지구와 태양의 위치 같은 원리를 이해하고 있어야 합니다.

수학에서는 차시의 마지막에 아래와 같이 '왜 그렇게 생각하나요?' 가 자주 등장합니다.

| 초등 수학 6학년 1학기 교과서 77쪽 ⓒ교육부 |

위 교과서의 질문은 다시 말하면 300:1000이라고 쓴 것과 1000:300 이라고 쓰는 것의 차이를 묻는 말입니다. 이 질문에 답하기 위해서는 비의 개념과 규칙에 대한 이해가 분명해야 하고 이것을 실제 비에 적용해서 설명할 수 있어야 합니다. 이처럼 차시의 마지막 질문에 말로 직접 답할 수 있는지 점검해보면 내용 정리는 물론 훌륭한 수업 피드백이 될 수 있습니다.

오늘 배우거나 공부한 내용을 누군가에게 설명할 수 있습니까? 설명할 수 있다는 것은 그 지식이 내 머릿속에 정리되어 완전히 내 것이 되었다는 뜻입니다. 잘 이해된 내용일수록 듣는 사람이 이해하기 쉽게 설명할 수 있는 법입니다. 공부를 했다면 그것을 안다고 말하기 전에 정말 아는지 직접 말로 설명해서 확인해보기 바랍니다.

연상하기

생각나는 대로
써보기

———————— 연상하기는 소위 '백지복습'이라는 방법으로 많은 중고등학생들이 실천하고 있는 출력식 공부 방법입니다. 앞에서 말한 자기주도 학습자 주영 학생의 경우도 중학교 공부를 하면서 설명하기와 함께 백지복습으로 그날의 복습을 매일 실천했습니다. 방법은 간단합니다. 하교 후 백지에 그날 배운 내용을 최대한 생각나는 대로 써보는 것입니다. 필기가 아니기에 생각나는 순서대로 낙서처럼 쓰고 싶은 방식대로 쓰면 됩니다. 이렇게 생각나는 대로 써본 후 교과서를 펼쳐 기억나지 않았거나 이해가 약했던 부분을 찾아 쓰인 내용을 보충합니다.

무엇을 쓸까?

———————— 생각나는 대로 쓴다지만 그래도 무엇을 쓰면 좋을까요? 그냥 쓰면 된다고 하는데 막상 처음 백지복습을 하려고 하면 쓸

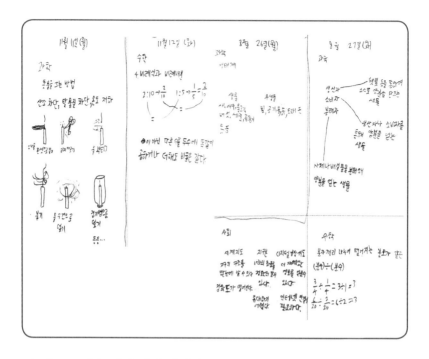

게 없고 무엇을 써야 할지 막막할 것입니다. 어쩌면 쓸 것이 하나도 없을 수도 있습니다. 그러나 괜찮습니다. 백지복습을 시작했다면 이제 수업 시작부터 복습 때 쓸 핵심 내용을 파악하고 중요한 내용을 기억하고자 노력하게 될 것이기 때문입니다.

백지복습을 시작하면 일단 자신에게 질문을 던져서 막연함을 떨쳐버려야 합니다. 수업을 떠올리며 '그래서 결국 오늘 뭘 배웠지?'와 같이 스스로 질문을 해 보는 것입니다. 위 그림의 6학년 학생은 각 과목 수업의 주요 내용 한 가지를 쓰는 백지복습을 하고 있습니다. 처음부터 핵심을 쓰지 못해도 상관없습니다. 기억나는 단어도 쓰고 그림도 그려 봅니다. 정의나 과정을 배웠으면 교과서를 보지 않고 써보면서 정말 쓸 수 있는지 스스로를 테스트해봅니다. 아는 내용을 정확히 표현하기 어렵다면 위 그림의 수학처럼 예를 들어 써 봐도 좋습니다. 이렇게 하다 보면 쓰는 과정에서 수업의 목표와 핵심 내용에 점차 접근할 수 있게 될 것입니다.

시험을 위해 많은 내용을 복습하는 상황이라면 백지복습을 모의시험과 같은 방법으로 사용해볼 수도 있습니다. 필자는 대학교 시절 시험이 임박했을 때 백지에 주요 용어나 과목의 주요 질문들을 써놓고 책을 보지 않은 채 생각나는 대로 그 내용을 써보았습니다. 시험이 임박했을 때는 공부가 어느 정도 된 상태이니 최종적으로 예상 문제와 예상 답을 작성해보는 것이지요. 쓰고 나면 내용을 책과 비교하여 부족한 것을 채워 넣고, 쓸 수 없었던 내용은 다시 공부했습니다.

서울대 학생 100명의 공부 방법을 담은 책 『공부 마스터 플랜』에서는 더 많은 양을 소화할 수 있는 진화된 백지복습을 소개합니다. 건축학을 전공하는 한 여학생은 시험 전에는 빈 종이에 공부한 부분의 목차를 적은 후에, 아는 내용을 목차 옆에 모두 적어보았다고 합니다.[10] 이렇게 하면 전체 내용 중에 제대로 알지 못하는 부분이 확인되고 스스로 문제를 내고 맞히는 셈이 되어 꼼꼼하게 시험을 위한 복습이 이루어질 수 있습니다.

백지에 쓰지만
효과는 백지가 아니다

──────────   매일 쓴 백지복습지를 모아두면 자신이 공부한 흔적이 남아 뿌듯하기도 하고, 시간이 흐른 후에 다시 읽어보면 공부한 내용을 상기하는 도구로도 활용할 수 있습니다. MBC 토요예능 『공부의 제왕』에서는 성적이 좋지 않은 학생들의 공부 습관 개선의 방법으로 백지복습을 사용했습니다. 특히 학생들은 자신이 백지복습했던 종이들을 모아서 돌려받게 되는데, 이 과정에서 이들은 스스로 꾸준히 노력한 것을 뿌듯해하며 공부 자신감을 회복하게 됩니다.[11] 출연한 학생들이 백지복습을 통해 성적을 비약적으로 올린 것은 말할 것도 없습니다.

백지와 연필만 있으면 매일 할 수 있는 고품질의 출력식 복습법인 백지복습. 많은 학생이 실천해 보았으면 합니다.

공책정리하기

학년이 올라갈수록 공부할 내용이 복잡해지다 보니 초등 고학년이 되면 내용 정리의 필요성을 느껴 공책정리를 시작하는 학생들이 생겨납니다. 수능시험 준비를 위한 고등학생들의 공책정리를 다룬 책 『서울대 합격생 100인의 노트정리법』에 따르면 조사한 서울대 합격생 중 97%의 학생이 공부 방법으로 공책정리를 활용했다고 답했습니다.[12] 직접 공책을 정리하는 대신 정리된 자료를 활용한 경우도 있었지만 이들이 매우 소수인 것을 감안한다면 공책정리는 학생들이 공부한 내용을 정리하기 위해 일반적으로 사용하는 방법임을 알 수 있습니다. 많은 학생이 하는 공책정리가 왜, 어떤 방식으로 공부에 도움이 되는지 알아보겠습니다.

손쓰기 -
공부를 돕는 강력한 뇌 자극

——————— 우리 뇌에서 각 신체 부위가 차지하는 비율을 따져서 신체 부분의 크기를 정한다면 인간은 다음과 같은 모습이 된다

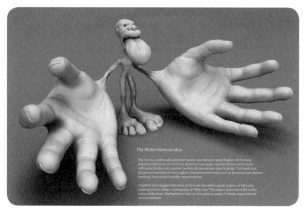

| 펜필드의 뇌(호문클루스)지도 출처: http://bandhayoga.com/images/Free_Images |

고 합니다.

대두에다가 커다란 혀, 게다가 가장 눈에 띄는 것은 다름 아닌 손입니다. '펜필드의 뇌지도'라고 알려진 이 모형은 손의 활동이 뇌에서 얼마나 많은 부분을 차지하는지 보여줍니다. 실제로 손은 운동기관일 뿐만 아니라 '외부의 두뇌'로 불릴 만큼 많은 외부 자극을 수용하는 기관이기도 합니다. 손을 통해 전달된 외부 자극은 뇌를 활성화시켜 뇌가 더욱 고차원의 정신기능을 발휘할 수 있도록 도와줍니다.[13]

수업 시간에 필기를 해 본 학생이라면 뭔가 쓰며 수업에 임했을 때 기억도 잘 나고, 내용도 머릿속에 잘 들어오는 경험을 해 보았을 것입니다. 필기하며 손을 쓰는 일이 뇌를 자극하여 적극적인 수업 듣기와 집중을 도운 덕분입니다. 그러기에 나중에 필기를 다시 보지 못하더라도 수업 중 필기는 의미가 있습니다. 수업 시간에 설명 듣기가 단조롭고 집중하기 어렵다면 연필을 들고 교과서에 줄을 긋거나 메모하는 것과 같은 가벼운 손 움직임부터 시작해야 합니다.

공책정리 -
곧 머릿속 정리

———————— 손을 쓰는 것이 공부에 도움이 된다면 공부하면서 연필을 돌리거나 손 마사지를 해도 같은 효과를 얻을 수 있는 것 아닐까요? 왜 굳이 펜과 종이를 써가며 필기를 하라고 하는 것일까요? 그것은 공책정리 과정이 곧 생각의 정리 과정이기 때문입니다. 공책정리를 하려면 중요한 내용이 무엇이고 그것들이 서로 어떤 관계가 있나 생각할 수밖에 없는데, 이 과정에서 생각이 정리되고 내용의 체계가 파악되는 것이지요. 덕분에 공책정리를 하는 것만으로도 공부한 내용의 뼈대를 세우는 셈이 됩니다.

어떤 과목을
필기하면 좋을까?

———————— 필기하는 공부가 여러모로 도움이 되긴 하지만 그렇다고 꼭 모든 과목을 필기해야만 하는 것은 아닙니다. 서울대 합격생에게 어떤 과목을 주로 필기하며 공부했는가 조사해 보니 사회가 가

장 많았고 수학, 과학이 비슷하게 그 뒤를 이었으며 국어, 영어는 상대적으로 필기하는 학생이 적은 것으로 나타났습니다.[14] 필기를 처음으로 시작하는 초등 고학년 학생은 사회나 과학, 수학 등 지금 내가 부족하다고 생각되거나 내용이 복잡해서 정리하고 싶은 한두 과목으로 필기를 시작해 보면 좋습니다.

코넬노트
정리법

———————————— 학생들에게 공책정리를 하자고 하면 수업내용을 그대로 받아쓰거나 교과서 내용 전체를 베끼듯이 빽빽하게 써오는 경우가 종종 있습니다. 그러나 공책정리는 앞서 말한 대로 생각의 정리이기 때문에 내용이 빠짐없이 들어가는 것만큼이나 내용의 배치를 어떻게 하느냐가 중요합니다. 공책정리를 처음 시작하는 학생들도 내용의 배치를 쉽게 정할 수 있는 정리법으로 코넬노트 정리법이 있습니다. 코넬노트 정리법에는 공책의 영역들을 나눠서 각 역할에 맞는 내용만 쓰도록 하는 규칙이 있어 잘 따라 한다면 정리를 완성했을 때 내용이 저절로 체계를 갖추게 되는 장점이 있습니다.

코넬노트는 보통 공책의 한쪽을 4개의 구역으로 나눕니다. 상단은 제목과 목표, 왼쪽은 핵심어(키워드), 오른쪽은 내용, 하단은 요약이나 질문이 들어갑니다. 각 부분의 쓰임을 차례대로 살펴보겠습니다.

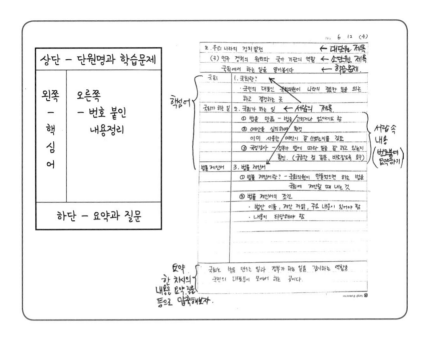

상단 - 단원 제목 쓰기

먼저 단원 제목은 가장 윗줄의 왼쪽에 붙여 크고 굵게 씁니다. 제목을 가장 위에 써 두면 내가 무엇을 공부하고 있는지 방향을 잃지 않습니다. 사회같이 대단원 제목 외에 소단원 제목이 있는 경우, 대단원 이름 다음 줄에 한 칸 들여쓰기로 소단원 제목도 씁니다.

단원 제목 아래, 본문이 시작되는 바로 윗줄에는 그날의 학습 문제를 씁니다. 학습 문제란 그날 수업의 목표를 말하는 것으로, 보통 질문이나 요청 유형의 문장으로 되어있습니다. 학습 문제는 그날 배운 부분의 교과서를 통해 확인할 수 있습니다.

오른쪽 – 내용을 포괄할 수 있는 것은 제목으로, 포함되는 내용은 번호를 붙여서

 복습 방법 편, '읽기'에서 목차를 생각하면 그것이 곧 내용을 담을 수 있는 서랍이 된다고 했습니다. 이런 생각 방식은 공책정리에도 적용됩니다. 즉 교과서를 읽었을 때 비슷한 내용은 하나로 묶어 같은 서랍에 담고, 그 내용을 대표할 수 있는 말을 생각해서 서랍의 제목으로 뽑아내어 정하는 것입니다. 코넬노트의 경우 소단원 안에서 이렇게 하나의 제목으로 뽑을 수 있는 내용이 있으면, 그것은 왼쪽 칸에 따로 씁니다.

 서랍 속에 들어가야 할 구체적 내용은 제목 옆 오른쪽 칸에 번호를 붙여 정리하면 됩니다. 단, 내용을 쓸 때는 교과서 문장을 그대로 옮겨 쓰지 않고 내용을 요약해서 쓰려고 노력해야 합니다. 위 예시에서는 법을 만들고, 예산을 심의·확정하며, 국정감사를 하는 것은 국회가 하는 일이므로 '국회가 하는 일'이라는 제목 아래에 내용을 하나로 묶었습니다. 내용을 요약할 때는 화살표나 —와 같은 나만의 기호들을 만들어 다양하게 활용할수록 좋습니다.

왼쪽 – 핵심어(키워드)

수업 시간에 선생님이 중요하게 다루거나 교과서에 자세하게 풀어 설명된 말은 그날 꼭 알아야 할 핵심어입니다. 핵심어의 뜻을 정확히 알면 내용을 잘 이해할 수 있고 그날의 학습 문제에도 답할 수 있게 됩니다. 그래서 왼쪽 칸에는 오른쪽 내용의 제목이나 대표 문구 외에도 오른쪽을 쓸 때 발견한 핵심어를 씁니다. 복습할 때는 오른쪽을 가리고 왼쪽의 핵심어만 보면서 그것이 무엇인지 말해보거나 써 보는 방식으로 공부할 수 있어 연상하기 방식으로 복습하기도 좋습니다.

하단 - 요약과 질문

가장 아래 3줄가량의 공간에는 그날 배운 내용에 대한 요약이나 질문, 느낌 등을 씁니다. 복습할 때는 배운 것 중에서 가장 중요하다고 생각되는 내용을 이 공간에 한마디로 표현하도록 써 봅니다. 이렇게 하면 수업의 핵심을 파악하고 정리하는 능력이 길러집니다. 또한 이 칸에 공부한 내용을 묻는 퀴즈를 만들어 두고, 시간이 지나 복습할 때 다시 풀어보면서 공부하는 방법도 있습니다. 수업 시간에 생각났던 질문이 있다면 이 칸에 적어두었다가 집에 가서 그 질문의 답을 찾아가는 방식의 확장 복습을 해도 좋습니다.

혼자 해 보는
2차 공책정리(2차 필기)

—————————   공책정리를 해 보자 마음먹었다면 노트를 마련해 일단 수업 시간에 중요하다고 생각되는 내용을 적어 나가면 됩니다. 그러나 수업 시간 중에 수업을 들으면서 필기까지 깔끔하고 빠짐없이 하는 것은 사실상 불가능합니다. 무리하게 꼼꼼하고 예쁘게 적으려다 보면 오히려 수업을 놓칠 수 있습니다. 그래서 수업 중에는 우선 생각

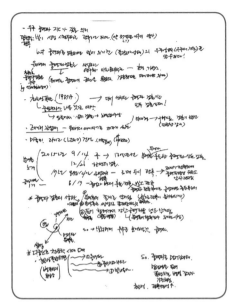

| 중력파 강연을 들으며 필자가 했던 1차 필기 |

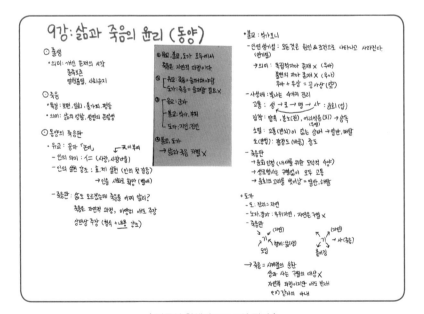

| 박주영 학생의 고교 2차 필기 |

나는 대로, 손 가는 대로 간략히 내용을 써넣고 틀린 내용은 줄긋기로 지우며 대략 필기합니다.

그런 후에 복습 때 수업 시간에 써 놓은 필기를 수정하거나 다시 정리합니다. 『서울대 합격생 100인의 노트정리법』에서는 이것을 2차 필기라고 불렀습니다. 2차 필기를 하려면 시간을 따로 내어 공책을 정리해야 하는데 한 과목의 내용을 깔끔하게 정리하거나 체계 세우기를 원한다면 이런 노력도 해 볼 만합니다. 실제로 사회나 과학 등의 과목에서 2차 필기를 하는 학생은 많이 있습니다.

공책정리로 복습할 때 쓰면 좋을 그 밖의 전략들

선생님 필기에 교과서 보고 빠진 부분 써넣기

선생님이 수업 중 칠판에 공책정리를 해 주었다면, 집에서 복습할 때는 교과서와 필기 내용을 비교해 보고 빠진 내용을 써넣어 봅니다. 이해한 대로 관련 그림을 그려 넣거나 오려 붙여도 좋습니다. 선생님의 정리 방식도 배우고, 빠진 내용을 찾아 채우느라 공책과 교과서를 다시 보게 되어 꼼꼼히 복습하게 됩니다.

교과서 내용을 노트에 요약정리하기

수업 시간에 했던 필기가 따로 없다면 복습할 때 교과서 내용을 읽어보고 공책에 직접 수업 내용을 요약, 정리하는 방법이 있습니다. 수업 시간에 제공되는 프린트물이 있다면 이것을 교과서 내용과 비교해 보면서 공책에 쓸 내용을 정하는 것도 좋습니다. 교과서를 읽고 직접 정리하는 과정에서 내용의 핵심을 파악하는 능력도 길러지고, 수업 내용도 정리되는 효과가 있습니다.

| 교과서 내용을 바탕으로 요약정리한 사회 공책정리 |

핵심어의 정의 써 보기

수업 시간에 핵심어만 필기해서 오거나, 핵심어의 뜻을 선생님께서 풀어주신 대로 받아 적어 왔다면 복습할 때 이것을 교과서에서 말하는 뜻과 한 번 비교해 봅니다. 그러면서 단어의 뜻도 다시 음미해 보고, 빠진 설명이 있다면 추가해서 적어 넣습니다. 만약 '대동법'에 대해 배웠다면 대동법이 가진 한자의 뜻, 내가 이해한 방식의 뜻, 누가 왜 반포한 것인지, 대동법의 원리를 설명하는 그림 등을 복습할 때 공책에 써넣는 것이지요.

내용을 그림으로 그려보기

공책정리를 글만이 아닌 이해한 내용을 잘 보여주는 나만의 그림으로 표현할 수도 있습니다. 그리는 과정에서 재미도 느낄 수 있고, 내용을 그림과 연관 지으면서 이해하고 기억하는 데도 큰 도움이 됩니다.

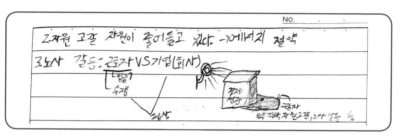

| 빈부격차, 자원고갈, 노사 갈등 등을 경제성장의 그림자로 그려 표현 |

내용을 서로 비교하기 - 비슷한 것은 묶고 다른 것은 드러나게

다음 페이지의 필기에서는 삼국 전성기 왕들의 업적을 쓰고, 이들의 공통점이라고 할 수 있는 한강 유역 차지, 영토 확장 등에 빨간 동그라미를 쳐서 한반도에서 전성기를 맞이한 나라들의 공통점이 쉽게 눈에 띄도록 했습니다.

신분에 따른 생활 모습에서 귀족은 비단옷을 입고 화려한 집에 살았던 것과 달리, 평민은 베옷을 입고 초가집에 살았다 등의 차이점을 드러내기 위해 집과 옷에 관련된 내용을 신분별로 나란히 배치하여 써

놓았습니다.

　이렇듯 공책정리를 할 때 내용 안에서 비슷하거나 공통적인 것들은 묶어내고, 차이점은 대비시키면 요점이 눈에 쉽게 들어오고, 내용을 이해하고 기억하는데도 도움이 됩니다.

표로 정리해 보기

여러 가지 내용을 배운 후에는 내용을 표로 분류, 정리해 보면 내용이 한 눈에 들어오고 공통점과 차이점을 비교하며 생각해 보기에도 좋습니다.

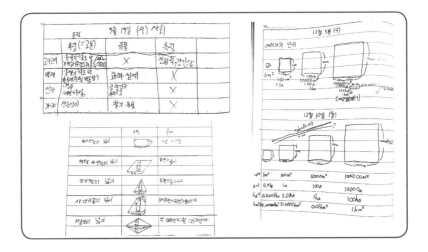

생각한 과정을 설명하듯 써 보기

이 학생은 수업 시간에 공부한 '헤이그 특사 파견 과정'을 번호를 붙여 공책에 적고 있습니다. 역사 단원을 공부할 때 이런 방식의 공책정리를 선호하는 학생들이 종종 있습니다. 생각하는 과정을 공책에 그대로

< 헤이그특사 >

전개

① 고종황제는 만국평화회의가 열리는 네덜란드 헤이그에 특사를 파견하여 을사늑약이 무효임을 국제 사회에 알리려고 함.
② 네덜란드에 도착하여 들어가려고 함
③ 일제는 외교권이 없어 회의에 참여 못하게 함.
④ 헤이그 특사들이 기자들에게 알리려 했지만 아무도 들어주지 X
⑤ 일제는 고종황제를 강제로 퇴위시키고 순종을 앉힘.
⑥ 대한제국의 군대까지 해산시켰다.

| 자신이 파악한 사건의 과정에 번호를 붙여 정리한 김유리 학생의 사회 공책 정리 |

적어보면 일의 순서와 인과관계가 분명해져서 내용을 하나의 이야기 처럼 이해하고 기억하는 데 도움이 됩니다.

교과서에 정리하기

수업 중이나 후에 공책정리하는 일이 부담되는 학생들은 중요 내용을 교과서에 직접 정리할 수 있습니다. 실제로 수업내용에 더 집중하기 위해 수업 시간에는 거의 전적으로 듣기만 하고, 필기는 교과서에 간단히 표시하는 정도로만 하는 학생들이 많습니다. 수업 중에 중요한 내용이 나오면 그 내용을 공책에 적는 것이 아니라, 책에서 찾아 표시하거나 여백에 재빨리 메모하는 정도로만 남기는 것입니다. 이렇게 수업 시간에 교과서에 표시한 밑줄이나, 교과서 질문에 써 둔 답, 메모 등은 공책 이상으로 좋은 내용 정리가 됩니다. 수행평가를 앞두고 있을 때 이렇게 정리한 교과서를 집으로 가져가 표시한 부분을 다시 훑어보고 답한 내용을 읽어 보면 수업에서 배운 내용 중심으로 수행평가가 이루어지므로 교과서 필기 내용이 큰 도움이 됩니다.

과학의 경우라면 과학 교과서와 함께 실험관찰을 잘 정리하는 것이 도움이 됩니다. 실험관찰은 과학 교과의 핵심 내용을 담은 보조 교과서이자 일종의 정리 학습장입니다. 실험관찰의 각 질문은 학생이 수업 목표에 도달할 수 있도록 안내자 역할을 해 줍니다.

국어, 수학 교과서에 나오는 내용 확인 질문들이나 수학 교과서에 나오는 그림, 설명 등을 '이거 당연하고 쉬운 내용이네!'라며 제대로 보지 않고 지나가는 학생들이 있습니다. 그러나 교과서 질문에는 명확한 말로 답을 써넣을 수 있도록 노력해 보기를 권합니다. 단원을 모두 배우고 교과서의 질문과 답을 다시 한번 읽어보면 이 내용이 곧, 잘 정리된 수업의 핵심 내용임을 알 수 있습니다. 따라서 필기를 따로 하지 않더라도 복습할 때 교과서에 썼던 답들을 읽고 바로잡는 노력을 통해 평소 복습해두는 것이 좋습니다.

암기하기

오래된 공부법, 암기

————————————— 사극을 보면 아이들이 서당에서 몸을 흔들면서 목소리를 맞추어 천자문을 외우는 장면이 나옵니다. 암기, 즉 외우기는 선조들도 하던 일반적인 공부법입니다. 우리 조상들은 공자, 맹자와 같은 고전 공부를 할 때도 글을 완전히 외워서 이해하고 자신의 것으로 만들었습니다.

내용을 외우면 여러모로 유용하고 편할 때가 많습니다. 구구단을 쓰듯 내용을 빠르고 정확하게 쓸 수 있습니다. 길을 걷다가도 밥을 먹다가도 언제든지 암기한 내용을 떠올려 그 의미를 곱씹어 볼 수도 있습니다. 그러나 암기는 사실 힘들고 별로 재미도 없습니다. 외워지지 않을 때면 반복하는 것 말고는 다른 대책도 없습니다. 그래서 이번 장에서는 힘들지만 꼭 외워야 할 때 도움이 되는 방법들을 몇 가지 소개합니다.

복습할 때 외울 것을
미리 구별해 두자

시험이 임박했을 때 공부할 시간이 주어지면 학생들은 뭔가를 외워야 한다고 생각하는 것 같습니다. 곳곳에서 쓰고 중얼대느라 여념이 없습니다. 그 순간에도 몇몇 학생들은 심지어 무엇을 외울지 모르겠다는 반응을 보입니다. 이제라도 시험에 나올만한 것을 외우고 싶은데 무엇이 중요한지 몰라 모두 외워야 할 것만 같고 불안한 것입니다.

시험 직전에 이런 막막한 상황을 막기 위해 복습 때 미리 해 두면 좋은 일이 있습니다. 그것은 바로 암기할 것과 그렇지 않은 것을 자신만의 표시로 구분을 해 두는 일입니다. 즉, 내용의 중요도에 따라 분류해 놓는 것이지요. 집중적으로 외워야 할 것과 알아두기만 해도 되는 내용이 복습할 때 구분되어 있으면 시험이 임박해서 공부하기가 한결 수월해집니다. 표시한 것만 외우면 되니까요. 만약 복습하면서 무엇이 중요한지 갈피를 잡지 못할 때는 학습 문제를 다시 한번 읽어봅니다. 학습 문제와 관련이 깊다면 반드시 기억해야 할 지식일 가능성이 큽니다.

무엇을 외울까?

복습할 때 꼭 외워야 할 내용은 구구단과 같이 정

확히 외워두었다가 활용하거나 말할 수 있어야 하는 내용입니다. 과목별로 핵심어들은 용어 자체를 알아두어야 합니다. 특히 사회는 교과서 단원마다 주요 용어들이 정리된 칸이 따로 있을 정도로 용어가 중요한 과목입니다. 용어 자체를 쓸 수 있어야 하고 그 뜻을 말할 수 있어야 합니다.

국어의 경우 다음과 같은 문제를 생각해 볼 수 있습니다.

> **문제** 글의 주장이 〈공정 무역 제품을 사용하자〉일 때, 이 글에서 제시한
> 근거의 타당성을 판단하여 쓰시오. (글 생략)

위 문제에 답하기 위해서는 교과서에 나와 있는 근거의 타당성 판단 기준 3가지, 즉

1. 근거가 주장과 관련 있는지 2. 근거가 주장을 뒷받침하는지 3. 근거를 뒷받침하는 자료가 적절한지를 알고 있어야 합니다. 국어라 하더라도 이렇듯 기억을 통해 활용해야 하는 내용이라면 암기해야 합니다. 그러나 이런 내용은 입으로 반복하여 외우기보다는 각 항목이 무엇을 뜻하는지 반복적으로 떠올려 보면서 외우는 것이 기억도 잘 되고 내용을 이해하는 데도 좋습니다. 위의 경우라면 각 항목의 의미를 명확히 해주는 단어들 (1. 관련 / 2. 뒷받침 / 3. 적절)에 집중해서 문장의 의미를 여러 번 떠올려보아 암기하면 좋습니다.

암기도
결국 노력

———————— 과학이나 사회 시험을 보고 나면 슬픈 목소리로 이렇게 말하는 학생들이 있습니다.

"저는 왜 이렇게 외우는 게 안 되는 걸까요?"

그러나 이런 어려움은 '이해'하는 것으로 해결할 수 있습니다. 초등 교과 내용의 대부분은 외우기보다는 이해하면 되는 내용입니다. 완전히 이해하려고 노력하다 보면 외운다기보다는 생각의 방식이 익혀져서 군이 외운다는 생각 없이도 자연스레 암기되는 경우가 많습니다.

천재들만 암기를 잘하는 것이 아닙니다. 암기 역시 노력과 기술에 의해 좌우됩니다. 암기를 잘하는 사람들은 머리가 좋다기보다는 자신만의 암기 기술을 활용할 줄 압니다. 그래서 평소 도움이 될 만한 암기기술 몇 가지를 소개합니다.

외운 것을 꺼내어 확인하기

지금 암기하는 공부를 하고 있다면 암기한 내용이 잘 외워졌는지 어떻게 알 수 있을까요? 간단합니다. 바로 기억을 꺼내어보는 것입니다. 조금 번거롭더라도 외운 것은 책을 덮고 암송해 보거나 써봐야 합니다. 외운 것을 출력해보는 것이지요. 부모님이나 친구에게 잘 외워졌는지 확인해 달라고 하거나 외워서 쓴 것을 원본과 비교해 봐도 좋습니다. 외운 지식을 자꾸 확인하면 작업 기억에 올라온 갓 외운 지식을 뇌는 중요한 정보로 인식하고, 이것을 '해마'라는 장기기억장치로 이동시키게 됩니다. 이런 이유로 기억은 자꾸 꺼내어보고 다듬을수록 견고해집니다.

이야기와 연관 짓기

TV에서 우리나라 최고의 아이큐를 자랑하는 한 청년이 포커 카드의 순서를 외우는 장면을 본 적이 있습니다. 아무 규칙도 연관성도 없는 카드의 무늬와 숫자를 순서대로 외운다는 것은 거의 불가능에 가깝습니다. 그런데도 그는 5분 만에 트럼프 카드 두 세트를 정확하게 외워냈습니다. 어떻게 한 것일까요? 이 청년은 카드를 외울 때 카드의 무늬와 숫자를 사용해서 마음속에 어떤 이야기 하나를 만들어낸 후, 카드와 이야기를 연결 짓는 방식으로 기억을 한다고 합니다. 실제로 원주율을 외우는 기네스북에 도전하는 사람들도 보통 숫자를 가지고 자신만의 이야기를 만듭니다. 의미 없는 숫자의 나열에 의미를 부여하는 것이지요. 그런 후 그 이야기를 기억해내서 숫자를 하나씩 맞춰가는 것입니다.

3.14159265358979…

3이 일사후퇴 때 잉어를 구이를 해서 유고를 사모하는 팔 아홉 개인 친구와 …

↓	↓	↓	↓	↓	↓	↓	
14	15	92	65	35	89	79	…

이 말도 안 되는 이야기는 제가 숫자를 보고 만든 이야기입니다. 숫

자로 연상되는 대상을 엮어서 이야기를 만든 후, 떠올릴 때는 이야기를 이용해서 숫자를 기억에서 불러오는 것입니다.

배운 내용과 관련된 이야기를 듣거나 이야기가 담긴 책을 찾아보는 것도 이와 비슷한 효과를 가져올 수 있습니다. 사회의 지리나 역사 부분이 대표적입니다. 지리의 경우 그 장소와 연관된 사건이나 이야기를 읽거나 듣는 것이 내용을 기억하는 데에 도움이 됩니다. 역사 내용을 기억하기 어렵다는 것은 역사가 가진 흐름, 이야기를 잘 알지 못하기 때문입니다. 교과서를 풀어서 정리한 역사책, 역사 만화 등이 시중에 많습니다. 복습 때 오늘 배운 내용을 역사책에서 찾아 읽어보면 어떨까요? 읽다 보면 교과서에서 생략된 자세한 이야기가 보충되어 내용의 흐름이 잘 이해되고 기억되는 부분도 많아질 것입니다.

외울 내용 시각화하기

필자가 예전에 보던 단어장에는 appear라는 단어가 사람이 업혀있는 그림과 함께 소개되어 있었습니다. 그림을 통해 appear의 영어 발음과 비슷한 우리말 '업히어'와 이 단어의 뜻인 '나타나다'를 한 번에 보여주어 단어의 연상을 돕는 것입니다.

또 문장을 외울 때는 문장이 나타내는 뜻을 머릿속에서 장면으로 그려보면 기억이 조금 쉬워집니다. 연습을 한번 해 볼까요?

'소년은 늙기 쉽고 학문은 이루기 어려우니, 짧은 시간을 가벼이 여기지 말라'

명심보감에 있는 한 구절입니다. 이 문장을 외워야 한다면 여러분은 어떻게 외우겠습니까? 흔히 하는 방법은 문장을 세 부분으로 나누고 각 부분을 반복해서 말하는 것입니다. 하지만 그보다 더 좋은 방법이 있습니다. 바로 이 문장을 어떤 장면과 연관시키는 것입니다.

저는 이 문장을 보면서 세 가지 서로 다른 장면을 떠올렸습니다.

1. 소년이 자신의 늙은 얼굴에 깜짝 놀라는 모습
2. 소년이 높은 곳에 있는 책을 잡으려 하나 잡기 어려워하는 모습
3. 시곗바늘이 3분 정도를 가리키는 괘종시계가 구름을 타고 하늘로 올라가는 모습

사실 제가 떠올린 세 가지 장면은 문장의 뜻과는 상관없는 것입니다. 하지만 문장을 이렇게 이미지화한 덕에 저는 위의 문장을 외워 쓸 때 그림을 차례로 머릿속에 떠올리며 문장을 부분, 부분 완성해 갈 수 있습니다. 이렇게 기억할 내용을 그림과 연결하면 기억하기가 쉬워집니다.

실제로 내용을 시각화하여 학생들의 기억을 돕기 위해 많은 초등 수업에서 비주얼 싱킹(visual thinking) 기법을 활용하고 있습니다. 비주얼 싱킹이란 쉽게 말하면 간단한 글과 그림으로 내용을 요약, 정리하는 것을 말합니다. 앞서 말한 공책정리에서 내용을 그림으로 표현해 보는 것과 비슷한 방식이라고 할 수 있습니다. 그림을 구상하고 그리는 데는 시간이 다소 걸리지만, 내용을 그림으로 정리해두면 내용이 필요할

때 그림을 떠올리게 되어 기억이 잘 나게 됩니다. 특히 그림을 좋아하는 학생이라면 비주얼 싱킹 방식으로 공책정리, 연상하기(백지복습) 등에서 해 보기를 추천합니다.

여러 감각을 활용하여 외우기
사람의 뇌는 오감으로 들어오는 정보를 받아들여 저장합니다. 그리고 저장된 정보는 정보를 받아들일 때 활용했던 감각 정보를 통해 다시 불러 들여지게 됩니다. 이런 상상을 해 봅시다. 어떤 곳을 지나가다가 뭔가를 태우는 듯 매캐한 냄새를 맡았습니다. '이 냄새 뭐지? 코가 매운데' 하고 생각하다가 문득 비슷한 냄새를 맡았던 기억을 떠올립니다.

'아~ 전에 할머니와 밭에 갔을 때도 비슷한 냄새가 났었지? 그때 할머니 댁 강아지 복실이도 따라왔었어.'

이처럼 냄새를 맡았을 뿐인데도 관련된 기억 전체가 떠오르는 경험을 한 번쯤은 해 본 적이 있을 것입니다. 하나의 경험이나 사건도 여러 가지 감각으로 경험하면 그만큼 그 경험을 떠올릴 단서가 많아지는 것이라고 할 수 있습니다.

그래서 뭔가를 기억해야 한다면 가능한 한 여러 감각을 동원해서 기억하는 것이 좋습니다. 어떤 고등학생이 교과서에 과목별로 다른 향수를 뿌려두고 공부했다는 이야기가 있습니다. 이것 역시 냄새와 과목별 내용을 연결해서 기억하려는 하나의 기억 전략이라고 할 수 있습니다. 주차장에서 주차된 차의 자리를 기억하기 위해서는 구역 번호를 눈으로 익히고, 입으로 중얼대서 귀로 듣고, 주차된 차 주변의 색깔은 어떤 색인지도 봐 두어야 합니다. 여러 감각의 기억들이 서로 얽혀서 기억날 수 있도록 말입니다.

공부할 때 보통 쉽게 동원할 수 있는 감각은 손으로 쓰고 입으로 읽어서 내 귀로 듣는 것입니다. 쓰고 읽기만 해도 보고 쓰고 말하고 듣는 4가지의 감각 실마리를 얻게 되는 것이지요. 이렇게 다감각으로 저장된 정보는 그저 눈으로 보기만 한 정보보다 훨씬 견고하게 기억되고 실마리도 많아서 다시 떠올리기가 훨씬 쉬워집니다.

초등 공부는 외워야 할 것보다는 제대로 이해하면 해결되는 내용이 많습니다. 그러나 꼭 외우고 기억해야 하는 것이 있다면 지금까지 제시한 외운 내용 꺼내어 확인하기, 이야기 연관 짓기, 시각화하기, 다감각 활용하기 등의 전략을 활용한다면 외우는 수고를 조금이라도 덜 수 있습니다.

문제풀기

문제집 위주의
공부?

———————— 문제를 푸는 것은 손쉽고 참 괜찮은 복습법입니다. 잘 안다고 생각했던 내용도 문제를 풀어 점검해보면 모르는 부분이 드러나고 그것을 새롭게 익히는 계기가 됩니다. 그런데 어떤 사람들은 문제를 풀며 하는 공부를 '문제풀이식 공부'라며 좋지 않게 말합니다. 왜 그럴까요? 그것은 문제집 위주로 공부하다 보면 문제가 물어보는 방향으로만 생각하고, 문제가 묻지 않는 것은 몰라도 상관없다는 식으로 여기게 되기 때문입니다.

문제집의 역할은 학습자가 내용을 완전히 알고 있는지 점검해 주는 것에 있습니다. 알지 못하면서 알고 있다는 착각을 하지 않도록 문제집이 여러 방면으로 날카로운 질문을 던져줍니다. 그러나 잊지 말아야 할 것은 공부의 목표입니다. 문제집의 문제를 다 맞히려는 이유도 결국 지금 공부하고 있는 내용을 완전히 알기 위해서임을 잊어선 안 됩니다. 문제집에 나오지 않아도 완전한 이해를 위해 알아야 할 지식이 있을 수 있습니다. 문제집, 적극적으로 활용하되 전부라고 생각하지는 말아야 합니다.

내용 공부 먼저,
문제집은 그다음

문제집으로 공부하기 전에는 반드시 내용 공부를 먼저 하기를 권합니다. 교과서를 읽어보아도 좋고 공책을 보면서 정리한 것을 상기해보는 것도 좋습니다. 가능한 한 문제를 잘 풀 수 있는 준비가 된 상태로 문제집 풀기를 시작해야 합니다. 특히 수학의 경우, 준비가 안 된 채로 문제를 푸는 것은 아무 도움이 되지 않습니다. 모르는 채로 문제를 풀어서는 내용이 습득되거나 익혀지지도 않고 오히려 틀린 규칙을 자꾸만 적용하게 될 가능성이 크기 때문입니다. 그래서 마치 시험을 보듯 공부를 꼼꼼히 한 후, 최대한 적게 틀리겠다는 마음으로 문제풀기에 들어가는 것이 좋습니다. 그래야 문제집에서 틀린 답이 나왔을 때 그것이 내가 놓친 진짜 빈틈이라고 믿을 수 있습니다. 절반가량 틀리고 오답 정리로 절반의 문제를 푸는 것은 빈틈이라기보나는 그냥 내용을 모르는 것입니다.

많은 문제를
풀어서 압도하기?

하나의 문제집에 담긴 내용이 전부가 아니라고 여기는 학생 중 몇몇은 완벽한 공부가 되려면 가능한 한 다양하고 많은

186

문제를 풀어보아야 한다고 생각합니다. 시험에 나올 수 있는 모든 유형의 문제를 최대한 많이 풀어보아 100점을 맞겠다는 전략입니다. 압도적으로 많은 문제를 풀면 결국 실력을 얻게 된다고 믿는 것입니다.

그러나 문제를 많이 푸는 학생들을 살펴보면 모르는 문제를 알아내기보다는 이미 아는 문제를 풀고 확인하는 데 많은 시간을 보낸다는 점이 이 공부법의 맹점입니다. 아는 내용의 문제들은 이미 잘 알고 있기 때문에 문제를 빨리 많이 풀 수 있습니다. 이렇게 풀어낸 문제의 양을 생각하면서 학생은 자신이 공부를 많이 했다고 여깁니다. 그러나 실은 들인 시간에 비해 문제풀이 공부의 핵심인 '모르는 내용을 공략하기' 활동은 적었기 때문에 이 공부에서 큰 효과를 기대하기는 어렵습니다.

아무리 많은 문제집을 가져와도 교육과정을 활용한 세상의 모든 문제를 다 풀어볼 수는 없습니다. 문제 활용력은 부정확하게 많은 문제를 풀면서 생기는 것이 아니라, 핵심 내용을 담은 몇 개의 문제를 풀면서 그 과목에 대한 이해를 다지는 과정을 통해 얻어지게 됩니다. 이런 경향은 다음 예를 보면 더욱 이해가 잘 될 것입니다.

한 권을 정확히, 여러 번

———————— 고1 때 우리 반에는 학원도 다니지 않는데 수학을 참 잘하는 친구 J가 있었습니다. 어느 날 학교에서 J에게 수학 문제를

물어보다가 그 친구가 문제집 푸는 모습을 보게 되었습니다. 그 문제집은 EBS에서 나온, 전교생이 다 같이 공통으로 푸는 평범한 문제집이었지요. 그런데 J는 그 문제집에 글씨가 잘 보이지 않을 만큼 답을 엷게 쓰는 것이었습니다.

"흐려서 안 보이는데 왜 그리 엷게 써?"
"너무 꾹 눌러쓰면 지우고 다시 풀 때 자국 남아서 안 돼."
순간 머리에서 뭔가 번쩍하는 느낌이 들었습니다.
'아니, 문제집을 지우고 또 푼다고?'

저는 당시 공부를 잘하기 위해서는 여러 종류의 문제를 많이 다루어봐야 한다는 생각으로 여러 권의 문제집을 풀고 있었습니다. 물론 J가 풀고 있는 그 문제집을 포함해서 말입니다. 하지만 애쓰는 것에 비해 실력은 별로 나아지지 않았습니다. 반면 J는 보통 수준의 문제집 한 권을 반복해 풀면서 문제집 하나를 완전히 소화하는 데 정성을 기울이고 있었던 것이지요. J가 다양한 문제를 실수 없이 잘 풀 수 있었던 것은 그렇게 빈틈없이 닦은 탄탄한 기본기 때문이었습니다.

문제집을 지우고 다시 풀던, 문제집에 표시하지 않고 다른 노트에 따로 풀던 상관없습니다. 중요한 것은 기본 문제집 하나에 담긴 모든 문제를 완벽히 알게 될 때까지 여러 번 풀어본다는 것입니다. 이렇게 같은 문제집을 여러 번 보면 어떤 이점이 있을까요? J는 아마도 이런 생각을 했을 것입니다.

1. 한 권이라 하더라도 문제집 전체를 완벽히 익히면 핵심 개념은 모두 알게 된다.
2. 여러 문제를 다양하게 다루는 것보다 하나의 문제를 확실하게 풀 수 있는 것이 다른 문제를 풀 때도 도움이 된다.
3. 수학 시험에서 개념을 활용하여 나올 수 있는 문제들은 어차피 거기서 거기다.

문제집 한 권을 마스터하려고 반복한다는 것은 문제 자체를 공략하는 것이 아닌, 문제가 알려주는 원리에 집중한다는 것을 의미합니다. 사실 초등학교 시험을 생각해 봐도 일부 최고 난도 문제 1, 2개를 제외하면 문제의 난이도는 수학책과 수학 익힘책을 크게 벗어나지 않습니다. 오히려 개념을 관통하는 핵심적인 문제는 수학책이나 익힘책 수준의 단순한 문제입니다. 그러나 저의 교육 경험상, 외우는 방식이 아닌 완전한 이해를 바탕으로 수학책이나 익힘책의 문제를 스스로 해결할 수 있는 학생은 한 교실에서 그리 많지 않았습니다. 그런 기본 문제들을 처음부터 끝까지 내 힘으로 풀 수 있고 설명할 수 있을 만큼 내 것이 되게 하려면, 누구라도 한 문제에 담긴 뜻을 깊이 생각해 볼 수밖에 없습니다. 이것은 반복 없이는 불가능합니다.

하나의 문제에 담긴 원리를 완전히 안다는 것이 어떤 의미인지 알기 위해 한 가지 예를 살펴보겠습니다. 어느 날 문제집을 풀던 우리 반 학생이 저에게 다음과 같은 문제를 물어왔습니다.

kg과 m값이 모두 분수로 되어있어서 문제가 복잡해 보입니다. 어떤 학생은 1m를 5개로 나눈 것 중 하나가 $\frac{1}{5}$임에 착안해서 $\frac{5}{4} \times 5$로 이 문제를 해결할 것입니다. 그러나 이런 식으로 해결하면 철사의 길이가 $\frac{2}{5}$나 $\frac{3}{8}$ m인 경우, 문제를 해결하지 못하게 됩니다.

사실 이 문제는 분수의 나눗셈 문제이며, 6학년 2학기 분수의 나눗셈 단원의 교과서 '공부를 잘했는지 알아봅시다'에 나오는 다음 문제와 같은 원리의 문제입니다.

문제 리본 3m를 5명이 똑같이 나누어 가졌습니다. 한 사람이 가진 리본은 몇 m인지 구해보세요.

학생이 위 문제를 질문했던 이유는 길이를 무게로 나누어야 할지, 무게를 길이로 나누어야 할지 알지 못했기 때문입니다. 이 문제는 나눈다는 것이 어떤 뜻인지를 이해해야 해결할 수 있습니다. 만약 학생이 위 교과서 문제를 통해 '3 나누기 5의 몫은 3m 리본을 5명에게 똑같이 나누어줄 때 한 사람이 갖게 되는 리본 길이(m)'임을 이해했다면 질문한 문제를 1m당 무게가 값으로 나오는 $\frac{4}{5} \div \frac{1}{5}$로 식을 세워 어렵지 않게 해결했을 것입니다. 교과서 문제 한 문제를 통해서 얻어야 할 결과는 단지 '맞는 답'이 아니라, 나눗셈 연산의 의미와 작동원리입니다. 하나의 문제를 풀 때도 깊은 생각을 통해 이런 개념적 이해에 접근한 학생은 이 경험을 바탕으로 각 숫자가 분수로 바뀌거나 단위가 바뀌는 상황을 만나도 흔들림 없이 필요한 나눗셈 연산을 적용하여 문제를 풀 수 있습니다.

수학 문제를 푸는 사고 과정을 연구한 헝가리 수학자 폴리아의 연구에 따르면 수학 문제를 풀 때 사람들은 마음속으로 '전에 푼 문제 중에 비슷한 문제는 없는가?'라고 질문한다고 합니다. 사람들은 모르는 문제를 풀 때 전혀 새로운 방식으로 접근하기보다는 자신이 잘 아는 문제풀이 경험을 기억 속에서 끌어와서 사용한다는 것이지요. 반면 누가 풀어주었거나 푸는 단계에서 확신이 없었던 문제풀이 경험은 새로운 문제를 고민의 과정에서 좀처럼 떠오르지 않습니다. 진짜 내 것이 아니기 때문입니다. 앞서 말했던 꺼내어 활용할 수 있는 지식만이 진짜 내 지식이라는 원칙은 여기서도 적용되는 것입니다. 그래서 하나의 문제집, 하나의 문제를 완전히 이해하고 자신의 것으로 만드는 것은 나에게 마치 새로운 무기를 장착하는 것과 같습니다. 풀었던 문제들이 완전히 내 머리와 손에 이해되고 익혀져서 언제든 꺼내어 응용할 수 있는 상태가 되기 때문입니다. 기본 문제를 다 익히고 나면 난도가 높은 문제, 내가 처음 보는 문제들이 쉬워지는 느낌을 받게 되는 이유도 여기에 있습니다.

한 권을 끝까지,
철저히

문제집 한 권을 정확히 여러 번 보자면 우선시 되어야 할 일은 일단 한 권을 끝까지 꼼꼼히 푸는 것입니다. 시작한 문제집 한 권은 끝까지 풀어서 전체 내용을 다 내 것으로 만들겠다고 생각해야 합니다. 그러자면 전략적으로 얇은 문제집을 선택하는 것도 방법입니다.

수학 외의 다른 과목 문제를 다룰 때는 객관식 문제 한 문항의 5개 선지 모두가 나에게 정보를 주고 있다고 생각하면 좋습니다. 문제를 풀다 보면 각 선지를 다 알아서 맞았다기보다는 2개 정도의 확실한 것으로 압축하고, 몇 가지 단서를 통해 아닌 것을 제외함으로써 답을 찾아낼 때가 종종 있습니다. 이런 문제를 맞았다고 그냥 지나간다면 각 선지들이 주는 정보들은 놓치는 것이 됩니다. 각 선지를 올바르게 고친다면 어떻게 되어야 하는지, 어떤 지식이 부족했기에 나는 2개의 선지 중에 고민할 수밖에 없었는지 생각해 보고, 교과서를 뒤적여서 관련 정보를 분명히 짚고 넘어가는 것이 필요합니다.

시중에 나와 있는 초등 문제집의 난이도는 대체로 비슷합니다. 특별한 경우가 아니라면 문제집으로 공부할 때는 조금 어렵거나 지루하다고 책을 자꾸 바꾸기보다는, 빠짐없이 끝까지 푸는 습관을 들여야 합니다. 학원에서 지정해주어 푸는 문제집이라 하더라도 '시켜서 하루 두 장씩 푼다.'가 아니라 '2장씩 해서 한 달 만에 문제집을 다 푼다.'와 같이 내가 책 전체를 소화한다는 목표 의식을 가지고 매일 조금씩 문제를 풀어간다면, 책을 끝냈을 때 성취감은 물론, 문제집 한 권을 끝까지 공부하는 습관도 기를 수 있습니다.

오답 노트를 정리하거나 문제집을 여러 번 푸는 일도 모두 하나의 문제집 내용을 완전히 소화하기 위해서 하는 일입니다. 이렇게 한 권의 문제집을 철저히, 끝까지 풀어내면 문제집의 저자가 찾아낸 교육과정 내에서의 중요한 점을 빠짐없이 습득하게 되어, 보다 완성도 있는 공부에 다가갈 수 있습니다.

너무 많이
틀린다면...

───────── 수업을 듣고 문제집을 풀었는데 절반 가까이 틀렸다면 둘 중 하나입니다. 문제집이 배운 수준 이상으로 너무 어려워 복습용 문제집으로 적당하지 않거나, 아니면 수업 시간에 이해했어야 할 내용의 핵심을 제대로 이해하지 못한 것이지요.

문제를 풀다가 내용을 전반적으로 모르겠다, 문제가 안 풀린다는 느낌이 든다면 그때는 문제집을 풀 때가 아니라 교과서를 볼 때입니다. 이 경우는 문제풀이보다는 교과서의 본문과 질문을 다시 읽고 수업내용을 떠올려 보거나, 보충 설명을 찾아보는 것이 오히려 도움이 됩니다. 문제집에 들어가기 전에 기본 내용을 분명히 해서 문제를 잘 풀 수 있는 상태가 되도록 공부를 한 후 문제에 덤벼야 공부할 때 자신감도 높아지고 공부 효율도 높습니다.

또는 혹시 지금 반 이상 맞출 수 없는 고난도 문제집을 풀면서 머리를 싸매고 있나요? 이런 문제집은 사고력 증진 차원에서 몇 개 도전해 보는 것은 괜찮지만 복습용으로는 적합하지 않습니다. 이럴 때는 차라리 난이도가 다소 낮은 문제집을 구입해 기본적인 문제들이 잘 습득될 때까지 연습하는 것이 낫습니다. 기본 문제를 완전히 내 것으로 만든 후 어려운 문제집에 나오는 심화 문제에 도전해도 늦지 않습니다.

더 깊고 넓게
공부하기

우리는 지금까지 복습으로 할 수 있는 여러 활동들을 살펴보았습니다. 배운 내용이 잘 익혀지고 확장되도록 할 수 있는 한 가지 방법이 남아 있습니다. 그것은 바로 '더 깊고 넓게 공부하기'입니다.

넓게
공부하기

수업 시간에 했던 공부 내용은 복습을 통해 관련 내용으로 지식을 확장하면 공부 효과가 더욱 커집니다. 넓게 공부한다는 것은 배운 것과 연관된 책을 읽거나 관련된 장소를 방문해 보기도 하고, 수업 시간에 궁금했던 내용을 조사해 보기도 하면서 수업 내용을 확장하는 것을 뜻합니다.

국어의 경우, 특히 고학년 국어 교과서의 작품들은 분량의 제한 때문에 일부만 실려 있는 경우가 많습니다. 학생들의 이해를 돕기 위해 교과서 본문 이전의 내용은 [앞부분 이야기]로 요약 제시되고, 본문 부분은 '중략'으로 상당 부분 생략되어 있습니다. 교과서에 나와 있는 단편적인 몇 가지 질문에 대답하는 데는 교과서 본문을 읽는 것으로도 가능합니다. 하지만 교과서의 학습문제가 제시하는 본래의 취지대로 인물의 삶을 이해하고 그 인물이 추구하는 삶과 관련된 가치를 살펴보아 나의 삶과 비교하는 깊이 있는 감상을 실제로 실행하려면 작품 전체를 읽어보는 일이 꼭 필요합니다(국어 6학년 2학기(가) 교과서 1단원 '작품 속 인물과 나'에 나오는 학습 문제).

그래서 교과서에 나온 작품들은 국어 교과서 맨 뒤쪽에 나온 〈실린 작품〉 목록을 참고하여 온전한 작품 전체를 직접 찾아 읽어보기를 권합니다. 교과서에 수록된 작품들은 학생들의 읽기 수준에도 적합하고

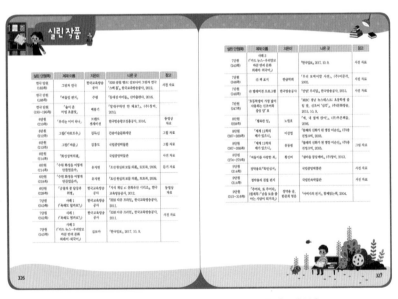

| 초등 국어 6학년 1학기-나 교과서 326, 327쪽 ⓒ교육부 |

내용도 유익하여 국어 심화 공부는 물론 독서 제재로서도 읽어볼 가치가 충분합니다.

국어뿐만 아니라 다른 모든 과목에서도 수업 후에 배운 내용과 관련된 책을 찾아 읽고 생각해 보는 것은 공부한 내용에 흥미를 갖게 해 주고 이해를 넓혀 가는 데 큰 도움이 됩니다.

확장하는 방식으로 공부하면 좋은 공부 중에는 영어 단어 공부가 있습니다. 영어 교과서에 나오는 단어는 반드시 알고 활용할 수 있어야 하는데 의외로 단어의 뜻을 교과서에 나온 뜻 한 가지로만 알고 있는 학생들이 많습니다. 그날의 수업이 끝나고 복습을 할 때는 교과서에서 만난 단어를 사전에서 찾아 교과서에서 사용된 것 외의 다른 용도와 뜻, 명사형, 형용사형 등의 다른 형태, 유의어, 정확한 발음과 발음기호, 강세, 예문 등을 확인해서 정리해 보면 좋습니다. 이렇게 하면 단어를 찾아보는 과정에서 철자가 정확히 외워지는 효과도 있고, 파생어들도 알게 되어 실력이 쑥쑥 향상됩니다.

사회의 경우에는 주말을 이용해서 배운 내용과 관련된 장소를 방문해 보면 좋은 공부가 됩니다. 교과서에 나오는 역사적 장소들을 실제로 가보면 박물관, 유적지들이 잘 정비되어 체험학습이나 볼거리들도 많다는 것을 실감할 수 있습니다. 필자도 일제 강점기를 배울 때 자녀들과 함께 서대문 형무소에 방문한 적이 있었는데, 장소와 관련된 사건들을 아이가 배웠기 때문에 질문도 많고 감회도 남다른 모습을 볼 수 있었습니다. 초등 특유의 지식과 감정을 연결하는 살아있는 사회 공부를 한다는 측면에서도 체험하는 방식의 확장은 의미 있는 공부라고 할 수 있습니다.

깊게
공부하기

─────────── 깊게 하는 공부는 배운 내용과 관련된 심화 학습을 말하는 것입니다. 수학이라면 기본 문제를 넘어 응용, 심화된 사고력 문제를 다루어보는 일입니다. 영어라면 교과서 외의 교재에서 오늘 배운 내용과 관련된 문법 사항을 확인하고 연습해 보거나, 관련된 영어 글을 찾아 읽는 것과 같은 활동을 말합니다. 그러나 심화 공부를 할 때 항상 기억해야 할 것은 심화 학습은 기본 학습을 기반으로 이루어져야 한다는 사실입니다. 심화 학습을 시도할 때 과정이 순조롭지 않다면 반드시 기본 학습으로 돌아가 부족한 부분이 어디인지를 돌아보는 것이 꼭 필요합니다.

알자배기

복습 실행

5장

복습의
실행

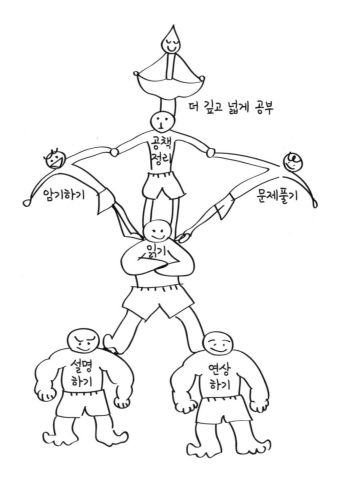

더 깊고 넓게 공부

공책정리

암기하기

문제풀기

읽기

설명하기

연상하기

지금까지 복습의 원리와 방법을 살펴보았습니다. 이제 복습 원리와 방법을 활용해서 각 과목을 실제로 복습하는 일이 남아있습니다. 이번 장에서는 실제로 복습을 어떤 순서로 얼마나 할지, 과목별로는 어떤 내용과 방법으로 하면 좋을지와 같은 복습을 실행하는데 필요한 구체적인 이야기를 해 보려고 합니다.

교과서 내용을
기준으로 삼자

어떤 방법으로든 배운 것을 완전히 이해하는 복습을 하는 것이 첫째 목표지만, 체계적으로 복습을 하고자 한다면 무엇보다도 교과서를 활용하는 것이 중요합니다.

교과서를 활용한다는 것은 교과서의 체계, 교과서의 문제, 교과서의 설명 등 교과서에 있는 모든 요소를 내 공부의 핵심 내용으로 삼는 것을 의미합니다. 그렇다면 시중에 좋은 교재도 많은데 왜 굳이 교과서로 공부해야 할까요?

그 이유는 좋은 참고서가 아무리 많아도 교육과정을 충실히 반영한 교과서를 참고서가 넘어설 수 없기 때문입니다. 각 학교급(초중고)에서 배워야 할 내용의 범위와 한계를 문서로 정리해 놓은 것을 교육과정이라고 합니다. 이것은 나라에서 일관되게 정해둔 기준이기 때문에 '국가 교육과정'이라고도 합니다. 학교에서는 이 국가 교육과정을 기준으로 학생들을 가르칩니다. 그런데 교육과정은 그저 학생들을 교육해야 할 기준만 밝혀둔 문서로 직접 학생들을 가르칠 수가 없지요. 그래서 이 교육과정의 범위를 준수하여 기준 삼아 만들어진 교재가 바로 교과서입니다. 교과서는 교육과정이 실질적으로 반영된 교재이기 때문에 문제 하나, 문장 하나도 철저히 교육과정의 범위와 내용을 반영, 준수하고 있습니다.

교사들은 교과서가 아닌 교육과정을 기준으로 학생을 교육합니다. 학생들이 교육과정에서 정한 내용을 이수하고 실행할 수 있도록 하는 것이 학교 교육 활동의 목표이기 때문입니다. 따라서 교사는 교과서 내용이 아닌 다른 내용을 선정하여 교육과정을 가르칠 수 있습니다. 이것을 '교육과정 재구성'이라고 합니다. 예를 들어 교육과정에 '조동사의 용법'을 가르치도록 되어 있다면 꼭 교과서 문장이 아니더라도 교사는 학생들의 수준과 흥미를 고려하여 다른 문장, 본문을 선택하여 조동사의 용법을 가르칠 수 있다는 것입니다. 수업 시간에 선생님이 교과서를 덮어두고 다른 활동, 다른 교재를 사용할 수 있는 것은 이러한 이유 때문입니다.

그러나 학생이나 학부모 입장에서 교육과정을 접하기란 쉽지 않습니다. 교육과정을 본다 하더라도 그것을 이해하고 적용하는 것은 거의 불가능합니다. 교육과정은 기준을 명시한 문서에 불과하기 때문입니다. 교육과정을 해석하고 적용하는 것은 교사가 할 일입니다. 대신 학생과 학부모는 수업 내용과 교과서를 통해 교육과정의 범위와 내용을 알 수 있습니다. 문제집은 때로 어려운 문제를 내기 위해 교육과정 밖의 내용을 끌어와서 다룰 수 있을지라도, 교과서는 그럴 일이 없습니다. 또한 교과서 한 차시, 한 차시의 내용이 해당 학년에서 이수해야 할 교육과정 달성을 목표로 치밀하게 구성되어 있기 때문에 교과서를 기준으로 공부하기만 해도 교육과정에서 요구하는 목표를 상당 부분 달성할 수 있습니다.

게다가 교과서는 특별히 잘 만든 교재이기도 합니다. 각 과목에 대한 심도 있는 연구를 바탕으로 해당 분야의 전문가인 수십 명의 현직 교사와 교수진이 만들고 심의, 검토한 교과서는 학생과 교사가 그 과목을 가장 잘 가르치고 배울 수 있는 최고의 예시를 제시하고 있습니다. 내용이 정확할 뿐만 아니라 초등 발달단계에 맞게 경험하고 만들어 볼 수 있는 고품질 부록들로 가득합니다. 대략 보고 버려지기에는 아까운 국내 최고의 교재가 우리 곁에 있는 것입니다.

따라서 복습을 할 때는 알아야 할 내용의 기준을 교과서로 삼는 것이 좋습니다. 교과서에 나온 문장과 문제는 깊이 있고 완벽하게 알고 간다고 생각해야 합니다.

먼저
학습문제 확인

하교 후 집에 돌아와서 해야 하는 복습의 목표는 무엇일까요? 일차적으로는 그날 수업의 학습문제(학습목표)를 해결하는 것입니다. 복습으로 공부하는 학습자는 그날의 학습문제를 자신의 공부 목표로 삼고 매진하면 됩니다. 각 수업의 학습문제는 그날 배운 교과서의 가장 처음에 문장 형태로 제시되어 있습니다.

국어: 이야기를 읽고 요약하기

수학: (자연수)÷(자연수)의 몫을 소수로 나타내어 볼까요.

사회: 4·19 혁명과 시민들의 노력을 알아봅시다.

과학: 압력이 변하면 기체의 부피는 어떻게 달라질까요?

– 과목별 학습문제 예시

과목마다 문장의 모습은 다소 다르지만, 이 문장들은 모두 그 수업 후에 학생들이 도달해야 할 목표를 말하고 있습니다. 위의 수업을 마쳤고 오늘 복습을 잘했다면 국어의 경우 오늘 배운 이야기가 교과서에 제대로 요약되어 있어야 하고, 수학이라면 자연수의 나눗셈 한 몫을 소수로 알맞게 나타낼 수 있어야 합니다. 사회라면 4·19혁명의 정의 및 과정, 시민들이 했던 일에 대한 지식이 갖추어져야 하며, 과학일 경우 기체의 압력이 올라가거나 내려가면 그에 따라 부피가 어떻게 달라지는지 그 결과와 과정, 이유 등을 말할 수 있어야 합니다.

수업 중에 다루는 내용은 여러 가지이지만 그중 가장 중요한 내용 한 가지를 꼽자면 그것 역시 학습문제에 해당하는 내용이라고 할 수 있습니다. 그래서 학습문제는 그날의 공부목표이자 그날 수업에서 가장 중요한 내용이 무엇인지 알려주는 지표라고 할 수 있습니다. 따라서 수업 후에 복습을 시작하는 학생이 책을 펴면서 단원 제목과 함께 가장 먼저 확인해야 하는 것이 바로 학습문제입니다.

복습은
3번 하자

———————— 복습을 안 하는 것 보다 하는 것이 기억과 이해에 도움이 되지만, 한번 복습으로는 사실 부족합니다. 배운 내용은 최소 3번은 복습해야 합니다. 공부한 내용은 완전히 이해되지 않거나 이해가 되었다 하더라도 금세 잊어버리기가 십상입니다. 공부한 내용을 잊지 않고 오래 간직하는 비결은 반복을 통해 단기기억을 장기기억으로 전환하는 방법뿐입니다. 기억이 오래가게 하려면 반복의 횟수를 늘려야 합니다.

그렇기에 우등생들이 공통적으로 강조하는 것도 반복 학습입니다. 공부에 별다른 왕도는 없습니다. 그들이 공부를 잘하는 것은 그저 내용을 이해하고 기억할 수 있을 때까지 우직하게 반복해서 익힌 덕분입니다. 익히는 일은 정직합니다. 간신히 이해한 것 같긴 한데 모호함이 사라지지 않는 지식, 아는 것 같은데 금세 잊혀서 답답한 지식일수록 더욱 반복해서 복습해야 합니다. 공부의 달인들은 모두 이런 방식으로 탁월함에 도달했습니다.

수업 직후
복습

———————— 그렇다면 여러 번의 복습은 언제, 어떻게 하면 좋

을까요? 여러 번의 복습을 위해 따로 시간을 낼 수도 있겠지만 초등학생은 현실적으로 '배운 내용은 방과 후 복습한다'는 원칙으로 학교 수업을 최대한 활용하여 복습 횟수를 늘리도록 권합니다.

우선 학생들이 최초의 복습을 할 수 있는 시간은 학교 수업이 끝날 무렵입니다. 즉, 수업 시간이 끝나는 종이 치기 직전의 시간 또는 수업이 끝난 직후의 쉬는 시간입니다. 이때는 보통 수업의 주요 내용이 모두 제시되었고, 남은 활동을 정리하거나 마무리하고 있는 상황입니다. 1, 2분밖에 되지 않는 이 짧은 시간에 학생들은 주의를 집중하는 방법으로 간단히 복습을 할 수 있습니다. 방법으로 치면 '연상하기' 방법입니다. 종이 없이 생각으로만 방금 배운 내용을 연상해 보는 것이지요. '이번 시간에 뭐 배운 거지?'라고 생각하면서 수업에서 가장 중요했던 내용, 수업 내내 고심했던 내용을 한번 떠올려 보는 것입니다.

아무것도 쓰지 않고 그냥 생각만 한다고 복습이 될까 싶지만, 내용을 떠올리는 것만으로도 복습의 효과는 발동됩니다. 방금 배운지라 내용을 떠올리는 것 또한 그리 어렵지 않습니다. 보통 수업 마지막에 선생님이 던지는 '오늘 배운 내용은 무엇이었나요?'와 같은 질문도 사실은 이런 연상 작용을 돕기 위한 것입니다. 이때 배운 내용을 잘 떠올릴 수 있으면 공부가 잘된 것이며, 기억을 일부러 떠올려 출력을 하는 것이기에 떠올리지 않을 때보다 머릿속에 한 번 더 각인되는 효과가 있습니다.

만약 무엇을 배웠는지 떠올릴 수 없다면 지금 책상 위에 펼쳐져 있는 책이나 공책을 얼른 찾아보면 됩니다. 그러고도 알 수 없다면 수업 직후에 선생님께 질문을 할 수도 있습니다. 수업 직후의 연상하기는 이렇게 복습도 되고, 수업 내용을 잘 배웠나를 스스로 점검하는 일종의 수업 피드백도 됩니다.

수업이 끝날 무렵, 책상에 앉아 잠시 이런 연상의 시간을 가지면 좋겠지만 쉬는 시간에는 화장실도 가야 하고 쉬기도 해야 하기에 따로 시간을 갖기 어려울 수 있습니다. 그럴 때는 화장실 가는 동안이나 이동하는 중에 머릿속으로 수업 내용에 대한 질문을 던지고 마음속으로 답을 떠올려보면 됩니다. 공부는 생각을 움직여서 하는 것이기에 의지를 가지고 수업 내용을 머릿속으로 그려보거나 마음속으로 말해보는 것만으로도 공부가 됩니다. 매 수업 시간 직후마다 이렇게 연상하기 복습을 할 수 있다면, 그리고 이것이 매일같이 쌓이면 연상을 하지 않았을 때와 비교할 때 분명한 차이가 생기게 됩니다.

방과 후
복습

두 번째 복습은 방과 후의 복습입니다. 방과 후 시간은 오늘 학교에서 배운 것을 학생 스스로 익히기에 가장 좋은 시간이라고 할 수 있습니다. 배움과의 시간도 멀지 않아 오늘 배운 내용이 아직 머릿속에 온기를 갖고 남아있는 시점이기도 합니다. 그래서 방과 후 복습 시간은 복습 학습자에게 가장 중요한 공부가 이루어지는 시간이자, 복습으로 하는 자기주도 학습의 핵심 동력을 만드는 시간이라고 할 수 있습니다. 이 시간에 무엇을 하느냐, 얼마나 할 수 있느냐가 공부의 성패를 좌우한다고도 말할 수 있습니다.

많은 학생이 방과 후 복습의 방법으로 수업에서 배운 부분의 과목별 문제집 풀기를 선택합니다. 이 방법은 문제풀기 한가지로 단순하고, 피드백으로 채점만 하면 되기에 비교적 간단합니다. 시중에 좋은 문제집도 많아 복습의 질이 어느 정도 보장된다는 장점도 있습니다. 매일 공부하는 습관이 전혀 없던 학생이 갑자기 스스로 생각하는 복습을 하자면 무엇을 해야 할지 막막해질 수 있습니다. 그래서 필자도 스스로 공부를 시작하는 몇몇 학생에게 과목별로 학교 진도에 맞추어 풀 수 있는 문제집으로 복습을 해 보도록 권유하기도 했습니다. 복습을 위해 사용하는 문제집은 학교 진도를 따라 복습하기 좋도록 내용의 흐름이 교과서의 진행 순서에 맞추어진 것을 선택하는 것이 좋습니다.

문제집 풀기 복습법은 단순합니다. 수업이 끝나면 집에 돌아와 오늘 시간표대로 문제집을 꺼내 배운 부분을 펴고 책상 위에 죽 쌓아놓

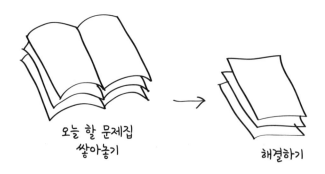

오늘 할 문제집
쌓아놓기

해결하기

습니다. 그리고 한 권씩 풀어나가는 것이지요. 오늘 배운 곳에 해당하는 부분을 이렇게 다 풀고 나면 채점을 합니다. 몰랐거나 틀린 문제는 바른 풀이를 확인합니다.

문제집만 푸는 복습에서도 채점은 중요합니다. 문제집을 풀면서 주의해야 할 점은 '얼마나 많이 맞힐 수 있는가'가 아니라 '내가 틀린 문제가 무엇이고 거기에 어떤 내용이 들어있냐' 하는 것입니다. 이 틀린 문제들의 내용을 알아내고 익혀서 오늘 복습으로 푼 문제에서 모르는 것이 없는 상태가 된다면 오늘의 문제집 복습은 일단 성공입니다. 몰라서 생겼던 심적 표상의 구멍 또한 그만큼 줄어들었습니다.

문제집 풀기로 복습을 시작하는 학생에게는 부모님이 채점을 매일 일정하게 해 주는 것이 큰 도움이 됩니다. 매일의 채점이 학생으로서는 꼼꼼한 피드백이 되고, 부모로서는 아이에 대한 꾸준한 관심과 응원의 표현이 되기 때문입니다. 이 경우 학생이 복습을 끝낸 문제집을 쌓아두면 부모는 채점해 놓습니다. 다음날 학생은 복습을 시작할 때 어제 푼 문제 중 틀린 문제를 확인한 후 오늘 분량의 문제를 푸는 방식으로 진행합니다. 그러나 부모의 피드백보다 더 좋은 방식은 문제를 푼 직후 학생이 오늘 푼 문제를 채점하는 것입니다. 문제를 푼 직후에 정답을 확인하는 것이 문제를 풀면서 가졌던 의문점을 세세한 부분까지 해결하는데 더욱 도움이 되기 때문입니다. 채점으로 피드백을 잘하기 위해서는 틀린 문제의 선지 하나하나가 왜 틀리고 맞았는지 생각해 보고 그 선지의 문구를 어떻게 맞게 수정할 수 있는지 생각해 보아야 합니다. 수학 문제의 경우라면 틀린 문제를 확인하는 즉시 다시 풀어보는 것이 가장 좋습니다.

이렇게 매일 배운 곳을 따라 문제집을 꾸준히 풀기만 해도 훌륭한 방과 후 복습이 됩니다. 필자가 담당했던 학생 중에도 학교 공부만 해오다가 숙제로 문제집 풀기 복습을 시작해 학년 말에는 공부가 나아졌다고 고백하는 학생들이 여럿 있었습니다. 비록 숙제로 시작된 복습이었지만 꾸준히 실천해 공부의 효과가 나타나게 된 것입니다. 스스로 하는 공부가 처음이라 시작하기가 주저되는 학생이라면 이렇듯 매일 배운 만큼의 문제집을 풀고 피드백을 실천하는 일부터 해 보길 권합니다. 머지않아 이해도가 눈에 띄게 올라가고 실력이 향상되는 느낌을 받게 될 것입니다. 그러나 문제집에만 의존하는 복습이 아닌 교과서 중심의 효과적이고 근본적인 방과 후 복습법이 궁금하다면 지금부터 제안하는 복습법에 주목해야 합니다.

석기시대로 알아보는
최강 방과 후 복습법

앞에서 어떤 지식을 완전히 내 것으로 만든다는 것은 새로운 무기를 장착하는 일과 비슷하다고 했습니다. 가치 면에서는 금은보화를 얻었다고 표현할 수도 있겠습니다만 일단 얻고 나면 그것을 더욱 활용하고 확장한다는 측면에서 공부하는 일은 금은보화보다는 무기를 얻은 것에 더 가깝습니다. 복습을 자기주도적이고 유용한 것으로 만들자면 그 안에서 피드백도 일어나야 하고 지식도 스스로 습득하는 등 할 일이 많습니다. 그래서 이러한 과정의 모델이 될만한 3단계 복습 과정을 이해하기 위해 지금부터 석기시대인이 되어보려 합니다. 한번 출발해 볼까요?

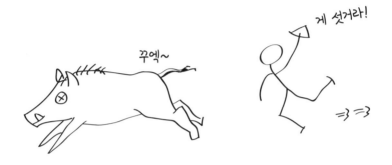

1단계: 손에 있는 무기를 확인한다 – 출력으로 남은 지식 확인하기

딩／동＼댕／동＼! 수업이 끝나는 종이 울리고 하교 시간이 되었습니다. 피로를 느끼며 학교에서 돌아온 여러분은 흡사 이제 막 사냥에서 돌아온 지친 석기시대인 같습니다. 다음 사냥을 준비하려면 먼저 손에 남아있는 무기가 무엇이 있는지 파악해야 합니다. 집에 남은 도구를 가만히 살펴보니 나무 다듬을 때 쓰는 찍개뿐이고, 쓰기 좋던 주먹도끼는 오늘 멧돼지를 잡는 과정에서 분실했습니다. 줄에 묶어서 쓰는 사냥돌은 사냥 때 무리하게 쓰다 보니 현재 2개뿐입니다.

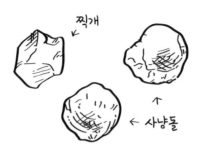

학교에서 돌아와 먼저 할 일은 내게 남아있는 무기를 확인하는 일입니다. 수업에서 설명을 들었고 여러 가지를 익혔으나 그 지식이 다 내 것이 된 것은 아닙니다. 그러므로 학습자는 설명하기나 연상하기로 학교에서 배운 지식 중 내가 이해하고 있는 것이 무엇인지 확인해야 합니다. 뜻부터 내용까지 줄줄 쓸 수 있고 동생에게 말로 설명할 수 있다면 안심입니다. 그 무기는 지금 내 손에 있는 것입니다. 하지만 알고 있는 것 같은데 쓸 수 없는 것도 있고 기억에서 아예 지워진 것도 있게 마련입니다. 오늘 복습의 대상은 바로 이 쓸 수 없는 것, 기억에서 지워진 것에 있습니다. 이렇게 파악한 현재 상태를 바탕으로 오늘 해야 할 공부가 정해집니다. 공부의 달인들은 방과 후 복습 시 첫 번째 하는 일로 이렇듯 백지복습이나 설명하기 같은 지식을 출력하는 일을 선택합니다.

2단계: 무기를 수집한다 - 입력으로 교과서에서 놓쳤던 지식을 수집하기

'언제라도 맹수를 만날 수 있는데 이러고 있을 때가 아니지'라고 생각하며 이제 여러분은 잃어버린 주먹도끼를 대신할 괜찮은 돌멩이를 찾으러 집을 나섭니다. 새로운 주먹도끼가 필요하지만 크게 걱정하지 않습니다. 우리 가족이 사는 동굴 아래쪽으로 손에 쥘만한 크기의 잔돌이 많은 장소를 알고 있기 때문입니다. 과연 그곳에는 조금만 다듬으면 금세 무기가 될 만한 돌들이 많습니다. 전체적으로 둘러보며 어느 정도 괜찮아 보이는 돌을 일단 다 챙깁니다.

'이 돌은 주먹도끼는 아니더라도 열심히 다듬으면 막대에 달아 슴베찌르개로 쓰면 되겠어!'

이런 돌은 은근히 만나기 힘든데 모처럼 괜찮은 무기 재료를 얻었다는 생각에 횡재한 기분이 듭니다.

좋은 돌이네! 담아가자~

무기 수집에 나선 석기시대인처럼 여러분도 이제 교과서를 펴고 수업 시간에 놓쳤거나 이해가 부족한 채로 남겨둔 지식을 수집합니다. 정보를 촘촘히 빠르게 받아들일 수 있는 교과서 읽기를 통해서 말입니다. 교과서를 읽다 보면 선생님 말씀도 떠오르고 때로는 '이런 것이 있었나?' 싶은 내용도 발견합니다. 수업 시간에는 챙길 수 없었던 내용 간의 연결 관계도 자연스레 알게 됩니다. 잃어버렸던 무기, 놓친 것조차 몰랐던 무기들이 이런 과정을 통해 내 것이 됩니다.

학생들은 보통 교과서를 잘 읽지 않습니다. 모르는 내용이 나와도 교과서를 찾아볼 생각을 쉽게 하지 못합니다. 직접 읽고 찾아내기가 자신 없고 귀찮은 것입니다. 누군가 말해 주거나 영상으로 정리해 주는 것에 익숙한 학생들은 교과서에 쓰인 내용을 뻔히 보고 있으면서도 파악하지 못하는 경우가 허다합니다. 그러나 앞서 말했듯이 교육과정에서 다루어야 할 내용이 빠짐없이 들어 있는 문서는 학생 곁에 있는 교과서뿐입니다. 어떤 내용이 반드시 알아야 할 내용인지 불분명하다면 교과서를 보면 됩니다. 교과서를 읽고 그 안에서 유용한 지식을 찾아내는 능력은 스스로 공부하는 능력 중에서도 핵심 기술이기에 너무나도 중요합니다. 복습 때마다 교과서를 읽고 필요한 지식을 발굴하는 작업을 매일같이 하는 학생에게는 이제 교과서에서 지식을 추출하는 일이 쉽고 자연스러운 일이 됩니다.

3단계: 무기를 만들고 써 본다 - 지식 활용하고 정리하기

무기 수집을 끝낸 여러분은 이제 동굴로 돌아와 수집한 돌들을 살펴보고 용도별로 분류합니다. 사냥돌이 될 것도 있고 다듬어서 주먹도끼를 만들면 좋을 것 같은 돌도 있습니다. 이제는 가져온 돌을 서로 부딪치고 떼어내어 본격적으로 내가 필요한 도구로 만듭니다. 만든 무기와 도구가 제대로 되었는지 확인하기 위해서는 역시 사용해봐야 합니다. 사냥에 쓸 수 있을 만큼 날카로운지, 가죽과 고기를 분리할 만큼 잘 드는지 써 보고, 부족하다 느껴지면 더 다듬을 수도 있습니다. 이렇게 완성된 무기는 한쪽에 종류별로 잘 보관합니다.

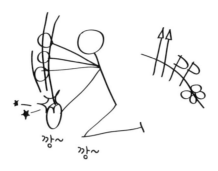

3단계 복습에서 필요한 일도 이와 같습니다. 석기를 떼어 다듬듯이 교과서를 통해 얻은 지식은 공책정리를 위해 더욱 가공됩니다. 이해하기 어려웠던 표현은 자신이 이해한 말과 예, 그림 등으로 다듬어지고, 공책에는 찾기 좋게 배치되어 내가 원하는 방식으로 정리, 기록됩니다.

무기의 성능을 알아보는 가장 좋은 방법은 무기를 써 보는 일이듯, 공부가 잘되었는지 알아보기 위해서는 그 지식을 적용하여 문제를 풀어보아야 합니다. 새로 얻은 지식을 혼동 없이 여러 상황에 적용하여 문제를 풀 수 있다면 그 지식은 쓰기 좋은 상태로 내 것이 된 것입니다.

잘 이해하고 정리한 지식은 이제 머릿속에 저장하고 암기해야 합니다. 필요할 때마다 꺼내어 다시 쉽게 쓰기 위해서입니다. 마치 잘 만든 도구와 무기들을 창고에 줄지어 보관하는 것처럼 말입니다.

4단계(추가단계): 무기를 수리하거나 개량한다 - 심화 학습 하기
새 도구로 사냥을 해 보니 이번에 만든 슴베찌르개는 꽤 유용했습니다. 그런데 날쌘 동물을 사냥하자면 지금보다는 조금 더 날이 서는 것이 좋겠다고 생각했습니다. 주먹돌은 쓰기는 좋았는데 개수가 더 많아야겠습니다. 다음 수집 때는 주먹돌을 집중적으로 찾아봐야겠습니다.

사냥에서 돌아온 석기시대인이 이제 할 일은 낮에 생각했던 대로 무기를 업그레이드하는 것입니다. 새로 만들거나 다듬은 돌을 사냥에 써 보는 과정에서 개량할 아이디어를 얻게 되었고 해야 할 일이 추가되었습니다.

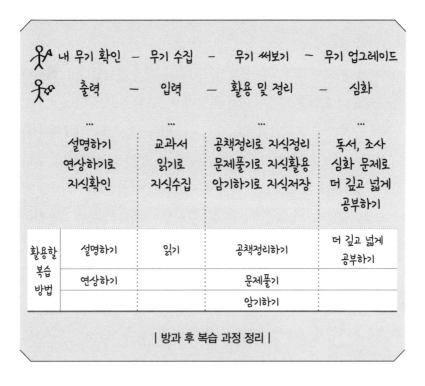

| 방과 후 복습 과정 정리 |

내가 가진 무기를 더 쓰임새 있게 만들겠다고 생각하는 것처럼, 복습 학습자가 공부한 내용을 더 깊이 들어 가보고 싶다면 이제 복습은

심화 학습으로 나가게 됩니다. 교과서와 수업 내용에서 한 걸음 더 나아가서 관련된 내용의 책을 찾아 읽어보고 보다 확장된 지식을 습득합니다. 기본 문제들을 다루는 데 익숙해졌으니 이제는 보다 사고력을 요구하는 응용 문제를 풀어보기도 합니다.

더 깊고 넓게 공부하는 일은 정해진 복습 시간 외에 이루어집니다. 관련된 책을 찾아 여유 시간에 읽어보기도 하고, 품었던 질문을 해결하기 위해 따로 시간을 내어 자료를 조사해 볼 수도 있습니다. 더 알고 싶고, 익힌 내용을 더 발전시켜보고 싶은 열정 있는 학생들은 네 번째 단계라고 할 수 있는 '더 깊고 넓게 공부하는 복습'까지 나가게 됩니다.

이 과정들은 매일 과목별로 하루 동안에 이루어져야 할 과정입니다. 정확한 할 일과 의미를 설명하기 위해 비유와 그림으로 길게 설명했지만 실제로 할 일은 의외로 단순합니다. 배운 내용을 연상해 보고, 교과서로 확인한 후, 문제풀기나 공책정리하기 등 과목별로 정한 일 한 가지를 하는 것입니다. 심화는 모든 과목에서 할 필요가 없고 자신이 흥미 있는 것이나 필요한 과목만 한두 가지 활동을 하면 됩니다.

매일 복습을 이렇게 해 두면 각 과목의 수업 내용을 배운 당일에 매우 밀도 높게 익힐 수 있습니다. 또한 백지복습한 종이, 공책정리한 것, 문제집에 풀고 채점한 것, 중요한 내용을 표시한 교과서 등이 매일같이 자료로 남아 이후에 추가 복습의 든든한 자료가 됩니다.

단원정리를
활용한 복습

학교 진도에 맞추어 매일 복습하는 방식으로 공부하다 보면 자연스럽게 단원 전체의 내용을 복습할 수 있는 기회가 찾아옵니다. 바로 각 과목에서 단원정리 차시를 공부할 때입니다.

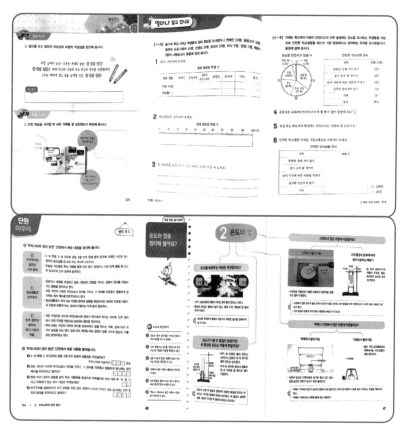

| 각 과목 교과서의 단원정리 차시 페이지 ©교육부 |

과목마다 단원의 마지막에는 그 단원의 내용을 정리하는 수업으로 한 시간을 구성하고 있습니다. 이것이 단원정리 차시입니다. 단원정리에서는 핵심 내용이 표나 마인드맵으로 정리되어 있기도 하고, 단원 마무리 문제를 제시하거나, 과학의 경우 학생이 직접 마인드맵을 그릴 수 있는 붙임딱지와 빈칸이 제공되기도 합니다.

이렇게 단원정리 차시를 공부한 날에는 방과 후 복습으로 그 단원 전체의 내용을 정리하는 복습을 해야 합니다. 이날은 학교에서도 그 단원의 핵심내용이 무엇이었는지 정리하고 되돌아보는 수업을 했기 때문에 복습해야 할 내용의 절반 이상이 학교 수업 시간에 끝난 것이나 다름없습니다. 그러므로 방과 후 복습 때는 이러한 수업 내용에 더하여 교과서에 정리된 '단원정리' 내용을 읽어보고, 마인드맵을 보충하여 그

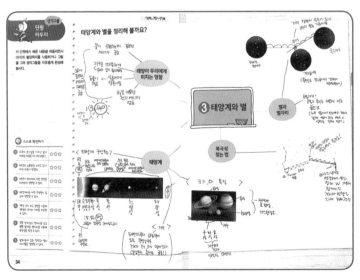

| 과학 단원정리 교과서를 이용하여 만든 마인드맵, 5학년 1학기 실험관찰 34쪽, 35쪽 |

려보고, 교과서 문제를 풀어보는 등 단원정리 차시에 다루는 교과서 내용을 200% 활용하는 것이 좋습니다.

매일 방과 후 복습을 충실히 해온 학생이라면 단원정리 차시를 공부한 날만큼은 단원 전체의 내용을 돌아보는 것이 좋습니다. 이날의 방과 후 복습은 그 단원 전체의 교과서를 다시 훑어보며 주요 내용으로 무엇이 있었나 연상해 보고, 공책정리 내용을 넘겨보며 상기하는 시간으로 삼는 것입니다.

문제집으로 복습한다면 단원 전체의 문제가 순서 없이 섞여 있는 단원정리 문제를 풀면서 단원 전체 범위에서 모르는 구멍이 있는지 스스로 점검해보는 공부를 하는 것입니다. 단원의 소제목들을 써놓고 생각나는 것을 써 보는 백지복습을 하거나 단원의 전체적인 내용을 혼자 설명해 보는 방식의 복습도 좋습니다. 수업과 매일의 복습으로 이미 공부한 내용이기 때문에 내용 하나하나를 자세히 다시 공부하기보다는, 공부했던 책, 공책, 문제집 등을 둘러보며 중요했던 내용, 이해가 약했던 내용을 떠올리고 전체를 빠르게 둘러보는 것입니다.

단원 전체 내용을 복습하는 날짜로 따로 만들거나 주말에 시간을 내어 복습하기보다는 이렇게 단원정리 수업의 진도에 맞추어 단원을 전체적으로 복습하는 것이 초등학생에게는 더욱 실천하기 좋은 추가 복습 방법이라고 하겠습니다.

시험을 위한
복습

초등학교의 수행평가 및 단원평가는 더 이상 학생들을 한 줄로 세우는 기능을 하지 않습니다. 초등학교 교육의 목표는 모든 학생의 완전학습, 즉 학습목표 도달에 있습니다. 그래서 지역별, 학교별로 다소 차이가 있지만 많은 학교가 학생들에게 수행평가 재도전의 기회를 주고 있습니다. 평가를 통해 부족한 부분을 발견하고, 이를 보완해서 다시 평가받도록 하는 것입니다. 따라서 학교에서 제공하는 각종 평가를 잘 활용하면 현재 학생의 공부 정도를 객관적으로 확인하는 한편, 과목별로 놓쳐선 안 될 중요한 학업 성취를 빈틈없이 달성할 수 있습니다.

그렇기에 평가는 학교에서 공식적으로 제공하는 중요한 피드백의 기회라고 할 수 있습니다. '초등학교 시험은 등수나 점수가 나오지 않으니 대충해도 된다.'와 같이 임할 것이 아니라 다 맞히겠다, 매우 잘함을 받고 말겠다는 생각으로 매번 최선의 노력을 기울여 준비해야 합니다. 이런 자세로 수행평가를 준비하는 학생이 좋은 성적을 거두는 것은 물론, 학교 시험을 통해 자신의 실력을 높이는 모습을 필자는 무수히 보아왔습니다. 초등학교의 필수 공부를 이렇게 탄탄하게 쌓아 올린 학생이 결국 중고등학교 이후의 평가에서도 저력을 발휘하게 되는 법입니다.

그렇다면 학교 시험이 임박했을 때 시험을 대비한 복습은 어떤 방식으로 해야 할까요?

선생님이 강조했던 곳에 주목한다

수행평가는 수능 시험처럼 전체 내용을 뒤섞어두고 아는지 묻는 시험이 아니라 이번 단원에서 배운 내용을 제대로 알고 있는지 확인하는 평가입니다. 따라서 평가에서 물어볼 부분은 선생님의 수업 내용과 교과서 내용일 수밖에 없습니다. 많은 내용 중에서도 선생님이 강조하고 반복한 내용이 있을 것입니다. 선생님은 수업할 때 각 차시 목표, 즉 성취기준을 만족시킬 수 있는 수업 목표를 세우고 달성하기 위해 그동안 달려왔습니다. 따라서 선생님이 강조하고 반복한 내용을 떠올리면 학습문제에서 벗어나지 않으면서 공부할 수 있고 그것이 곧 그 수업이 전달하고자 하는 핵심이라고 할 수 있습니다.

교과서의 질문, 교과서의 문제를 복습한다

그다음은 교과서입니다. 교과서 역시 각 질문은 학생들의 사고 흐름을 학습문제 달성으로 끌고 가도록 치밀하게 계획되어 있습니다. 따라서 시험이 임박할수록 교과서의 질문과 내가 썼던 답들을 잘 읽어보는 것이 중요합니다. 내가 쓰긴 했지만 시간이 지나면 잊어버리기 때문입니다. 단, 시험에 대비하고 있는 지금은 교과서의 질문과 문제들이 결국 나에게 무엇을 알려주려고 하는 것인가를 생각하면서 읽습니다. 이렇게 하면 단원의 흐름과 핵심을 파악하는 데 도움이 됩니다.

시간이 있다면 목차를 활용하여 전체 내용을 떠올린다

사회 같은 경우 한 학기는 3개가량의 큰 단원으로 이루어져 있습니다. 1개월 이상 2개월 가까이 배운 내용이라 분량이 상당합니다. 이럴 때는 기억해야 할 내용이 많으므로 머릿속 목차 서랍에 주요 내용을 담는 작업이 필요합니다. 교과서를 넘기면서 각 소단원에서 배웠던 주요 내용을 순서대로 떠올려봅니다. 처음 보는 내용이 아니기 때문에 각 소단원 안에 핵심어가 무엇이 있었고 그 뜻은 무엇이었는지 떠올리는데 시간이 그리 많이 걸리지 않습니다. 교과서를 읽으면서 해도 좋고 공책정리한 것을 보면서 해도 좋습니다. 단원정리로 복습한 지가 얼마 되지 않았다면 아예 백지를 꺼내어 목차를 적어놓고, 그 하위 내용을 한 번 써보는 방법도 있습니다. 중요한 것은 시험을 대비하는 것인 만큼 단원 전체 내용 중에서 주요 내용부터 그 뜻까지 구멍이 없도록 하는 것입니다. 시험공부 중에 공부가 부족한 구멍이 발견되었다면 그 구멍부터 메워야 합니다.

시간이 없다면 평소 복습할 때 중요한 곳, 틀렸던 곳을 본다

시험이 임박했고 시간이 별로 없다면 전체를 공부하기보다는 평소 약했던 곳, 중요한 곳을 중심으로 공부하는 것이 맞습니다. 수업 후 복습, 방과 후 복습 그리고 단원정리 공부까지 충실히 한 학생이라면 더러 모르는 부분은 있을지라도 단원 전체는 어떻게 생겼고 무엇이 중요한지 정도는 이미 파악이 끝났을 것입니다. 교과서의 중요한 곳에는 밑줄이 쳐져 있고, 공책에는 주요 내용이 정리되어 있으며, 문제집은 이미 풀어서 채점되어 있을 것입니다. 이제는 밑줄 친 곳, 공책에 정리된 것, 문제집에서는 틀렸던 것을 집중적으로 봅니다. 이렇게 하면 시험이 임박했을 때 아는 것을 또 공부하는데 에너지를 쓰지 않고 모르는 것, 아는 것 같은데 부실한 것, 중요한 것에 집중하여 공부 효과를 높일 수 있습니다.

시험 당일, 시험 직전에 공부한다

시험 당일, 시험 직전에 모든 공부가 끝나서 공부하지 않고 여유롭게 있을 수 있다면 참 멋져 보일 것입니다. 하지만 현실은 누구나 공부한 내용이 쉽게 잊히고 잘 알고 있었던 내용도 시험 직전에 아득해지고 헷갈리기 시작합니다. 이런 일을 방지하기 위해서는 시험 직전에 꼭 기억하고 싶은 주요 내용을 잠시 보는 것이 필요합니다. 책이나 공책을 볼 수 없다면 머릿속에 떠올려보는 것도 좋습니다. 한 번이라도 더 꺼내 볼수록 기억은 더욱 견고해지고 오래간다는 것을 잊지 마세요. 시험 직전에 한 번 떠올리는 것도 기억을 한 번 더 꺼내는 일이기에 또 한 번의 유용한 복습이 될 수 있습니다.

시험을 실력 점프의 기회로 활용하자

평가는 교사에게 있어서 학생의 학습 결손을 확인하고 보완할 중요한 기회입니다. 이 점은 학생과 학부모에게도 같습니다. 초등학교에서 배우는 지식은 당장 수능 시험에 쓸 지식은 아니지만, 앞으로의 공부에 바탕이 되는 것들이기에 길게 봤을 때 내용을 이해하고 익히는 일 자체가 너무나 중요합니다. 당장 눈앞의 100점에 연연하지 않고 '내 공부에서 부족한 부분이 무엇인가?'에 집중한다면 초등 시험은 그 자체로 결정적인 피드백 기회가 됩니다. 시험은 힘을 다해 공부해 볼 계기를 마련해주며, 시험에서 틀린 문제는 부끄러움이 아닌 공부거리가 되는 것입니다. 또한 시험 결과가 아닌 시험공부 과정에 의미를 두는 자세를 다지는 한편, 시험을 실력 도약의 기회로도 활용할 수 있을 것입니다.

예습에
대하여

─────────── 수업 전에 예습이 꼭 필요하다는 사람도 있고 필요 없다고 말하는 사람도 있습니다. 예습은 공부 내용을 받아들이기 위한 일종의 준비 작업이라고 보면 됩니다.

이런 경우를 생각해 봅시다. 누군가 긴 글을 여러분에게 건네주고는 주자마자,

"글의 내용이 이상하지 않아?"

와 같이 갑자기 글의 내용에 관해 이야기를 시작한다면 어떨까요? 아마도 대부분의 사람은 모두 당황해할 것입니다. 아무리 사전시식이 풍부하고, 물어보는 사람이 글의 내용을 잘 요약해 준다고 하더라도 듣는 사람에게는 글에 대한 정보가 부족한 상황입니다.

수업도 이와 같습니다. 수업을 시작할 때 학생은 배우려는 내용을 모르기 때문에 선생님과 학생 사이에는 큰 정보 차이가 존재합니다. 이 정보 차이를 줄여서 수업 내용을 이해할만한 것으로 만들어주는 일

이 바로 예습입니다.

예습을 많이 할 필요는 없습니다. 예습과 복습 둘을 놓고 본다면 복습이 더욱 중요합니다. 그러나 수업 시간 동안 되도록 많은 내용을 소화하고 싶다면 예습을 하는 것이 좋습니다. 특히 배우려는 내용이 나에게 어려운 내용이라면 예습을 추천합니다. 어떤 내용이 어렵게 느껴진다는 것은 그만큼 수업 내용과 나의 지식 사이의 정보 차이가 크다는 뜻이기 때문입니다. 수학이 힘든 학생은 수학 예습을, 사회가 약점인 학생은 사회를 예습하는 것이 도움이 됩니다.

예습의 분량은 수업 전 교과서 한번 읽기 정도로 충분합니다. 수업에서 어떤 내용을 배우게 되는지, 내가 이미 알고 있는 내용과 알지 못하는 내용, 모르는 용어 등이 무엇인지 확인하는 정도면 됩니다. 이렇게 교과서 읽기를 통해 수업 전에 내가 아는 것과 모르는 것을 구분해 두면, 수업에서 내가 모르는 부분이 나올 때 더욱 힘을 기울여 수업에 집중할 수 있게 됩니다.

예습을 위해 따로 시간을 내는 것은 사실 어렵습니다. 그러므로 예습을 하고자 하는 학생은 방과 후 복습을 하고 교과서를 덮기 전에 다음 수업 부분을 읽어보는 것으로 예습을 할 수 있습니다. 또는 수업 시작 직전에 교과서를 잠시 둘러보는 방식으로 예습을 해도 좋습니다. 그저 어떤 내용이 있는지 확인하는 정도면 되기 때문에 예습 중에 모르는 내용이 나온다고 따로 공부하거나 걱정할 필요는 없습니다. 모르는 부분에 별표를 쳐 두고, 수업 시간에 예습 때 가졌던 그 질문을 다시 떠올릴 수만 있으면 그것으로 충분합니다.

일반적으로 예습은 학생의 필요에 따라 할 수도 있고 안 할 수도 있습니다만, 학습자가 인터넷 강의나 온라인 수업을 듣는 중이라면 강의를 듣기 전에 꼭 배울 부분의 교과서 읽기를 추천합니다. 온라인 수업은 오프라인 수업처럼 직접 참여하거나 체험하는 수업이 되기보다는 보통 교사가 내용을 일방적으로 전달하는 방식의 수업 형태가 됩니다. 게다가 선생님과 친구들의 시선도 없다 보니 학생은 수업에 임하는 자세가 느슨해지고 수업을 적극적으로 생각하며 듣지 않기가 쉽습니다. 환경적으로 오프라인 수업에 비해 수업 집중도를 유지하기가 어려운 것입니다. 그래서 온라인 수업을 할 때 교사는 학생들의 수업 집중도와 긴장감 유지를 위해 수업을 다소 빠르게 진행하는 것이 일반적입니다. 진행속도가 빠른 온라인 수업을 차질 없이 따라가자면 교과서 읽기 예습으로 수업에 대한 사전지식을 가지는 것이 유리합니다. 수업이 앞으로 어떤 내용으로 전개될지 알고 있으면 여러 자료 영상이 제시되거나 선생님의 이야기가 좀 빨라도 원활하게 수업을 이해할 수 있습니다.

국어
복습

전체적으로 매일의 복습, 단원 정리 복습, 시험을 위한 복습을 차례로 알아보았습니다. 이제는 과목별 복습 방법을 제안합니다. 과목은 저마다 학문적 특성이 다르기에 효과적인 복습 방법도 조금씩 차이가 납니다. 여러 가지 공부 방법이 있을 수 있겠지만 이 책에서는 과목별 특성을 소개하고 여기에 맞추어 방과 후 복습이 어떻게 이루어지면 좋을지 과목별 방과 후 복습 절차를 제안합니다.

국어,
모든 공부의 기초

우리 말과 글을 공부하는 과목인 국어는 실제 역할과 중요성에 비해 학생과 학부모들에게 가볍게 생각되는 과목입니다. 그래서인지 일반적으로 한글 떼기나 논술의 형태로 관심을 갖지만 수학이나 영어처럼 학교 밖에서 따로 공부하거나 국어만을 위해 학원에 다니는 경우는 드뭅니다. 수학의 연산이나 영어 어휘처럼 국어의 영역을 따로 훈련하는 교재 역시 흔하지 않습니다.

그러나 국어는 오랜 시간 꾸준히 성실하게 노력해야 실력이 느는 과목입니다. 수학은 형식이 일정하여 어떤 내용을 알고 모르고가 분명한 명시적 지식이 주가 되는 데 반해, 언어인 국어는 암묵적 지식의 영역이 더 많습니다. 명시적 지식(explicit knowledge)은 지식의 한 종류로 명시적으로 알 수 있는 형태, 즉 형식을 갖추어 표현되고 전파와 공유가 가능한 지식입니다. 반면 형식을 갖추지 못한 지식을 암묵적 지식(tacit knowledge)이라고 합니다. 이는 학습과 체험을 통해 개인에게 습득돼 있지만 겉으로 드러나지 않는 상태의 지식을 뜻하는 것입다. 자전거를 타는 방법이나 외국어를 듣고 말하는 능력 등이 암묵적 지식에 해당합니다.

즉, 국어는 과목의 특성상 지식을 안다고 해도 그 지식을 전달하거나 활용하기 어려우며, 연습과 훈련을 통해 익혀야 비로소 사용할 수 있는 부분이 많다는 뜻입니다. 그래서 읽고 쓰기를 배우기만 해서는 그 기능이 비약적으로 발전하기 어렵고, 학생 자신이 직접 읽고 써보면서 기능을 연마하는 경험을 충분히 가져야 성과를 기대할 수 있습니다. 고학년 국어 부진 학생의 학력 향상이 쉽지 않은 것은 국어 부진이 단지 몇 가지 지식을 몰라서가 아니라 저학년부터 생활 속에서 여러 국어 지식과 기능들을 사용하고 훈련한 경험이 적어서 겪는 어려움이어서입니다.

국어 능력은 이렇듯 국어 활용 경험과 관련되어 있어 학교에서는 국어와 관련된 활동과 행사를 많이 합니다. 저학년의 경우는 교사가 말하는 바를 잘 듣고 인지하도록 훈련하고, 기본적 발표 습관을 잡아주려고 노력합니다. 고학년에서는 듣기와 말하기 활동으로 토론을 많이 합니다. 수업 시간 중 토론에 적극적으로 참여하는 것만으로도 이 기능들을 크게 향상시킬 수 있습니다. 또한 독서를 열심히 할 수 있도록 온책읽기 활동(한 학기 동안 책 한 권을 끝까지 깊이 읽고 다양한 생각을 나누는 독서 활동), 다독을 돕는 도서관 행사 등을 진행하고, 글쓰기 대회를 열기도 합니다. 이 모든 활동은 학생 역량의 근간이 되는 국어 능력을 향상시키기 위한 종합적인 노력입니다. 따라서 학교 내의 여러 행사와 활동에 적극적으로 참여하고 즐기는 것이 따로 시간과 비용을 들이지 않으면서도 학생 개인적으로 부족할 수 있는 국어 활용 경험을 자연스럽게 늘릴 수 있는 좋은 방법입니다.

많은 사람이 글 쓰는 방법은 논술학원에서, 말하기 요령은 스피치학원에서 배워야 할 것으로 생각하지만 글을 쓰고 읽고 말하는 방법을 제대로 알고 싶다면 일상적으로 하는 국어 수업에 주목해야 합니다. 사실 국어 수업 시간에 배우게 되는 지식을 살펴보면 글을 읽고 이해하는 방법, 글을 쓸 때 생각해야 할 요소, 말하기 방법 등 내용이 체계적이고 다른 곳에서는 배울 수 없는 중요한 내용이 너무나 많습니다. 국어가 힘든 학생의 경우 외부에서 새로운 것을 배우기보다는 먼저 국어 복습을 통해 국어 교과의 지식을 차근히 챙겨보는 것이 좋습니다.

국어의 지식은 국어에서만 사용되는 것이 아니라 다른 과목을 공부하고 이해하는 데도 필수적입니다. 즉 잘 읽고, 잘 쓰고, 잘 듣고 말하면 다른 과목들도 이 지식을 기반으로 공부를 잘할 수 있습니다. 이 책에서 다루는 읽고, 쓰고, 말하는 공부 방법은 많은 부분이 국어 교과 내용에서 나왔다고 말할 수 있습니다. 모든 공부의 근간이 되는 과목인 국어에 조금만 더 신경 쓴다면 국어는 물론, 다른 과목에서도 큰 효과를 얻을 수 있습니다.

복습 1단계 -
출력: 학습문제에 답할 수 있도록

───────── 국어를 복습할 때 먼저 할 일은 교과서 단원의 맨 처음에 나오는 학습문제(학습목표)를 질문 삼아 답할 수 있나 생각해 보는 것입니다.

- 준비단원 학습문제: 속담을 사용하는 까닭 생각하기 -> '속담을 사용하는 까닭이 뭐지?'
- 기본단원 학습문제: 인물이 추구하는 가치 파악하기 -> '교과서 이야기에서 인물이 추구하는 가치가 뭐였지?'
- 실천단원 학습문제: 학습신문 만들기 -> '나는 오늘 학급 신문을 열심히 만들었나?'

이런 식으로 복습할 때 학습문제를 자신에게 질문해 보고 답해보는 것이 필요합니다. 말로 답해도 좋고 백지나 교과서 학습문제 옆에 써도 좋습니다.

만약 학습문제 질문에 제대로 답할 수 없다면 그날 수업한 부분을 따라가며 교과서에 내가 쓴 답을 차례로 읽어봅니다. 국어 교과서는 제시된 질문을 충실히 답하며 따라가기만 해도 누구나 학습문제를 해결할 수 있는 구조로 되어 있습니다. 교과서 질문 중에는 답이 하나로 정해지지 않는 것도 있습니다만 글의 요지 파악과 같이 답이 거의 정해져 있는 질문도 있습니다. 따라서 복습할 때 국어활동 부록으로 딸린 교과서 답지와 나의 답을 비교해 보고, 잘못 알고 있던 점이 있다면 바르게 수정할 필요가 있습니다.

선생님 중 많은 분이 수업을 직접 재구성하기 때문에 수업 중에 교과서 외의 자료를 사용하는 경우도 있습니다. 이런 경우에는 수업자료를 다시 보며 수업을 떠올려 보는 것이 필요합니다. 하지만 이 경우에도 학습문제에 내가 제대로 답할 수 있어야 한다는 사실은 교과서를 사용한 수업과 같습니다. 내가 스스로 학습문제에 답할 수 있다면 그날 국어 수업의 목표를 이룬 것이고 공부를 잘한 것이라고 여기면 됩니다.

복습 2단계 -
입력: 교과서 구조 생각하여 읽기

────────── 국어 교과서는 각 단원이 학습 단계에 따라 준비 → 기본 → 실천 → 정리의 과정으로 구성되어 있습니다.

| 준비 | | 기본 |

| 실천 | | 정리 |

| 초등 국어 6학년 1학기-가 교과서 146, 150, 166, 171쪽 ⓒ교육부 |

'준비' 단계에서는 그 단원에서 배울 내용을 간단히 둘러보면서 주제에 대한 학생의 관심을 유도합니다. 학생에게 단원의 내용이 왜 필요한지 느끼게 하고, 주제와 관련된 학생의 경험을 불러일으키는 역할을 합니다.

단원의 핵심 지식은 보통 '기본'단계에서 제시됩니다. 기본단계에서는 단원이 목표하는 바를 학생이 실제로 할 수 있도록 그 전략과 방법을 자세히 알려주는 내용으로 구성되어 있습니다. 그러므로 국어 복습할 때 교과서를 읽으며 내용 습득에 가장 공을 들여야 하는 차시가 바로 '기본'단계입니다. 다음의 문장들은 국어의 '기본'단계 교과서에 나오는 학습문제입니다.

- 다양한 상황에서 쓰이는 속담의 뜻 알기
- 주제를 생각하며 글 읽기
- 다양한 자료의 특성 알기
- 이야기 구조를 생각하며 요약하는 방법 알기

이렇듯 '기본'단계의 학습문제는 보통 대상의 뜻과 방법을 아는 것을 목표로 합니다. 따라서 '기본'단계를 배우고 집에 돌아오면 학습문제들이 말하는 바와 같이 내가 상황별로 속담의 뜻을 알고 있는지, 글을 읽고 주제를 파악하는 방법을 아는지 등을 확인해야 합니다. 이 차시에 나오는 요약정리나 본문 옆의 도움말, 질문은 지식을 직접적으로 안내하기 위한 내용이므로 '기본'단계 차시는 전체 중에서 교과서를 가장 자세히 읽어야 하는 부분입니다.

'실천'단계에서는 '기본'단계에서 습득한 지식을 학생이 직접 활용해 보도록 하고 있습니다. 글을 실제로 쓰거나 글의 내용을 직접 요약하거나, 속담을 활용한 활동 등이 이 단계에서 이루어집니다. 국어 지식은 알기만 해서는 부족하며 실제로 글을 쓰고, 말을 하고, 요약하는 활동을 할 수 있어야 완성됩니다. 그러므로 '실천' 단계에서는 수업에 적극적으로 참여하고 글쓰기나 고쳐 쓰기, 토론 준비하기 등의 과제에 신경을 써야 합니다.

'정리' 단계에서는 그동안의 활동을 되돌아보고 단원에서 공부한 기본 지식도 확인하면서 단원을 마무리하게 됩니다.

복습 3단계 - 활용 및 정리: 단어 정리

─────────── 국어 수업을 진행하다 보면 학생이 글 속에 있는 몇 개의 단어를 몰라서 글의 내용을 이해하지 못하는 경우를 종종 보게 됩니다. 글을 읽다가 모르는 단어가 있으면 읽고 이해하는 속도가 느려지고 이해의 깊이도 부족해질 수밖에 없습니다. 그런데도 학생들은 교과서의 글을 읽을 때 단어의 뜻을 정확히 알지 못한 채로 넘어가는 경우가 많습니다. 글에서 단어가 사용된 정황을 보고 '이런 뜻일 것이다' 하고 추측하는 것으로 충분하다고 생각하는 것이지요. 그러나 1~6학년 교과서에서 등장하는 국어 어휘들을 정확히 이해하고 활용할 수 있어야 학년이 올라가서 더욱 길고 복잡한 글을 읽을 때 제대로 이해할 수 있고, 그 단어를 사용하여 글을 쓸 수 있습니다. 적어도 교과서에 나온 단어는 그 뜻을 분명히 알고 쓸 수 있어야 합니다.

국어 어휘를 늘리기 위해 영어 단어장을 만들 듯이 국어도 단어장을 만들도록 조언하는 경우도 있습니다. 그러나 단어장이 늘어나고 정리할 것이 많아지게 되는 것이 오히려 국어 단어 공부를 실천하기 어렵게 만드는 것이 아닌가 합니다. 그렇다면 국어 시간에 새로운 어휘를 효과적으로 익힐 다른 방법은 없을까요?

우선 수업 시간에 모르는 단어가 나오면 '내가 공부할 거리다!'라고 생각하고 색 펜으로 표시해 둡니다. 그리고 단어 아래에 연필로 수업 하는 동안 알게 되거나 추측한 뜻을 간단히 써 둡니다. 집에서 복습할 때는 교과서 본문을 다시 읽고 그 단어를 사전에서 찾아 단어 아래에 그 뜻을 써둡니다. 단어의 뜻은 단어가 글 속에 있을 때 더 잘 이해되기 때문에 단어집을 만들기보다 교과서를 이용하는 것이 효과적입니다. 또 교과서에 쓰여 있으니 복습할 때마다 다시 보게 되어 단어를 기억하기에도 유리합니다.

그런데 이 방식은 모르는 단어가 많지 않을 때 사용할만한 방법입니다. 초등 고학년에서도 국어를 힘들어하는 학생들이 종종 있으며, 이 경우 보통 어휘력이 부족한 것이 원인이 되는 경우가 많습니다. 국어 교과서 지문을 읽는 동안 모르는 단어가 5~10개, 또는 그 이상 나온다면 모르는 단어를 하나씩 찾아가며 해결하기에는 시간도 오래 걸리고 능률도 오르지 않습니다. 이런 경우는 시중에 나와 있는 전과나 국어 단어장을 활용해 수업한 본문과 연계해서 복습하는 것이 낫습니다. 또한 참고서에 설명된 단어 중에도 뜻을 잘못 알고 있었거나 기억

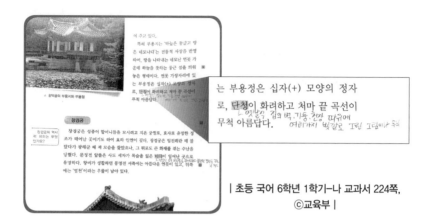

| 초등 국어 6학년 1학기-나 교과서 224쪽,
ⓒ교육부 |

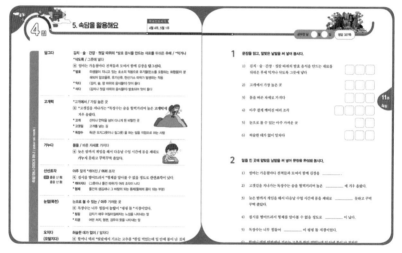

| 국단어 완전 정복 초등 국어 6-1 ⓒ오리진에듀 |

하기 어려운 단어 뜻은 교과서에 옮겨 적어보고, 해당 단어를 넣어 단
어의 뜻이 드러나도록 짧은 글짓기를 통해 단어를 확실하게 익히는 것
이 좋습니다.

복습 4단계 -
심화: 더 공부하기

─────────── 국어는 하나의 교과서로 통합되어 있지만 영역을 나누자면 듣기, 말하기, 쓰기, 읽기, 문학, 문법의 6개 영역으로 되어 있습니다. 국어에서 배우는 내용은 국어 지식이자 곧 국어 생활이기에 국어 공부를 마치면 실제로 잘 듣고 말하며, 잘 쓰고, 잘 읽고, 문학을 이해하고 문법을 적용할 수 있어야 합니다. 그래서 국어 단원의 후반부는 항상 '실천' 단계로 되어 있습니다. 머리로만 이해하고 실제 국어 생활을 하지 못한다면 국어 공부가 제대로 되었다고 할 수 없습니다.

국어 복습에서 다른 과목에 비해 더욱 절실하게 필요한 복습 방법은 바로 '더 깊고 넓게 공부하기'라고 할 수 있습니다. 국어 공부는 수업 밖에서 준비하고 보충해야 하는 활동이 꽤 많습니다. 토론을 하자면 주제에 관련된 조사 활동을 해야 하고, 수업 시간에 글을 썼다면 쓴 글을 집에서 고쳐 써보기도 해야 합니다. 교과서에 일부만 나온 문학 작품이 있다면 전체를 찾아서 읽는 것이 작품의 이해를 높입니다. 이런 활동의 상당 부분은 학교 숙제로 제시됩니다. 그래서 국어 숙제는 숙제를 위한 숙제가 아니라 수업의 일부이자 연장선이라고 할 수 있습니다. 글을 고쳐 쓰고 조사를 하고 발표 준비를 하는 등 국어 숙제를 충실히 하는 것이 곧 국어 공부를 충실히 하는 길임을 기억해야 합니다.

국어 공부를 확장한 공부 중에 대표적으로 독서록과 일기가 있습니다. 할 일이 많은데 공부도 아닌 독서록과 일기는 대체 왜 쓰는지 모르겠다는 학생을 필자는 여럿 보았습니다. 책이야 혼자 읽으면 되고, 글쓰기 훈련은 학원에서 하면 되니 강제하지 말라는 것이지요.

독서록은 책을 읽고 책에 대한 내 생각을 정리해서 쓰는 일종의 서평입니다. 그래서 독서록에 책 내용 요약과 함께 내 생각을 논리적으로 엮어내면 그것이 곧 독서 논술이라고도 할 수 있습니다. 글쓰기 능력을 키우기 위해 독서 논술학원에 다니는 학생은 많지만, 안타깝게도 일상적으로 하는 독서록 쓰기가 독서 논술과 연관된다는 생각으로 정성을 다하는 학생은 많지 않습니다. 그러나 유시민 작가는 말합니다. 글쓰기에는 왕도가 없으며 학원에 다니든 안 다니든 누구나 해야 할 만큼의 수고를 직접 해야 비로소 잘 쓸 수 있다고 말입니다.[1] 독후활동이 중요한 줄 알면서도 강제력이 없으면 꾸준한 글쓰기 연습을 하기 쉽지 않은데, 그 역할을 독서록이 해 주는 것입니다.

또 하나의 글쓰기 숙제에는 일기가 있습니다. 글의 종류가 여러 가지 있습니다만 대체로 자기 생각을 논리적으로 드러내면 주장하는 글이 되고, 감정과 견문을 솔직하게 표현하면 수필이나 기행문과 같은 에세이가 됩니다. 내가 쓰고 싶은 주제를 정하고 여러 장르의 글을 내 마음대로 연습할 수 있는 글쓰기가 있다면 그것은 바로 '일기'입니다. 요즘 일기는 굳이 자신의 생활을 쓰도록 요구하지 않습니다. 자신의 감정을 억지로 선생님께 공개하도록 하지도 않습니다. 생각을 담은 하나의 완성된 '글'을 쓰는 것이 요즘의 일기지요. 그래서 제목도 '주제 글쓰기', '생각 노트' 등 다양하게 불리고 있습니다. 그렇다면 내 마음을 자유롭게 표현하는 진짜 일기는 나만의 일기장에 개인적으로 쓰고, 학교 일기는 글의 형식과 내용에 맞추어 생각을 정리하고 표현하는 용도로 사용하면 어떨까요? 글쓰는 목적 중에는 다른 사람과 소통하기 위한 것도 있으니, 일기를 다른 사람이 읽고 공감하는 글을 연습하는 장으로 여긴다면 괜찮을 것입니다.

일상적으로 글을 읽고 쓰면서 형성되는 기초 체력은 곧 국어 실력과 연결됩니다. 독서를 통해서는 국어에서 요구하는 읽기 능력과 문학적 이해력이 신장되고, 일기·독서록 등의 글쓰기는 국어 시간에 배운 글쓰기 방법과 문법 지식, 어휘력 등이 광범위하게 사용됩니다. 이렇듯 외부적 국어 활동과 국어 수업 시간에 배운 지식이 선순환하면서 형태가 없어 보이고 연마하기도 어려운 국어 실력도 결국 쌓이고 성장하게 되는 것입니다.

수학
복습

수학은
개념학습이다

———————— 수학에 관해 이야기할 때 보통 개념학습을 잘해야 한다는 이야기를 많이 합니다. 하지만 개념학습이 정작 무엇인지 알고 공부하는 사람은 많지 않아 보입니다. 수학에서 개념이란 무엇일까요? 그리고 개념이 수학 공부에서 어떤 역할을 하기에 그렇게 중요하다고들 하는 것일까요? 여기에 수학 공부의 성격을 보여주는 예가 하나 있습니다.

그날은 5학년이었던 우리 반 학생들이 체육 선생님께 핸드볼을 처음 배우던 날이었습니다. 핸드볼. 손으로 공을 던지면서 하는 운동이라는 정도만 알았지 남녀학생 모두 수업이 시작할 때까지 핸드볼에 대해 아는 것이 거의 없었습니다. 그래서 선생님은 먼저 학생들을 앉히고, 규칙과 기본 기술을 설명했습니다. 또한 규칙을 설명한 후에는 핸드볼 골대 옆에서 직접 시범을 보이며 규칙이 실제 경기에서 어떻게 적용되는지 학생들에게 알려주었습니다.

규칙을 다 배우고 공 던지기를 연습한 후, 드디어 여학생들의 핸드볼 경기가 시작되었습니다. 우연히도 평소 운동을 잘하는 친구가 모인 A팀이 먼저 공을 자신 있게 몰아갑니다. A팀이 맹렬하게 공격을 퍼붓는데 이상하게도 이내 선생님의 호각 소리가 울리고 공이 자꾸만 B팀에게로 넘어갑니다. B팀은 상대적으로 운동에 별 흥미가 없는 여학생들이 모여 있지만 오늘따라 득점을 순조롭게 이어갑니다. 그날의 경기는 B팀의 압승으로 끝이 났습니다.

평소 체육 시간과 전혀 다른 모습에 신기해서 저는 B팀의 한 학생에게 이기게 된 비결을 물었습니다. 그 학생은 이렇게 대답했습니다.

"규칙을 잘 아니까, 점수를 어떻게 내는지 아니까 게임을 잘할 수 있었어요."

화려한 개인기, 탁월한 운동능력이 없는 B팀이 처음 배운 경기에서 이길 수 있는 비결은 바로 게임의 규칙이 무엇이고 득점으로 이어지게 하려면 어떻게 행동해야 하는지를 아는 것에 있었던 것입니다.

아무리 탁월한 개인기를 가졌어도 게임의 규칙을 모르고서는 득점을 이루어낼 수 없듯이, 수학에서도 계산력이 아무리 탁월해도 개념을 모르고서는 수학의 문제들을 잘 해결할 수 없습니다. 수학에서는 개념이 바로 수학이라는 경기의 규칙이기 때문입니다.

개념은 우리가 세상을 수학적으로 관찰, 해석하고 이를 통해 문제를 해결할 수 있게 해 주는 도구이자 틀이라고 할 수 있습니다. 그렇다면 구체적으로 어떤 내용을 공부하는 것이 개념공부일까요? 현재 사교육격정없는세상 수학교육혁신센터장이자 수학 교육박사 최수일 선생님의 이야기를 빌자면 개념과 개념학습의 뜻은 다음과 같습니다.

"수학은 정의와 정리의 학문입니다.(중략) 가장 핵심적인 개념인 정의와 그로부터 파생되는 정리를 유도 또는 증명하는 공부를 하는 것, 그리고 이것들을 연결하는 것이 개념학습입니다." [2]

즉 개념이란 수학에서 정의와 정리를 말하는 것이고, 개념학습이란 이 정의와 정리를 연결하는 일이라고 할 수 있습니다.

수학에서 개념학습과 계산력은 수학 공부의 양대 축이라고 할 수 있습니다. 두 학습이 균형을 이루어야 하는 것은 알지만, 개념학습이 추상적인 내용이다 보니 학생들의 수학 공부는 자꾸만 기능인 '계산 공부'로 기우는 경향이 있습니다. 그러나 앞에서 보았듯이 수학의 우등비결은 수학이라는 게임의 법칙인 개념, 즉 정의와 정리의 뜻을 분명히 아는 것에 있습니다. 이런 이유로 학교 수업 직후에 이루어지는 수학의 방과 후 복습의 초점은 우선 '개념 공부'에 맞추어져야 합니다.

복습 1단계 -
출력: 정의 써 보기

개념학습부터 수학 공부를 제대로 해보기로 마음 먹은 학생은 이제 수학 복습을 시작할 때 오늘 배운 정의를 쓸 수 있는가 또는 말할 수 있는가를 스스로 테스트해보기 바랍니다. 이 작업은 문제풀기에 앞서서 이루어져야 합니다. 복습의 1단계에서 정의를 제대로 쓰거나 말할 수 없었다면 복습 2단계인 교과서 읽기 때 정의를 다시 꼼꼼히 읽어보고, 복습 3단계에서는 이 정의를 노트에 써 보고 숙지할 수 있어야 합니다. 수학의 정의는 언제라도 말할 수 있고 설명할 수 있어야 합니다.

그렇다면 초등 교과서에는 정의가 어디에 있을까요? 다음의 6학년 1학기에 등장하는 비와 비율을 예로 교과서에 정의가 어디에 있나 살펴보겠습니다.

초등 수학에서 정의란 교과서에 나오는 아래 그림의 박스 내용을

> • 포도주스를 만들기 위해 필요한 물의 양과 포도 원액의 양을 비교하는 방법을 이야기해 보세요.
>
> 두 수를 나눗셈으로 비교하기 위해 기호 :을 사용하여 나타낸 것을 비라고 합니다. 두 수 3과 2를 비교할 때 3:2라 쓰고 3 대 2라고 읽습니다.
> 3:2는 "3과 2의 비", "3의 2에 대한 비", "2에 대한 3의 비"라고도 읽습니다.
> 비 3:2에서 기호 :의 오른쪽에 있는 2는 기준량이고, 왼쪽에 있는 3은 비교하는 양입니다.
>
> **76** 수학 6-1

| 초등 수학 6학년 1학기 교과서 76쪽 ⓒ교육부 |

말하는 것입니다. 정의를 써본다는 것은 공책이나 백지에 '두 수를 나눗셈으로 비교하기 위해 기호 ':'을 사용하여 나타낸 것을 비라고 합니다.'를 그대로 옮겨 쓰는 일을 말합니다. 정의를 이루는 말인 '두 수를', '나눗셈 비교', ': 기호 사용', '비'라는 말들 하나하나가 중요한 뜻을 담고 있기 때문입니다.

비의 정의 아래에는 비를 읽는 방법을 예를 들어 설명하고 있습니다. 비를 쓰는 방법 2가지(3:2, 3대2)와 비를 읽는 방법 3가지(3과2의 비, 3의2에 대한 비, 2에 대한 3의 비)도 써보며 : 의 양쪽 수를 혼동하지 않도록 연습하는 것이 필요합니다. 출력식 공부가 좋다고 했으니 여러 번 읽어 본 후에 책을 덮고 써 보아 내가 스스로 정확히 정의를 쓸 수 있나 확인해야 합니다.

수학은 엄격하고 세밀한 학문이어서 정의는 꼭 필요한 최소한의 단어로 씌어있습니다. 군더더기 말이 없지요. 따라서 정의를 이루는 각 단어를 분명히 알고 그 뜻을 음미해 볼 필요가 있습니다. 정의의 단어들을 음미한다는 것은 무슨 뜻일까요? 6학년 1학기에 나오는 비율의 정의를 통해 알아보겠습니다.

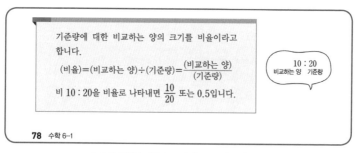

| 수학 6학년 1학기 교과서 78쪽 ⓒ교육부 |

교과서에 따르면 비율이란 '기준량에 대한 비교하는 양의 크기'를 말합니다. 즉 '비교하는 양'이 '기준량에 대한'이라는 말 때문에 상대적인 크기를 갖게 되는 것입니다. 이런 점은 $\frac{(비교하는\ 양)}{(기준량)}$이라는 비율의 수식에서도 드러납니다. 분자가 같은 1이어도 $\frac{1}{4}$이 나타내는 하나가 $\frac{1}{8}$이 나타내는 하나보다 더 큰 것과 같이 말입니다. 이처럼 말로 된 정의와 식으로 쓰여진 정의를 서로 비교해 보면서 그 의미를 따져보는 음미 과정이 복습할 때 꼭 필요합니다.

비의 정의를 잘 공부하고 비율의 정의를 맞이하는 학생이라면 비율의 식을 보면서 "아~ 비는 두 수를 나눗셈 비교하느라 수를 : 기준으로 둘 다 썼다면, 비율은 아예 두 수를 나누기해서 나온 몫인 하나의 수를 갖고 말하는 것이구나" 하며 두 정의를 비교해서 생각할 수 있게 됩니다.

6학년 2학기에 배우는 원주율도 '율'이라는 말이 들어가는 일종의 비율입니다. 지름이 기준량, 원주가 비교하는 양이 되기 때문에 원주

원의 지름에 대한 원주의 비율을 원주율이라고 합니다.

(원주율)=(원주)÷(지름)

원주율을 소수로 나타내면 3.1415926535897932……와 같이 끝없이 계속됩니다. 따라서 필요에 따라 3, 3.1, 3.14 등으로 어림하여 사용하기도 합니다.

| 수학 6학년 2학기 교과서 95쪽 ⓒ교육부 |

율이란 지름을 1로 볼 때의 원주이고, 이것은 약 3.14라는 비율임을 알 수 있습니다. 비율의 개념을 분명히 하니 원주율의 개념과 자연스럽게 연결되는 것입니다. 이렇게 복습할 때 정의 자체의 뜻을 음미해 보면 개념에 대한 이해가 깊어지고 다른 수학 개념과도 연결해서 생각할 수 있게 됩니다.

복습 2단계 -
입력: 교과서의 공식 직접 유도해 보기

_____ 정의만큼이나 교과서로 복습할 때 챙겨야 하는 것이 있습니다. 바로 공식[3]입니다. 공식을 잘 외워야 한다는 뜻이 아닙니다. 배운 공식을 직접 유도해 보아야 한다는 뜻입니다. 공식을 유도한다는 것은 마치 그 공식을 처음으로 만들어내야 하는 사람인 것처럼 공식이 나오는 과정을 직접 재현해 보는 것을 말합니다. 초등에서의 공식은 다음과 같이 그림을 통해 유도되는 경우가 많습니다.

다음에 제시한 6학년 1학기 1단원 분수의 나눗셈 단원 수업에서 학생들은 아직 (분수)÷(자연수)를 계산하는 방법을 모르기 때문에 〔3〕번에서 슬기는 $\frac{7}{5} \div 3$을 그림을 이용하여 풀고 있습니다. $\frac{7}{5} \div 3$이란 $\frac{7}{5}$을 셋으로 똑같이 나눈 것 중 하나와 같습니다. 이 '3등분한 것 중 하나'라는 말이 나눗셈에서 '3으로 나눈 몫'이라는 뜻과 같기 때문에 이 나눗셈 연산은 $\frac{7}{5} \times \frac{1}{3}$으로도 구할 수 있음을 알 수 있습니다.

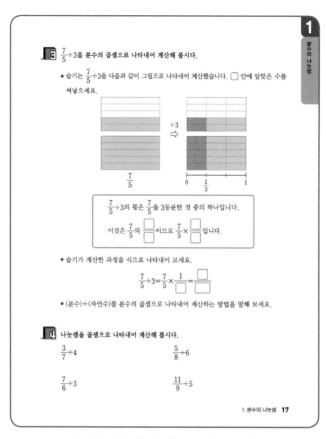

| 수학 6학년 1학기 교과서 17쪽 ⓒ교육부 |

　　저는 지금 교과서에 나온 그림을 보며 $\frac{7}{5} \div 3$이 어떻게 $\frac{7}{5} \times \frac{1}{3}$ 으로 계산될 수 있는지 그 과정을 설명했습니다. 공식의 유도라고 해도 별수식 없이 그림과 설명이 대부분이지만, 초등에서는 이런 과정이 곧 공식의 유도입니다. 이렇게 공식의 도출과정을 설명해 보면서 학생은 왜 분수의 나눗셈을 계산할 때 나누는 수의 분모, 분자를 바꾸어 곱하는

계산법을 사용할 수 있는지를 명확히 이해하게 됩니다.

공식을 새롭게 배운 날 복습할 때는 교과서의 그림을 직접 그려보고 말로 공식이 나오는 과정을 혼자 여러 번 설명해 보아야 합니다. 물론 백지에 써보아도 좋고 공책에 직접 정리하는 방식으로 해도 되겠지요. [4]번에 그림 없이 연산 문제만 나와 있는 연습 문항도 공책에 교과서처럼 설명 과정을 쓰면서 풀어보는 것이 좋습니다. 공식의 원리를 다루고 생각해 볼 기회는 처음 배운 이날뿐이기 때문입니다. 이후에는 교과서에서도 유도 없이 공식만 사용하게 되기에 원리를 다시 생각해 볼 기회가 좀처럼 오지 않습니다. 분명한 것은 교과서를 볼 때 이 공식의 유도과정을 눈으로 보고 지나가선 안 되며, 반드시 직접 해보아야 한다는 것입니다. 그래야 공식이 익숙해져 자동화되기 전에 그 원리가 분명히 이해되는 경험을 가질 수 있습니다. 나아가 수업 시간에 다룬 방법이 아닌 나만의 다른 방법으로 공식을 만들고 설명해 본다면 금상첨화겠지요. 공식의 유도과정을 스스로 고민하며 익히고, 이것을 개량해서 나만의 공식 도출 방법을 발견하는 공부까지 나갈 수 있다면 이것이 곧 학생이 수학적 사고력을 얻게 되는 과정이라고 할 수 있습니다. 공식의 원리를 분명히 알고 지나갈 수 있다면 공식을 기억해서 적용하는 것은 얼마든지 할 수 있습니다.

그러나 이 수업을 마친 후 대부분의 학생은 '분수÷자연수를 분수 $\times \dfrac{1}{\text{자연수}}$ 로 계산한다.'는 수업의 결론만 공식으로 기억하고, 이내 이것을 적용하는 문제풀이에 돌입합니다. 연산 연습을 많이 하는 학생들이 워낙 많기 때문에 이미 다들 계산 속도도 무척 빠릅니다. 그런데 복잡한 계산문제를 척척 풀어내는 학생들이 정작 수학 익힘책의 '식이 나타내는 것을 색칠하시오'와 같은 문제에서 쩔쩔 맵니다. 왜 분모와 분자를 바꾸어 곱하면 분수의 나눗셈을 할 수 있는지 알지 못하는 것입니다. 그래서 실제로 교과서 본문과 똑같이 출제한 서술형 수행평가 문항 '왜 분수÷자연수를 분수×$\frac{1}{자연수}$로 계산할 수 있는지 설명하라'에 답을 쓸 수 있는 학생은 많지 않습니다. 선행으로 이미 공식을 알고 있는 학생은 자신이 능숙하고 빠르게 계산할 수 있다는 생각에 공식의 유도과정을 다루는 공부에 관심을 기울이지 않는 것입니다. 이것이 학생들이 두려워하는 서술형 평가의 실제 모습입니다.

이런 비극을 피하려면 새롭게 알게 된 공식은 시간을 들여 스스로 자꾸 설명해 보아야 합니다. 교과서에서 대표로 제시된 예 한 가지를 설명할 수 있었다면, 대분수로 나눗셈하는 상황, 나누는 수가 큰 수인 상황, 나누는 수가 1인 상황 등 여러 가지 조건을 바꾸어가며 연습해 보아야 합니다. 수학 규칙은 아는 것 같으면서도 새로운 상황에 적용하려고 하면 또 내용이 가물가물하고 적용이 안 될 때가 많습니다. 새로 얻은 규칙을 자꾸만 적용해 보면서 복잡한 상황, 예외상황에서 어떻게 작동하는가를 직접 경험해봐야 합니다. 이렇게 하면 공식이 자연스럽게 익혀지는 것은 물론 정의에 대한 이해도 깊어져서 개념을 다룬 심화, 응용 문제들도 거뜬히 해결할 수 있게 됩니다.

복습 3단계 -
활용 및 정리: 배운 부분에 해당하는 문제풀기

———————— 수업 시간에 배운 정의와 공식을 직접 써보고 그려 보아 내 것으로 만들었다면 이제 이것을 활용할 수 있는지 개념을 확인 하는 문제를 풀어볼 차례입니다. 내용으로 보면 알 것 같아도 막상 문 제에 적용해 풀려고 하면 뜻대로 안 되는 경우가 많습니다. 이럴 때는 답지부터 보기보다는 그 문제를 푸는 데 사용해야 하는 정의나 공식과 같은 개념 부분을 먼저 교과서에서 찾아보아야 합니다. 비율 문제라면 비교하는 양과 기준량이 무엇인지, 혹시 내가 비와 비율을 혼동하는 것 은 아닌지 등을 교과서를 들춰보며 확인한 후, 그 문제에 다시 도전하 는 것입니다. 만약 그래도 이해가 되지 않아 해답을 보아야 하는 경우 가 생기면 풀이를 읽은 후 해답을 덮고 다시 내 손으로 풀이와 계산을 직접 해보는 것이 좋습니다. 많은 문제를 푸는 것보다 중요한 것은 문 제 하나하나를 온전히 내 힘으로 풀 수 있느냐입니다. 그래야 문제 푸 는 노력이 진짜 수학 실력으로 이어집니다.

초등학생들이 수학 문제를 풀 때는 보통 문제집 한쪽 귀퉁이에 끄 적거리면서 계산하거나 암산에 의존하는 경우가 많습니다. 그러나 고 학년이 되어 계산량이 많아지고 생각을 정리해야 풀 수 있는 문제가 늘 어나면 이런 방식은 한계에 부딪힙니다. 고학년 수학을 감당하기 위해 선 이제 공책에 따로 풀이과정을 정리하며 문제 푸는 습관을 들여야 합니다. 교과서 문제를 풀 때는 물론이고 방과 후 복습으로 문제집을 풀 때도, 공책을 따로 마련하여 풀이 쓰는 곳을 문제집이 아닌 공책으로 분리하는 것이 좋습니다. 이 공책은 단순히 연산을 위한 계산지가 아니라 풀이를 자세히 전개하기 위한 것임을 기억해야 합니다.

이런 식으로 풀어서 가장 좋은 점은 '등호'를 점점 잘 쓰게 된다는 것입니다. 학생들은 식을 써서 계산할 때 등호를 쓰고, 그 오른쪽에 답을 쓰게 되는 구조에 익숙해져 있습니다. 그러다 보니 등호를 흐름기호 정도로 이해하고 등호 본래의 의미인 '양변이 같다'를 유지하면서 식을 변형, 전개해야 한다는 것을 잘 알지 못합니다. 그러나 고학년이 되면 식 중간에 나온 □의 값을 알아내거나, 식을 변형해서 풀 수 있는 형태로 만들 일이 많아지기 때문에 등호를 중심으로 양변의 식을 변형할 수 있어야 합니다. 공책에 따로 풀이를 쓰는 습관을 들이면 식을 전개하고 쓰는 일을 자주 하게 되어 등호에 대한 이해와 다루는 기술이 향상되는 것을 볼 수 있습니다.

또한 공책에 풀이를 따로 쓰면 차분하게 풀이과정을 정리하게 되어 계산 실수가 줄어들고 서술형 문항에도 대비하는 효과가 있습니다. 수학에서의 서술형 문항은 사실 식을 잘 쓰고, 바르게 전개하면 끝나는 문제입니다. 문제를 풀기 위해 만들고 전개한 식이 풀이에 동원된 생각의 과정을 모두 말해 주기 때문입니다.

이렇게 풀이과정을 공책에 따로 쓰고 문제집에는 답만 적어두면 문제집을 다시 풀 때는 썼던 답만 지우고 다시 풀어볼 수도 있어 하나의 문제집을 여러 번 보기에도 편리합니다.

복습 4단계 -
심화: 어려운 문제에 도전하고 싶다면

_____ 어느 날 수학이 어렵다는 한 학생이 필자에게 이런 이야기를 했습니다.

"복습 위주로 공부하라는 말씀은 알겠는데요. 사실 우리 학교 시험은 꽤 어렵게 나오는 편이라 선행을 할 수밖에 없어요."

시험문제에 어려운 문제가 많이 나오기 때문에 이를 대비하기 위해서는 복습만으로는 어렵고 선행이 필요하다는 이야기입니다. 어떻게 생각하나요?

그럼 이렇게 질문을 드려보겠습니다. 아직은 수학 실력이 좋지 못한 한 학생이 있습니다. 이 학생이 앞으로 어려운 문제를 잘 풀 수 있으려면 다음 중 어떤 공부가 필요할까요?

1. 어려운 문제를 풀어본다.

2. 기본문제를 풀어본다.

1번이라고 생각하는 사람이 있겠지만 정답은 의외로 2번입니다. 어려운 문제를 잘 풀기 위해서는 어려운 문제, 심화 문제를 연습해보는 것도 물론 필요합니다. 하지만 그것은 기본 문제를 완전히 내 손으로 해결할 수 있을 만큼 수학 실력이 탄탄해졌을 때의 이야기입니다.

보통 교육과정 내에서 어려운 수학 문제라는 것은 다음과 같은 유형 중 하나입니다.

1. 문제에서 설명하는 말이 길어서 내용의 핵심을 파악하기 어렵다.
2. 여러 개의 개념을 동시에 사용해야 한다.
3. 큰 수를 계산하거나 나누어 떨어지지 않는 계산을 하는 등 계산이 복잡하다.
4. 현재 및 이전의 내용을 바탕으로 문제를 풀 수 있는 실마리를 찾아내야 풀 수 있다.

1번과 같은 유형은 문제 자체를 이해하는 것이 중요한 단서가 되는 문제입니다. 보통 사고력 문제로 자주 등장하며 이 경우 언어적 이해력이 문제 풀이의 열쇠라고 할 수 있습니다. 이런 문제에 대비해 평소 긴 호흡으로 된 글 읽기, 긴 지문으로 되어있는 문제에 대한 훈련이 필요합니다.

2번과 같은 유형은 한 문제를 푸는데 여러 개념을 사용하면서도 개념을 혼동하지 않고 활용할 수 있어야 풀 수 있습니다. 각각 독립된 개념들을 자유자재로 쓸 수 있을 만큼 평소에 기초 개념을 잘 이해하고 또 이를 활용하는 훈련이 되어있어야 합니다.

3번과 같은 문제들에서 관건은 계산력입니다. 이 문제를 맞히려면 복잡한 계산도 차분하고 정확하게 할 수 있어야 합니다. 그러기 위해서는 종이에 계산 과정을 깔끔하게 써가며 기본적인 사칙연산(덧셈, 뺄셈, 곱셈, 나눗셈)을 자신 있게 할 수 있어야 하고, 계산 과정을 정리해서 푼 후 자신의 계산 과정을 돌아보아 잘못된 곳을 스스로 찾아낼 수 있도록 훈련해야 합니다.

4번과 같은 유형은 문제 푸는 아이디어 한 가지를 찾아내야 풀 수 있는 사고력을 요구하는 문제입니다. 1~3번에 비해 난도가 높습니다. 이런 문제를 해결하려면 1~6학년 동안 배웠던 여러 개념에 대한 이해가 분명해야 합니다. 완전히 자기 것으로 소화되지 않은 개념은 자유롭게 꺼내어 쓰기 어려운 법이니까요. 하지만 4번과 같은 유형의 문제는 단원평가나 수행평가에서는 나오기 어려운 문제입니다. 단원평가나 수행평가는 지금 배운 수업 단원의 내용을 학생이 잘 이해했나를 알아보기 위한 시험이기 때문에 여러 가지 개념을 종합적으로 잘 쓰는지 묻기보다는 주로 이번에 배운 개념을 아는지 확인하는 문제가 나옵니다.

우선 1~4번의 문제유형에서 선행을 요구하는 유형은 하나도 없습니다. 선행이란 현재의 학교 진도를 넘어서 다음 학기, 다음 학년의 내용을 공부하는 것인데, 학교 시험에서는 아무리 어려운 문제가 나와도 배우지 않은 진도에서는 문제를 낼 수 없기 때문입니다.

또한 1~4번의 유형에서 이미 눈치챘을지 모르겠지만 어려운 문제라는 것은 기본 개념들을 여러 개 합쳐놓은 것, 계산이 복잡한 것에 불과합니다. 따라서 기본기가 잘 되어 있으면 어려운 문제를 이루는 여러 개의 기본 개념을 혼동 없이 다룰 수 있고, 심화 문제도 손댈 수 있는 기초 체력이 키워집니다. 하지만 기본 실력이 충분치 않은 상태로 심화 문제만 연습하면 자칫 개념 중심의 기본 문제를 이해하고 연습할 시간을 놓칠 수 있습니다. 게다가 심화 문제는 유형이 너무 많아서 '많이 풀어봐서 시험에 나올 심화 문제를 미리 적중한다.'는 것은 거의 불가능합니다. 기본기가 잘 된 학생이 시험 시간에 기본 문제를 푼 후 심화 문제도 고민할 여유와 능력이 생깁니다.

계산력의 경우는 평소 문제를 풀 때 계산 과정을 정리해서 푸는 습관을 통해 기를 수 있습니다. 평소 정확한 식을 써 가며 문제를 푸는 습관을 들이면 계산 실수가 줄어들고 이것이 쌓이면 속도도 자연스럽게 향상됩니다. 연산 능력은 연산 학습지를 풀 때만 향상되는 것이 아니라 모든 문제를 푸는 과정에서 향상되기 때문입니다. 연산 문제만 가득한 연산 연습용 문제집 때문에 수학을 싫어하게 되는 학생들이 간혹 있는데, 이런 경우에는 연산 문제집 대신 일반 문제를 정해진 시간 안에 푸는 방식으로 대체해도 무방합니다. 시간제한이 있으니 연산을 빠르게 하기 위한 전략을 생각하게 되고, 지금 풀고 있는 문제를 맞히기 위해 연산의 정확도도 기하게 되어 연산 훈련도 함께 이루어지게 됩니다.

지금 배운 단원의 기본 문제 연습이 충분히 되었다고 생각되면 하루 2~3문제 정도 목표를 잡고 심화 문제나 사고력 문제에 도전해보면 좋습니다. 그러나 그냥 좀 생각하다 모르면 별표치고 넘어가는 방식이 아니라, 스스로 해결하려 최대한 물고 늘어지면서 문제당 10분 이상 깊이 생각해 보는 것이 필요합니다. 수학적 사고력은 스스로 해결 방법을 여러 방향으로 고민하는 과정에서 키울 수 있습니다. 정해 둔 시간이 지나도 해결이 어렵다면 답지를 통해 힌트를 얻어 다시 문제풀기에 도전합니다. 이 방법이 잘 진행되거나 익숙해지면 심화 문제 수를 조금씩 늘려가도록 합니다.

사회
복습

사회는
왜 배우는 거지?

사회 과목은 외울 것도 많은데 무엇에 쓰는지도 모르겠다며 싫어하는 학생들이 있습니다. 저 역시 사회 과목에 별 관심이 없었습니다. 그러다가 교육대학교에서 사회가 어떤 과목인지를 알려주는 재미있는 숙제를 만나게 되면서 생각을 바꾸게 되었습니다.

사회 교육 과목의 숙제로 한 달 동안 글을 한 편 쓰게 되었습니다. 주제는 '내가 사는 지역의 환경과 사람 사이의 관계를 통해 알아보는 우리 동네의 특징'이었습니다. 내가 사는 곳의 시설, 교통 등 환경적인 요소가 뭐가 있나 조사하고, 사람들이 사는 모습과 문화를 관찰하여, 지역 환경과 사람들의 삶 간의 연관 관계를 알아내야 하는 과제였지요. 처음에는 우리 동네를 조사하는 것이니 뭐 별것 아니라고 생각했습니다. 그런데 막상 글을 쓰기 시작하니, 매일같이 돌아다니면서 우리 동네의 문화, 경제적 상황과 사람들 사이에 어떤 관계가 있는지, 나는 왜 이곳에서 살게 되었는지 등을 한 번도 생각해 본 적이 없었다는 것을 깨달았지요. 저는 과제를 잘 해 보기로 마음먹고 우리 동네의 이름의 유래와 역사부터 조사하기 시작했습니다. 주변 지역과의 차이점도 살펴보았습니다. 교통상황, 집값, 인구밀도, 환경, 교육기관의 수, 상점들의 종류 등 온갖 정보를 모았습니다. 그런데 이 과정에서 우리 동네에는 유달리 자동차 공업소가 많다는 것을 깨달았습니다. 보통은 찾아가기도 쉽지 않은 대표적인 국내 자동차회사의 AS센터들이 우리 집 근처에 다 있었습니다. 여러 요소를 검토한 끝에 우리 동네는 땅값이 비교적 낮으면서도 도로망이 잘 되어있고, 주변 지역 인구가 많아 자동차 공업소가 영업하기 좋은 환경이라는 결론에 이르게 되었습니다. 우리 동네는 교통망을 중심으로 경제활동을 하는 사람들이 모여 산다는 특징을 지니고 있었습니다. 과제를 다 하고 보니 역사, 지리, 문화, 경제 등 사회과목에 포함된 거의 모든 요소를 모두 공부했고 이것들의 연관성을 파악하려고 노력했다는 것을 깨달았습니다.

이렇듯 사회는 우리가 사는 주변의 온갖 요소들을 공부하는 과목입니다. 때로는 너무 잡다해서 쓸모없게 느껴질 수도 있지만, 사람의 삶은 그렇게 복잡한 요소들이 얽혀서 만드는 하나의 하모니입니다. 역사는 먼 옛날의 이야기고 현재 우리의 삶과 별 상관없을 것 같아 보입니다. 그러나 일본과의 아픈 역사가 현재 우리 사회의 정치, 경제, 문화 전반에 강력한 영향을 미치고 있는 것을 보면 우리는 사회의 여러 요소가 만드는 이 하모니와 결코 무관할 수 없음을 알게 됩니다.

이런 사회적인 모든 요소가 개인의 삶과 의사결정에도 큰 영향을

| KBS NEWS 2019년 7월 1일 기사 ⓒKBS |

미칩니다. 사람을, 우리나라를, 더 나아가 세계와 인류 전체의 삶을 이해하기 위해서는 사람과 사람을 둘러싼 수많은 지식을 습득하고 그 연관성을 이해해야 합니다. 이것이 바로 사회공부입니다. 그리고 우리를 둘러싼 여러 요소의 관계와 상호작용을 생각하다 보면 우리 삶을 더 잘 이해하게 되는 것. 그것이 곧 사회 과목의 매력이 아닐까 합니다.

복습 1단계 -
출력: 수업 후 백지복습으로 키워드를 쓸 수 있는가?

───────── 학생들이 사회가 어렵다고 느끼는 이유 중 하나는 단원에서 말하는 핵심이 무엇인지 알지 못해서입니다. 수업으로 무엇

을 배웠는지, 배운 것 중에서도 중요한 것이 무엇인지 알지 못하는 것이지요. 이럴 때는 백지복습이 상당히 유용합니다. 방과 후 집에 돌아와서 오늘 공부한 사회 수업을 떠올려보며 중요한 내용이 무엇이었는지 생각나는 대로 한번 써 보는 것입니다. 그것은 어떤 단어일 수도 있고 알거나 깨닫게 된 법칙일 수도 있습니다. 단어들을 떠올렸다면 그 단어의 뜻도 나름대로 써 보는 것이 필요합니다. 만약 쓸 수 없다면 교과서를 통해 확인해야 합니다.

복습 2단계 –
입력: 사회 교과서 읽기

─────── 백지복습으로 수업 내용을 떠올렸다면 다음에 꼭 해야 할 일은 사회 교과서를 '읽는' 것입니다. 만약 교과서에 수업 시간 선생님의 말씀을 듣고 표시해 둔 것이 있다면 그 시간에 꼭 알아야 할 단어, 즉 핵심어를 쉽게 가려낼 수 있습니다. 교과서를 참고해서 백지복습장에 내가 찾은 핵심어와 내가 찾지 못했던 핵심어를 써보고, 그 뜻도 옮겨 적으면서 무엇을 뜻하는지 천천히 생각하는 시간을 갖는 것이 좋습니다.

핵심어를 가릴 수 없다면 교과서 본문을 읽으면서 문단을 나눠보는 것도 좋은 방법입니다. 국어 시간에 배웠듯이 한 문단에 들어 있는 생각은 언제나 한 개입니다. 따라서 들여쓰기로 시작된 하나의 문단에서 말하고자 하는 내용이 무엇인지 생각해 보고, 연필로 그 문단에서 가장 중심이 된다고 생각하는 단어에 동그라미 표시를 해 봅니다. 그러면 그것이 문단에서 말하고자 하는 핵심어라고 할 수 있습니다.

저는 학생이 내용을 파악하기 좋도록 문단을 아예 줄로 나누도록 합니다. 그리고 오른쪽 여백에는 그 문단의 핵심 단어를 써보게 합니다. 아래의 예시에서 주요 내용은 당연히 '지방자치제'입니다. 지금은 지방자치제가 시행되고 있기 때문에 두 번째 문단을 읽어도 뭐가 중요한지 감이 오지 않을 수 있습니다. 이럴 때는 지방자치제 시행 이전과 이후 무엇이 바뀌었는지 과거와 현재를 비교해 봅니다.

지방 자치제는 1952년에 처음 시행되었다가 5·16 군사 정변 때 폐지되었고 이후 6·29 민주화 선언에 따라 다시 부활했다. 먼저 1991년에 지방 의회가 구성되었고, 1995년에 지방 의회 의원 선거와 함께 지방 자치 단체장 선거가 치러지면서 지방 자치제가 완전하게 자리 잡게 되었다.

지방 자치제는 지역의 주민이 직접 선출한 지방 의회 의원과 지방 자치 단체장이 그 지역의 일을 처리하는 제도이다. 지방 자치제를 실시해 주민들은 지역의 문제를 스스로 해결하려고 의견을 제시하고, 지역의 대표들은 주민들의 의견을 수렴해 여러 가지 문제를 민주적으로 해결하고 있다.

ⓐ 지방 의회 의원 입후보 안내에 대한 설명을 듣는 사람들

ⓐ 지방 자치제가 다시 시행되면서 열린 서울 특별시 의회

| 사회 6학년 1학기 교과서 27쪽 ⓒ교육부 |

사회 교과서 본문을 이해하자면 사건이나 일을 중심으로 육하원칙인 누가, 언제, 어디서, 무엇을, 어떻게, 왜를 생각해 보는 것이 좋습니다. 교과서 본문의 마지막 문장을 살펴보면 아래와 같습니다.

> "지방자치제를 실시해 주민들은 지역의 문제를 스스로 해결하려고 의견을 제시하고, 지역의 대표들은 주민들의 의견을 수렴해 여러 가지 문제를 민주적으로 해결하고 있다."

지방자치제가 무엇을 위해 어떻게 작동하는지를 알려면 이 문장을 이해해야 합니다. 그래서 지방자치제가 목적하는 일에 대해 육하원칙을 생각하며 아래와 같이 질문하고 교과서 본문에서 답을 찾아보는 것입니다.

Q. 지방자치제는 뭐하려 작동하는 것이지? - 문제를 해결하려고

Q. 그래서 누가 뭘 하지? - 지역주민이 의견을 제시하지 / 지역 대표가 의견을 수렴하지

Q. 이렇게 하는 게 무슨 의미가 있어? - 민주적인 방법이지

Q. 그럼 지방자치제 전에는 문제를 어떻게 해결했어?
- 누가: 중앙정부가 / 무엇을: 지역문제를 / 어떻게: 의견수렴 없이, 정부의 뜻대로 / 왜: 제도가 마련되어 있지 않았어. / 지금과 비교해 어떤 의미가 있지? 민주적인 방식이 아니야.

사회 교과서의 문장은 압축적이고 추상적이라 곰곰이 생각하지 않으면 문장이 말하는 진짜 뜻을 알기 어렵습니다. 그러나 위와 같이 문장을 읽고 뜻을 생각해 본다면 사회 교과서의 내용은 물론, 사회 교과서에 쓰인 내용 이상의 공부를 할 수 있습니다.

복습 2단계 -
입력: 사회 교과서의 그림은 곧 내용이다

사회 과목의 핵심어와 주요 내용은 때로 교과서 그림에서도 등장합니다. 사회 교과서에서 그림으로 나온 내용은 본문에서 따로 설명하지 않는 경우가 많습니다. 사회 교과서 그림은 그냥 꾸미기용 삽화가 아니라 교과서 내용의 이해를 직접적으로 돕는 단서라는 뜻입니다. 그래서 사회 교과서를 볼 때는 그림도 주의 깊게 보고 필요하다면 그림에 메모를 해 두는 것이 좋습니다.

다음의 경우 교과서는 법원에서 하는 세 가지 재판의 종류를 그림으로 보여주고 있습니다. 민사재판, 형사재판, 행정재판이라는 용어는 교과서 본문에 나오지 않지만, 이 학생은 각 재판을 구분하기 위해 재판의 이름을 그림에 써넣고 형사재판의 특징이라고 할 수 있는 '검사'라는 단어도 써두었습니다. 집에서 복습할 때는 그림과 말풍선의 내용 등을 자세히 보면서 각각 어떤 재판인지, 서로 어떤 차이가 있는지 생각해 보고 공책에 정리할 수 있습니다.

법원은 법에 따라 재판을 하는 곳이다. 사람들은 다툼이 생기거나 억울한 일을 당했을 때 재판으로 문제를 해결한다.

법원에서 하는 일

△△ 씨가 정신적 피해를 입은 만큼 배상하세요.

층간 소음 때문에 너무 힘들어요.

일부러 그런 건 아니라고요.

사람들 사이의 다툼을 해결해 준다. → 민사재판

□□ 씨를 폭행한 것이 인정되어 징역 ○년을 선고합니다.

검사

○○시에서는 피해자에게 수리 비용을 보상하세요.

지하철 공사 때문에 우리 집이 부서졌어요.

법을 지키지 않은 사람을 처벌한다. ↳ 형사재판

개인과 국가, 지방 자치 단체 사이에서 생긴 갈등을 해결해 준다. ∟ 행정 재판

☺ 법원에서는 또 어떤 일을 하는지 사례를 찾아봅시다.

3 민주 정치의 원리와 국가 기관의 역할 •

| 사회 6학년 1학기 교과서 63쪽 ⓒ교육부 |

266

복습 3단계 ① -
활용 및 정리: 공책정리를 시작하기에 좋은 과목, 사회

앞서 말했듯이 공책정리를 해 보려는 학생들은 사회로 시작하기를 추천합니다. 사회는 핵심어와 그 뜻이 중요한 과목입니다. 교과서를 통해 전체적인 내용의 흐름을 이해했다면 내가 잘 이해했는지, 핵심을 잘 파악했는지 여부는 공책정리를 통해 확인할 수 있습니다. 코넬노트 정리법으로 수업 시간에 뽑은 핵심어를 왼쪽에 정리하고, 오른쪽에는 그 뜻과 예를 적어두는 것만으로도 사회 공책은 훌륭한 핵심 정리집이 됩니다. 공책을 쓰는 과정에서 내용이 기억, 정리되기도 하므로 그 효과는 일석삼조라고 할 수 있습니다.

공책정리를 해 보았고 더 잘할 방법을 고민하는 학생이라면 복습 방법 편의 '공책정리하기'의 방법을 다양하게 써 보면서 '어떻게 하면 공부에 더 도움이 되는 공책을 만들까?' 고민해 보기 바랍니다. 공책을 쓸 때 핵심을 좀 더 잘 나타낸 문장으로 쓰려 노력하고 그림도 곁들이면서 내가 더 이해하는 데 도움이 되는 공책을 만들어 가는 것이 사회 공책정리의 묘미입니다.

복습 3단계 ② -
활용 및 정리: 사회의 내용이 외워지지 않는다면?

사례와 연관 지어 이해하기

사회는 암기과목이라고 많이 생각합니다. 하지만 사회의 경우에도 내용을 이해 없이 암기해서는 기억도 오래가지 않고 지식으로 활용하기도 어렵습니다. 그래서 사회 교과서에서는 학생의 실제적 이해를 돕기 위해 주요 용어들을 사례 중심으로 설명하고 있습니다.

아래 교과서에서는 민주적 의사결정의 원리를 설명하기 위해 '쓰레기매립장 건설 문제'를 만화 형식으로 풀어갑니다. 문제 해결 과정에

| 사회 6학년 1학기 교과서 43, 44쪽 ⓒ교육부 |

서 주민 회의가 열리고 주민 대표와 시장, 시의원, 시청 공무원이 이야기를 나누는 모습에서 민주적 의사결정의 방법인 대화와 토론, 양보와 타협이 사용되고 있음을 보여줍니다. 민주적 의사결정의 원리를 '양보와 타협'이라고 글자만 외우는 것이 아니라, '주민들이 쓰레기장이 건설되는 것을 원하지 않지만, 매립장과 함께 필요한 공원도 만들자는 제안으로 양보하게 되었고, 결국 매립장 설립에 타협하게 되었구나' 하고 이해하게 되는 것입니다. 낯설고 추상적인 어려운 용어일수록 외우기보다는 예를 중심으로 이해하려 해야 합니다.

감정을 느끼면서 공부하기

기억을 돕는 또 하나의 유용한 공부법은 바로 기억할 내용과 감정을 연결하는 것입니다.[4]

복습 방법 편의 '암기하기'에서 우리 뇌는 정보를 저장할 때 다양한 감각기관을 사용하면 더 기억이 잘 되는 특성이 있었다고 했습니다. 뇌에 저장할 때 내용 자체뿐만 아니라 여러 감각적 실마리를 제공하여 기억을 꺼내기 쉽게 하는 것입니다. 감각뿐만 아니라 두렵다, 놀랍다와 같이 편도체가 담당하는 우리의 감정도 기억하려는 내용과 연관 지으면 기억의 실마리가 될 수 있습니다.

초등 국사 교육과정에서는 역사적 사실만을 기계적으로 외우는 것이 아니라 당시 사람들의 처지와 마음을 헤아려 그들의 감정에 공감하면서 역사적 내용을 배울 수 있도록 안내하고 있습니다.

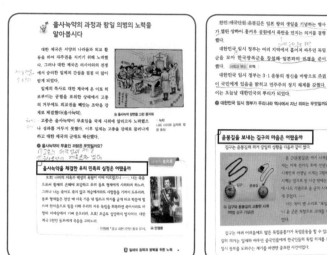
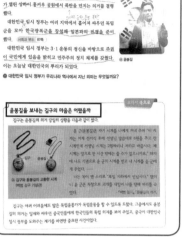

| 사회 5학년 2학기 교과서 113, 127쪽 ⓒ교육부 |

을사늑약이라는 말과 그 내용을 아는 것만큼이나 을사늑약을 강제로 체결하고 느꼈을 당시 사람들의 비통함을 공감하고 함께 느껴보는 것이 이 단원에서의 성취 목표입니다. 또한 당시 우리 선조들의 감정을 함께 느끼며 이 단원을 공부하면 그 자체로 내용 이해와 기억에 도움이 됩니다. 윤봉길 의사라는 역사적 인물이 한 일이 무엇인지 아는 것 이상으로 그가 한 사람의 개인으로, 친구와 동료로 자신의 목숨을 희생할 수밖에 없었던 상황과 처지, 감정을 생각해 본다면 사회 지식을 얻는 것은 물론, 사회를 공부하고 바라보는 학생들의 마음가짐과 시각도 달라지게 됩니다.

복습 4단계 -
심화: 사회에서 더 공부하기

           사회에는 역사, 정치, 일반 사회 등 다양하고 많은 내용이 있지만 초등학교에서는 학생들의 수준에 맞게 그 내용을 간략하게 다루고 있습니다. 이렇게 배운 내용은 중학교, 고등학교에 가면 더욱 자세하고 깊이 있게 다뤄집니다. 즉 사회의 경우, 수학처럼 학년이 올라가면 수준별 단계에 따라 전혀 새로운 내용을 배우는 것이 아니라 초중고로 학교급이 올라감에 따라 같은 내용을 자세하고 심화하여 다시 배우게 되는 것이지요. 그래서 지금 초등학교에서 배우는 키워드들, 예를 들어 민주주의, 자유와 경쟁 등의 각 용어가 무엇을 뜻하는지 이해하고 다양한 책을 통해 내용을 깊이 있게 공부해 두면 앞으로 중고등학교의 사회 공부에도 큰 도움이 되는 것입니다. 특히 5학년 2학기에 배우는 국사의 경우, 관련 책들을 함께 보며 진도를 따라가면 역사의 흐름을 이해하게 되어 사회 공부가 훨씬 쉬워집니다. 역사 만화책으로 역사에 흥미를 붙여서 글씨 책으로 영역을 확장해가는 학생을 종종 보았습니다. 역사에 흥미가 없어서 글씨 책 보기가 부담된다면 우선 흥미가 가는 만화책으로 학교 진도를 따라가 보는 것도 좋은 방법입니다.

용선생 시끌벅적 한국사1~10	글: 금현진, 손정혜, 정상민 그림: 이우일 (사회평론)	만화책이 아니어도 만화 못지않은 재미를 느낄 수 있어 많은 고학년 마니아층을 보유한 책
설민석의 조선왕조실록	설민석 (세계사)	어른 책이지만 책의 어투와 내용이 친근하고 쉬워서 초등 고학년도 재미있게 읽기 좋다.
먼 나라 이웃나라 시리즈	이원복 (김영사)	역사와 전통을 자랑하는 말이 필요 없는 사회 만화 시리즈. 여러 나라 편이 추가되어 지금은 20여 편에 이른다. 관심 있거나 필요한 나라별로 골라서 보기 좋다.
이현세 만화 한국사 바로보기	글 : 김미영, 유경원, 권민정 그림: 이현세 (녹색지팡이)	만화책이지만 교과서의 내용 흐름에 충실해서 교과서만으로 연결고리가 부족한 부분들을 시원하게 해결해 주는 면이 있다.
조선왕조실톡	무적핑크 (위즈덤하우스)	성인 웹툰이다 보니 학부모의 지도가 필요한 내용이 있지만 내용 구성이 요즘 학생들의 기호에 잘 맞아 흡인력이 있고 역사 내용을 이해하기 쉽게 해 준다.

| 흥미 위주로 골라본 초등 고학년이 사회 공부할 때 함께 읽으면 좋은 책 |

과학
복습

호기심을
탐구과정으로

────────── "오늘은 알지네이트(액체에서 겔gel로 변하는 화학반응을 이용한 화석모형 만들기 재료)를 사용해서 화석모형을 만들겠습니다."

말이 떨어지자 교실 곳곳에서 '아싸'를 외치는 소리가 터져 나옵니다. 온라인 개학 끝에 모처럼 하게 된 오프라인 수업에서, 그것도 과학 실험을 한다고 하니 아이들의 마음은 시작부터 설렙니다.

체육의 인기를 이길 수는 없겠지만 그래도 대다수의 초등학생은 과학을 좋아합니다. 바로 실험 때문입니다. 혼자는 할 수 없었던 실험을 과학 시간에는 공식적으로, 그것도 신기한 실험도구를 사용해서 해 볼 수 있기 때문입니다. 이러한 학생들의 어린이다운 호기심이 과학을 좋아하고 잘 하게 해 주는 원동력이 됩니다.

장난처럼 호기심을 충족시키던 과학 내용은 학년이 올라감에 따라 점차 과학자의 탐구활동으로 다가가기 시작합니다. 변인통제와 가설설정이 등장하고 실험도 부분적으로 설계할 수 있는 기회가 주어집니다.

한때 6학년 학생들에게 자유탐구(학생이 직접 주제 선정과 탐구를 계획, 수행하는 과학 수업의 한 과정) 주제를 정하자고 하면 학급의 3분의 1이 콜라에 멘토스를 넣는 실험을 하겠다고 하던 시절이 있었습니다. 이유를 물으면 유행하는 유튜브 영상에서 나온 실험이라 궁금하고 재미있을 것 같아서라고 합니다. 이런 경우는 탄산음료에 멘토스를 넣으면 거품이 난다는 사실은 이미 알고 있으니 이 실험을 새로운 지식을 얻을 수 있는 실험으로 바꾸어 보자고 독려합니다. 바로 가설을 세우도록 하는 것입니다.

'여러 탄산음료 중 콜라가 멘토스와 만났을 때 거품을 가장 많이 낼 것이다.' '탄산음료의 양이 많을수록 멘토스와 만났을 때 더 많은 거품을 낼 것이다.' 와 같이 말입니다.

학생들은 이제 탄산음료에 멘토스 넣기 실험을 통해 자신이 세운 이 가설이 맞는지 혹은 틀린지 검증할 수 있습니다. 호기심으로 해보는 장난이 과학실험이 된 것입니다.

이렇듯 과학 교과를 공부하면서 학생들은 주변 현상에 대한 호기심을 '왜 그럴까, 무엇 때문에 그럴까'와 같은 인과성을 밝히는 질문으로 발전시켜, 탐구과정을 통한 합리적이고 과학적인 사고를 연습하고 배워가게 됩니다.

과학은
암기과목?

───────── 과학을 사회와 함께 암기과목으로 생각하는 학생들이 많습니다. 하지만 과학이야말로 이해가 중요한 과목입니다. 물론 계절마다 보이는 주요 별자리, 산소 발생장치에 사용되는 약품과 같이 이해에 필요한 몇 가지 지식은 알고 있어야 할 것입니다. 하지만 그것이 과학 전체의 내용을 달달 외워야 함을 의미하는 것은 아닙니다.

과학 지식도 때로는 변합니다. 아래의 그림은 중생대의 대표적 육식공룡이라고 할 수 있는 티라노사우루스의 복원도입니다. 최초에는 도마뱀과 같은 모습으로 복원되었었으나 그 후 활동성이나 체온을 유지하는 문제를 설명하는 과정에서 깃털이 있는 아래와 같은 모습으로 복원되었지요(닭을 닮은 모습에 많은 아이가 실망해서 울었다지요). 여전히 논란이 계속되고 있기는 하지만, 최근에 보존상태가 좋은 티라노사우루스 화석의 피부조직을 분석하는 과정에서 성체 티라노사우루스에는

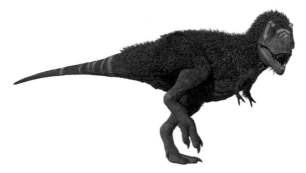

| 티라노사우루스의 복원도 ©Shutterstock, Inc. |

피부에 털이 없었다는 데에 대체로 동의가 이루어졌고, 티라노사우루스의 복원도는 다시 털이 없는 상태로 돌아가게 되었습니다.

이처럼 과학 지식은 새로운 증거로 인해 때로 변하기도 합니다. 학교에서 배우는 지식이라도 예외는 아닙니다. 그래서 과학 교과에서는 과학 지식을 무조건 외우도록 하기보다는 어떤 사고과정을 통해 그런 결론에 이르게 되었는지 아는 데 초점을 맞춥니다. 실제로 과학자들은 지금까지 얻은 지식에 만족하지 않고 계속 현재의 지식을 의심하고 검증하면서 연구를 계속하고 있습니다.

우리 학생들이 어른이 되어 살게 될 세상도 과학자들의 상황과 별반 다르지 않습니다. 수많은 지식이 쏟아져 나오기 때문에 무엇이 옳고 그른지 혼란스러울 지경입니다. 이런 환경 속에서 알고 있는 지식이 정말 믿을만한 것인지 검증하고 판단하는 능력은 과학 분야에서 일하지 않더라도 미래에 어른이 될 모든 학생에게 어쩌면 가장 필요한 능력이라고 할 수 있습니다. 몇 가지 과학지식보다 더 중요한 것은 과학 수업을 통해 얻게 되는 과학적 사고력입니다. 과학은 암기과목일 수 없습니다.

복습 1단계 -
출력: 학습문제에 답하되 실험과 연관 짓기

——————— 과학을 복습할 때에도 방과 후에 첫 번째로 하는 일

은 배운 내용을 출력해 보는 것입니다.

　오늘 수업 시간에 했던 실험을 떠올려보고 실험과정과 결과에서 어떤 일들이 일어났는지를 생각해 봅니다. 백지복습장에 글로 쓰기 어렵다면 실험장치를 그림으로 그려보아도 좋습니다. 그림을 그리면서 오늘 수업에서 중요했던 점들을 함께 떠올리고 수업을 통해 알게 된 새로운 용어들도 곁들여 써 봅니다.

　과학 수업 시간의 실험은 반드시 학습문제와 연결되어 있습니다. 학습문제가 '용질마다 물에 용해되는 양이 같을까요?'라면 한 시간의 수업은 이 질문에 답하기 위한 실험설계, 실험, 결론 도출로 연결되어 있습니다. 이 과정을 통해 '용질마다 물에 용해되는 양은 같지 않다'는 결과만 기억하는 것이 아니라 이 질문의 답을 찾기 위해 어떻게 실험했는지가 중요합니다. 같은 물의 양, 같은 용질의 양을 유지하기 위해 어떤 행동을 해야 했는지, 그 과정에서 주의해야 할 점은 무엇이었으며 왜 주의해야 했는지 실험의 전체적인 모습을 떠올려보는 것입니다. 이 과정에서 오늘 수업의 결론은 물론, 변인통제 방법과 실험기구의 사용법도 알게 됩니다.

복습 2단계 ① -
입력: 과학 탐구과정의 구조로 교과서 바라보기

　　　　　　　　과학 교과서의 한 차시 내용은 탐구 활동 과정 안내

와 그림, 4~5줄가량의 설명이 전부입니다. 그래서 과학 교과서만 보면 무엇이 중요한 내용인지 몰라, 마지막 설명 파트만 외우려는 학생들이 있습니다. 교과서의 주요 내용을 알려면 우선 과학 교과서의 구조를 알 필요가 있습니다.

앞서 학생들이 과학 과목에서 배워야 할 것은 과학 지식뿐만 아니라 과학적 사고력이라고 했습니다. 사고력은 생각을 움직이는 능력이기에 지식이라는 물고기가 아닌 물고기를 잡는 방법을 실행하고 익혀야 하는 문제입니다. 그래서 과학 교과서는 기본적으로 학생들이 꼬마 과학자가 되어 탐구과정을 실행하고 과학지식을 직접 발견할 수 있도록 구성되어 있습니다.

각 학년의 과학 교과서 첫 단원은 탐구 단원으로 구성되어 있는데, 이것은 과학 교과의 중심이 되는 과학적 탐구 과정을 학생들이 직접 실행하며 알게 하기 위함입니다.

과학 교과서를 효과적으로 읽자면 과학 교과서가 과학 탐구단원 뿐만 아니라 각 차시 내용 역시 이 과학 탐구과정의 구조를 따르고 있음을 기억할 필요가 있습니다. 수업 주제에 따라서 차시별로 정도의 차이는 있지만 과학 탐구의 과정인 〈문제인식과 가설설정 – 실험계획 – 실험 – 자료 변환과 해석 – 결론 도출〉의 구조가 기본적으로 한 차시의 틀을 이룹니다. 이는 수업 시간에 다루는 모든 주제를 학생들이 과학자처럼 탐구해서 직접 발견하고 알아가도록 하기 위해서입니다. 단순히 외우거나 주입식으로 배워야 하는 내용은 과학 교과서에서 찾아보

| 문제인식과 가설설정 | → | 실험계획 – 변인통제 |

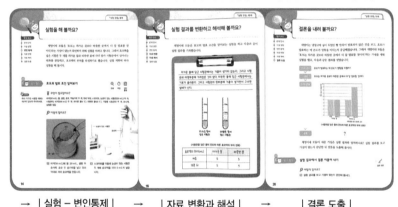

→ | 실험 – 변인통제 | → | 자료 변환과 해석 | → | 결론 도출 |

| 초등 과학 6학년 1학기 교과서 1단원 ©교육부 |

기 어렵습니다.

　따라서 학생들은 과학 교과서를 읽을 때 수업 장면을 떠올리면서 자신이 보고 있는 내용이 과학 탐구과정에서 어디에 해당하는지를 생각해야 합니다. 그래야 지금 교과서에서 제시하는 활동을 왜 하는지 알 수 있기 때문입니다. 수업 시간에 한 일이 과학 탐구과정에서 어디

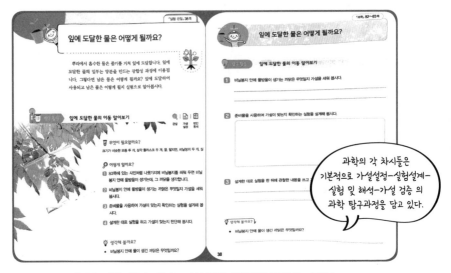

| 초등 과학 6학년 1학기 교과서 82쪽, 실험관찰 38쪽 ⓒ교육부 |

에 해당되고, 다르게 할 수도 있었는데 굳이 왜 그렇게 했는지를 생각해 보면서 실험 설계자의 입장이 되어보는 것입니다. 이렇게 하면 비록 교과서에 제시된 실험이지만 마치 내가 계획한 실험처럼 과정 전체를 큰 틀로 이해할 수 있게 됩니다.

교과서 복습할 때 이와 같이 수업 내용을 과학 탐구과정이라는 틀로 이해하고자 노력하면 실험의 각 과정을 따로 암기하지 않아도 직접 도출할 수 있고, 그 차시에서 중요한 내용과 큰 흐름을 자연스럽게 파악할 수 있게 됩니다.

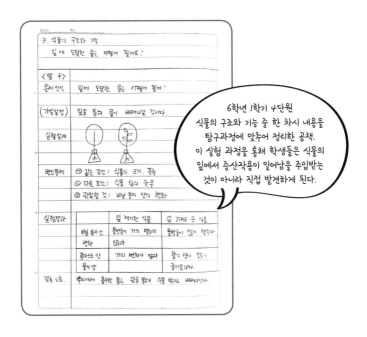

복습 2단계 ② -
입력: 실험은 X → Y 이다

—————— 윽, 갑자기 배가 아파집니다. 배가 아픈 것을 해결
하려면 배가 아픈 이유가 밥을 많이 먹어서인지, 상한 음식을 먹어서
인지 먼저 알아내야 합니다. 순간 저녁 식사 후 라면까지 먹었던 자신
의 어리석은 행동이 떠올랐습니다.

밥을 많이 먹었다 -> 배가 아프다

배가 아픈 것의 원인이 과식으로 밝혀졌습니다. 이렇듯 알고 있는 정보가 지식이 되려면 단편적 사실들을 원인(X)과 결과(Y)로 연결 짓는 연결고리(→)가 만들어져야 합니다. 과학 실험을 통해 학생들이 하는 일도 바로 원인과 결과 사이의 연결고리를 알아내는 일이라고 할 수 있습니다.

과학의 각 차시는 보통 하나의 원인과 하나의 결과 사이의 관계를 알아내기 위한 실험으로 이루어져 있습니다. 용매의 온도와 용질의 녹는 양 사이에, 기체의 압력과 부피 사이에 인과관계가 있는지를 실험을 통해 밝히고 그 결과를 지식으로 얻는 것이지요. 수업을 통해 학생들이 알게 되는 지식은 다음과 같은 것들입니다.

- **가설: 용매의 온도가 높아지면 용질이 더 많이 녹을 것이다.**
  - 탐구과정으로 알게 된 지식: 용매의 온도 —> 녹는 용질의 양(용매의 온도는 녹는 용질의 양에 영향을 준다)
- **가설: 압력이 높아지면 기체의 부피는 줄어들 것이다.**
  - 탐구과정으로 알게 된 지식: 기체의 압력 —> 기체의 부피(기체의 압력은 기체의 부피에 영향을 준다)

이처럼 실험을 통해 학생들이 파악해야 할 과학 지식은 X(원인) → Y(결과)의 모습을 하고 있습니다. 따라서 과학 복습을 할 때 학생들은 '이 실험은 어떤 원인과 결과를 밝히려는 것일까?' 하는 생각으로 교과서를 읽어나가는 것이 좋습니다. 초등과정에서는 아직 원인이 되는 X

가 2가지인 경우는 거의 없기 때문에 실험에서 다루는 한 가지 원인, 한 가지 결과가 무엇인지를 찾아내면 실험을 좀 더 쉽게 이해할 수 있습니다.

실험을 하기 위해서는 실험설계를 해야 합니다. 실험을 설계한다는 것은 초등과정에서는 '관찰해야 할 것, 같게 할 것, 다르게 할 것'을 정한다는 뜻입니다.

- 학습문제: 용질을 더 많이 녹이려면 어떻게 해야 할까?
- 가설: 물의 온도를 높이면 백반이 더 많이 녹을 것이다.

X(물의 온도)		Y(백반이 물에 녹는 양)
다르게 할 것 (조작변인)	같게 할 것 (통제변인)	관찰해야 할 것 (종속변인)
물의 온도	물의 양, 젓는 횟수, 백반의 입자 크기 등	백반이 물에 녹는 양

표를 통해서 앞서 X→Y로 표현했던 원인과 결과가 실은 수업에서 말하는 '다르게 할 것'과 '관찰해야 할 것'이었음을 알 수 있습니다. 이 X가 Y의 원인이라는 것을 증명하려면, 원인으로 지목된 X 이외의 것들은 실험결과(Y)에 영향을 미칠 수 없도록 해 주어야 합니다. 이것이 바로 변인통제(다르게 할 것은 변화시키고 나머지 같게 할 것은 일정하게 유지하는 일)의 과정입니다.

이렇듯 실험을 이해하기 위해서는 학습문제를 힌트 삼아 실험에서 밝혀낼 원인과 결과가 무엇일지 생각하여 가설을 세우고, 이에 따라 다르게 할 것, 같게 할 것, 관찰해야 할 것을 명확히 해야 함을 교과서를 읽을 때 항상 기억합니다.

복습 2단계 ③ -
입력: 주요 과학 용어 챙기기

──────── 과학 교과서를 읽을 때도 사회와 마찬가지로 용어를 챙겨야 합니다. 초등 고학년이 되면 용액, 용매, 용질 등 학생에게 생소한 용어들이 나오고, 무게를 '지구가 물체를 끌어당기는 힘'으로 정의하는 것과 같이 알고 있던 단어들이 과학적 의미로 새롭게 정의되는 경우도 있습니다. 전도, 대류 등 수업을 통해 배운 현상을 말하는 용어도 있습니다.

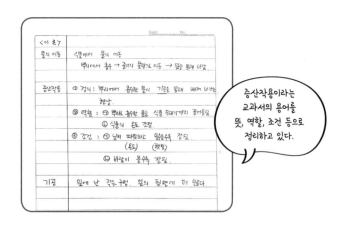

용어를 이해할 때는 그 용어를 관찰한 현상이나 수업 시간에 했던 실험과 연관 지어 생각해 보고, 함께 나오는 용어들 사이의 차이점이 뭔지 생각해 보면 뜻이 분명해집니다. 대류와 전도의 차이는 무엇일까? 균류와 식물을 구분 짓는 차이는 무엇일까? 와 같은 질문을 마음에 품고 대답하려고 노력해보는 것입니다. 때로는 용어를 이루는 한자를 찾아보는 것도 뜻을 분명히 밝히는데 큰 도움이 됩니다.

복습 3단계 ① -
활용 및 정리: 실험 관찰에 하는 과학 정리

_____   과학 교과서와 함께 사용하는 실험관찰 교과서는 과학 시간에 시행하는 탐구활동 과정과 결과를 기록하는 용도의 교재입니다.

과학 공책정리를 시작하려는데 무엇을 정리해야 할지 막막한 경우가 있을 것입니다. 이때는 탐구활동의 과정인 가설 – 실험설계(변인통제) – 실험결과 – 결론 순으로 오늘 수업 내용을 작성하고, 용어나 이론을 따로 정리하는 방법을 추천합니다.

그런데 실험관찰의 질문 순서를 살펴보면 이미 수업 내용을 탐구활동 중심으로 기록하게 되어있음을 알 수 있습니다. 그러므로 복습 때 공책정리 대신에 실험관찰과 교과서를 활용하여 정리해 보아도 좋습니다. 실험관찰의 내용 중에 정리가 미흡한 부분을 잘 고쳐 쓰기만 해

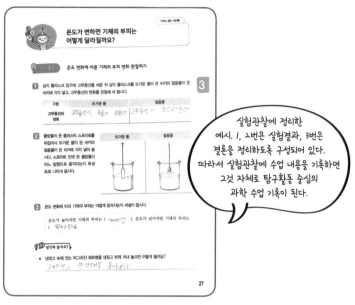

| 초등 실험관찰 6학년 1학기 교과서 27쪽 ⓒ교육부 |

도 실험관찰 책 자체로 탐구과정이 잘 정리된 과학 공책이 될 수 있습니다. 또한 용어나 개념 설명은 교과서에 밑줄이나 하이라이트로 중요 내용을 표시해 두는 정도로 해서 따로 정리하는 수고를 줄일 수 있습니다.

조사한 내용, 실험의 결론, 관찰한 기록 등이 모두 실험관찰에 들어있기 때문에 과학 복습할 때 실험관찰 없이 교과서만 가지고는 수업 내용을 절반밖에 떠올릴 수 없습니다. 따라서 실험관찰을 성실히 기록했다가 복습할 때는 실험관찰을 교과서와 함께 집에 가져와서 공부하는 것이 좋습니다.

복습 3단계 ② -
활용 및 정리: 주변 현상 설명해 보기, 문제풀기

─────── 과학 수업의 마지막은 보통 교과서와 실험관찰에 있는 '더 생각해 볼까요?' 질문에 답을 하는 것으로 마무리됩니다.

'더 생각해 볼까요?'는 보통 실험 결론을 활용해서 우리 주변 현상을 설명해 보도록 하는 적용 질문입니다. 실험을 통해 어떤 현상이나 개념을 이해했다면 학생들은 그것을 말로 풀어서 설명할 수 있습니다. 또한 이해한 내용을 바탕으로 주변 현상의 원리도 설명할 수 있어야 합니다. 보통 실험관찰에 정리하게 되어있는 '더 생각해 볼까요?'를 작성하면서, 학생들은 내가 배운 내용을 정리하여 말할 수 있는지, 공부한 내용을 주변 현상에 적용해서 설명할 수 있는지 확인하게 됩니다. '더 생각해 볼까요?'의 질문은 수업을 완전히 이해한 학생만 답할 수 있어서 서술형 평가의 단골 문항이 되기도 합니다.

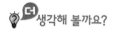

- 에어컨은 높은 곳에 설치하고 난로는 낮은 곳에 설치하는 것이 좋은 까닭은 무엇일까요?

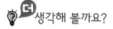

- 욕조에 담긴 물의 윗부분이 아랫부분보다 더 따뜻한 까닭은 무엇일까요?

| 초등 과학 6학년 1학기 교과서 '더 생각해 볼까요?' ⓒ교육부 |

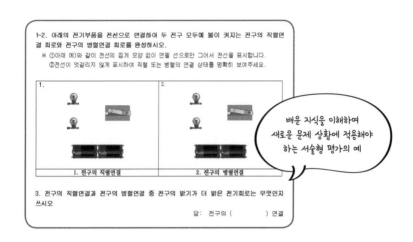

과학 수업 후에 이해를 확실히 다져야겠다고 생각하는 학생은 문제집을 다루어보는 것도 좋습니다. 수학과 비슷하게 과학 역시 내용을 안다는 것이 단순히 하나의 사실을 기억한다는 뜻이 아니라 법칙을 이해하여 새로운 상황에 적용할 수 있다는 뜻이기 때문입니다. 그러나 많은 문제를 풀기보다는 문제를 통해 모호한 용어나 개념을 확실히 하고 적용 연습을 해 보는 정도로 하는 것이 좋습니다.

복습 4단계 -
심화: 조사활동으로 지식 확장하기

과학의 단원 중에는 탐구활동이 주가 되는 단원이 있는가 하면, 조사활동이 주가 되는 단원도 있습니다. 조사활동은 주로

잎에 도달한 물의 이동 알아보기

 식물이 씨를 퍼뜨리는 방법 알아보기

같은 식물 단원이라 하더라도 식물의 물의 이동은 잎에서 물을 검출하는 실험으로 배우는 반면, 씨를 퍼뜨리는 방법은 직접 조사활동으로 지식을 얻을 수 있는 주제이다.

생물이나 지구과학 단원과 같이 실험중심의 탐구활동 구성이 어려운 단원에서 볼 수 있습니다. 다른 모든 과학 단원도 마찬가지이지만, 특히 조사단원은 과학지식이 중심이 되는 수업이기 때문에 수업 이후에 관련 내용을 찾아 독서를 하면 수업을 따라가기가 한결 수월해집니다.

식물 단원을 배웠다면 식물에 관한 책을, 자석에 관한 공부를 했다면 자석에 대해 알려주는 책을 그 단원을 다루는 한 달여 시간 동안 찾아 읽는 것입니다. 관련된 과학 지식을 더욱 확장해 보는 것이지요. 이렇게 찾아가는 방식으로 공부하면 배운 것만 익히고 외우는 공부가 아닌 창의적이고 재미있는 공부를 할 수 있습니다. 과학은 분야별로 학생의 눈높이에 맞는 책과 만화책이 다양하게 있어 관련된 책을 고르기도 어렵지 않습니다.

영어
복습

학교 영어의
쓸모

—————— 우리나라 학교 영어의 교육 목표는 EFL(English as a foreign language) 사용자로서 학습자들이 타문화권 사람들과 원활하게 의사소통을 할 수 있도록 하는 데 있습니다. 이것은 제2의 언어로서의 영어 ESL(English as a second language)의 위상과는 확연히 다른 것입니다. 가장 큰 차이는 영어 입력의 양입니다. 일상적인 영어 입력이 많은, 즉 일상적으로 영어가 통용되는 환경에 있지 않고서 학습자가 제2외국어 수준의 영어 능력을 갖추기란 사실 불가능에 가까워 보입니다.

이러한 한계로 인해 영어 교육과정에서는 학교에서 가능한 한 많은 영어입력을 제공할 수 있도록 다양한 방법을 강구하라고 명시하고 있습니다. 그러나 여러 과목 중 한 과목으로서 영어를 가르치고 있는 학교에서 영어 입력을 늘리는 것에는 한계가 있습니다. 초등학교 시기는 발달단계상 영어를 공부로서가 아닌 생활 속 입력으로 배우기 좋은 시기이지만, 그렇게 되기에는 상황적 어려움이 있습니다.

이런 배경으로 혹자들은 학교 영어에 노력을 투입하는 것에 대해 회의적입니다. 문법과 독해, 단어 외우기로 점철되는 학교 영어는 의사소통에 사용할 수 없는 죽은 영어라는 이유에서입니다. 영어를 공부가 아닌 생활 속 노출로 자연스럽게 익히면 문법이 조금 틀리고 단어가 부족해도 TV를 보고, 외국을 여행하는 등 의사소통 수단으로서 영어를 사용하는 데는 문제가 없다는 것이지요. 그래서 많은 이들이 학원, 엄마표 영어, 캠프, 단기 유학 등의 개별적 방법으로 영어 입력을 늘리는 데 노력을 기울이고 있습니다.

학교 영어는 학생이 영어를 완전한 의사소통 수단으로까지 익히기에는 부족한 부분이 많습니다. 영어가 유창해질 만큼 듣기 기회나 말하기 기회를 제공해주지 못합니다. 현재의 문법 위주의 엄밀한 학교 영어는 영어 습득의 한계를 안고 있는 EFL 환경의 우리나라 공교육에서 어쩌면 대안 없는 선택일지도 모릅니다.

그렇기에 필자는 '학교 영어는 부족하다'라고 치부하고 수업을 의미 없는 시간으로 보낼 것이 아니라, 학교 영어를 '정확성'이라는 영어의 한 영역을 담당하는 역할로 활용해 보기를 제안합니다.

영어로 된 문서를 읽는다거나, 언어가 다른 사람들과 업무를 하자면 일상생활이나 여행에서 사용되는 영어보다는 훨씬 엄격하고 정확한 영어가 필요합니다. 학교 영어가 의사소통을 완성해주지 못하지만 더 높은 수준의 의사소통의 길을 열어주는 하나의 수단이 될 수 있다는 뜻입니다. 수능 영어 1등급 수준이면 외국에 나가서 영어로 공부하는 데 큰 어려움은 겪지 않는다는 말을 들은 적이 있습니다. 학교 수업으로 연마한 영어 지식이 언젠가 영어를 사용해서 공부하고 일할 때 근간이 될 수 있다면, 그 노력은 분명 의미 있는 노력일 것입니다. 그렇기에 고학년부터 학교 영어는 버려야 할 패가 아니라 챙겨야 할 하나의 영역입니다. 이제 학교 일과 중 시간과 중요도 면에서 적지 않은 비중을 차지하는 학교 영어를 그냥 흘려보낼 것이 아니라 내 영어에서 '정확성'이라는 한 영역을 만들어가는 소중한 시간으로 사용하는 것이 더욱 현명한 선택일 것입니다.

5학년 학교 영어, 본격 영어의 시작

————————— 영어는 초등학교의 그 어떤 과목보다도 학생들의 실력 편차가 심한 과목입니다. 한 교실에 파닉스가 아직 힘든 학생이 있는가 하면 이미 회화가 유창한 학생도 있고, 문장을 더듬더듬 읽어나가는 학생이 있는가 하면, 두꺼운 영어책도 척척 읽어내는 학생 등 영어 수준이야말로 극과 극에 달할 만큼 천차만별입니다. 그래서 학교 영어 수업은 이렇게 수준이 제각각인 학생들을 어떤 방식으로 아우를 것인가를 항상 고민하며 진행됩니다. 영어가 부족한 학생들은 좌절하지 않고 착실히 따라오도록, 영어를 잘하는 학생들은 흥미를 유지하도록 해야 하기 때문입니다. 이쯤에서 '나는 영어가 부족한 편은 아니니 나와 상관없는 이야기'라고 생각하는 독자분도 있을 수 있습니다.

그러나 묘한 것은 분명히 교실 안에 영어 수준이 높은 학생들이 많은데 그 학생들이 모두 영어 과목의 성취 수준이 높은 것은 아니라는 사실입니다. 즉 학생들이 평소 푸는 영어 문제집이나 평소 읽는 영어 책을 생각하면 모두다 100점을 맞을 것 같은데, 정작 실제 영어 수행평가에서 그렇지 못한 학생들이 있다는 것입니다. 영어 수행평가는 주로 교과서에 쓰인 문장, 여러 차시 동안 수업 시간에 연습한 문장을 다시 써보거나 말해 보는 수준입니다. 그런데 이런 과제 앞에서 영어를 잘한다는 학생의 결과가 신통치 않은 이유는 무엇일까요?

이유는 학생이 영어 수업과 교과서에 나온 내용을 정확히 알지 못해서입니다. 다 안다는 생각에 교과서를 보지 않고 수업에도 열심히 참여하지 않는 등, 수업시간에 다루는 내용을 챙기지 않은 것입니다. 모둠 활동으로 주요 표현 말하기 연습을 하는 바쁜 시간에 어떤 학생들은 숨어서 당장 급한 학원 숙제를 합니다. 교과서는 쉽다는 생각에 학교 수행평가가 임박했음에도 학생들은 교과서 문장을 다시 보며 공부할 생각을 하지 않습니다. 그러다 보니 평소 하는 영어와는 비교도 안되게 쉬운 학교 수행평가에 제대로 답을 하지 못하는 것입니다. 그러나 앞서 말했듯이 출력 상황에서 출력을 못 하는 이유는 정확히 알지 못해서입니다. 실수가 아니라 실력인 것입니다. 게다가 수업 시간에 제시되는 내용을 모른 채로 그냥 넘어가는 태도와 행동을 반복하면 그대로 습관이 되어 지속할 가능성이 큽니다.

학교 밖 영어로 실력을 키워온 학생들도, 학교 수업 위주로 공부해

온 학생들도 이제는 학교에서 다루는 내용을 착실히 본인의 것으로 만들면서 전진해야 합니다. 5학년을 기점으로 학교 영어는 이제 대학 입시 때까지 차근히 수준을 올려 갑니다. 음성언어 중심이던 3, 4학년의 내용이 5학년부터는 문자언어도 비중 있게 다루어지기 시작합니다. 노래와 찬트, TPR 등으로 듣고 따라 하며 표현을 습득하던 방식도 5학년부터는 초보적인 단계지만 문법을 기반으로 문장을 직접 구성하는 일을 시작하게 됩니다. 5학년은 학교 영어의 전환기입니다.

평소 하는 영어와는 별개로, 학교 영어 수업 시간에 다루는 내용은 스스로 챙겨서 분명히 하고, 이것을 수행평가로 성취도를 보여줄 수 있어야 합니다. 초등 고학년의 학교 영어야말로 몇 가지 주요 표현과 기초적인 문법 지식, 약간의 초등 필수단어 정도만 알면 누구라도 높은 성취도를 달성할 수 있습니다. 이것은 학생 스스로 학교 영어 수업에 열심히 참여하고 잠시 익히는 것만으로도 충분한 수준입니다. 부모님과 학원이 일일이 챙겨주지 않아도 자기 수행평가 정도는 스스로 준비하는 생활 모습이 갖춰져야 합니다.

학교 영어 공부를 학생 스스로가 챙기는 방법도 역시 복습입니다. 복습하려고 마음먹으면 수업에 성실히 임하는 것은 물론 하루의 영어 수업에서 중요한 내용과 내가 챙겨야 할 부분이 어디인지를 스스로 파악할 수 있게 됩니다. 그러기 위해서 학교 영어 수업에서 제시된 내용을 알차게 받아들이는 한편, 학교 영어에 기대어 영어 말하기, 듣기, 읽기, 쓰기를 고르게 발달시킬 수 있는 알뜰한 영어 복습법을 제안하겠습니다.

복습 1단계 -
출력: 주요 표현 쓰고 말해보기

_____ 영어 수업을 받고 집에 돌아온 날 챙겨두어야 할 중요한 내용은 바로 오늘 학교에서 배운 주요 표현, 문장입니다. 'I am 6th grade.', 'What would you like to have'와 같이 이 문장들은 단원의 제목이 되거나, 오늘 활동을 통해 집중적으로 많이 사용된 문장입니다. 게임을 하면서 수업 시간에 말로만 해 보았다면 백지에 써 보면서 직접 안 보고도 쓸 수 있나 점검해 봅니다. 보통 수업은 이 문장들이 기둥이 되어서 관련 문법도 배우고 단어도 함께 익히기에 이 문장을 거의 외우다시피 익숙하게 만드는 것이 좋습니다.

복습 2단계 ① -
입력: 교과서 큰 소리로 읽고 익히기

_____ 이제 영어 교과서를 읽을 차례입니다. 영어 교과서는 다른 과목과 달리 소리 내서 읽어야 합니다.

초등 교과서는 읽을 글이 많지 않습니다. 듣기, 말하기 차시에는 듣고 말하는데 실마리가 될 수 있는 그림이나 단어, 짧은 문장 정도만 나와 있습니다. 그러나 수업에 참여한 학생은 이런 단서들만 보아도 말할 내용을 생각해낼 수 있습니다. 수업 시간에 이미 그림을 보며 연습한 내용이 있기 때문입니다. 듣기는 교과서 출판사에서 제공하는 듣기 자료를 활용해서 다시 들어보고, 말하기는 교과서를 보며 다시 한번 큰 소리로 읽어 봅니다. 교실에서는 부끄러워서 해보지 못했던 어려운 발음도 집에서는 듣기 자료를 따라 마음껏 연습합니다.

교과서에서 가장 긴 본문이 나오는 차시는 읽기 차시입니다. 읽기를 공부한 날에는 배운 본문을 소리 내어 읽어보아야 합니다. 읽으면서 동시에 본문의 내용을 떠올려보면 직독직해의 연습도 되고 리듬감 있게 읽는 연습, 발음 연습 등도 저절로 됩니다.

영어 말하기 수행평가는 교과서의 주요 표현을 소리 내어 자신 있게 말할 수 있다면 걱정할 필요 없는 수준입니다. 이는 수업 시간에 발화연습 기회가 주어졌을 때 열심히 참여함으로써 어느 정도 연마할 수 있습니다만 말하기도 역시 연습이 답입니다. 교과서 복습 때 주요 표현이 입에 붙도록 자꾸 말해보면 훨씬 더 잘 말할 수 있습니다.

학교에서 배운 발음을 좀 더 유창하게 하고 강세나 리듬에도 신경 쓰고 싶다면 교과서와 함께 제공되는 mp3 파일을 틀어놓고 쉐도잉을 하는 것이 효과적입니다. 쉐도잉이란 원어민의 음원을 듣고 소리 나는 대로 즉시 따라 말해보는 것을 말합니다. 보통 교과서 글을 읽어주는 음원 파일을 들어보면 문장과 문장 사이에 잠깐의 시간 간격이 있는데, 이것을 이용해서 한 문장이 나온 즉시 따라 말하기를 시작하는 것이지요(다소 빠르게 말해야 할 수도 있습니다). 쉐도잉은 따라 말하는 것이기에 발화에 자신감이 더해지고 재미있게 읽기, 말하기 연습을 할 수 있습니다. 또한 문장을 먼저 듣고 말하면서 영어 듣기를 늘려준다는 장점도 있습니다. 영어 교과서를 펴면 글이 많지 않아서 교과서로 무엇을 복습해야 할지 막막할 수 있는데, 이런 학생들은 '영어 교과서 복습은 항상 쉐도잉으로 한다'고 정해놓고 꾸준히 해 보기를 권합니다. 복습을 지속하기에도 좋고 듣기, 말하기는 물론 본문의 문장들이 외워지는 효과도 있습니다.

복습 2단계 ② - 교과서 읽기: 교과서 본문 정확히 해석하기

5, 6학년 교과서의 본문은 수업 시간에 선생님이 해석을 해주기 때문에 대략적인 내용을 모르지 않습니다. 그러나 막상 교과서의 문장을 읽고 뜻을 말해보자고 하면 제대로 해석하지 못하는 학생이 있습니다. 시제나 'How can I~' 같은 관용어구, 단어들도 챙겨서 분명히 알아두지 않으면 문장은 매끄럽게 해석되지 않습니다.

평소 챕터북 등의 영어책 읽기를 할 때는 일일이 단어를 찾거나 해석을 하면서 읽기를 진행하지 않습니다. 그러나 교과서는 다릅니다. 교과서에 나오는 표현은 반드시 숙지해야 할 표현들이고 정확히 해석할 수 있어야 합니다. 정확히 해석할 수 있다는 것은 문장 해석에 필요한 문법 지식을 적용할 수 있다는 것이며, 단어의 다양한 뜻 중에 문맥에 맞는 뜻을 선택할 줄 안다는 뜻도 됩니다. 그렇기에 몇 안 되는 문장이지만 초등 수준의 간단한 문법을 적용해 국어로 매끄럽게 바꿀 수 있도록 공부해 둘 필요가 있습니다.

학교에서 읽기 수업을 한 날에는 본문을 읽고 우리말 해석을 써 보거나 말해봅니다. 해석을 할 때 잘 모르거나 모호했던 부분이 있다면 자습서를 참고하거나 질문을 해서 의문점을 분명히 해결하고 넘어갑니다.

복습 3단계 -
활용 및 정리: 주요 표현과 단어 암기하기

─────────── 수업과 교과서에서 나온 단어들은 그날 배운 즉시 외우고 넘어가야 합니다. 수업하는 동안 뜻이나 품사가 혼동되는 단어는 그리 많지 않아서 이 단어들은 사전을 찾고 단어집에 정리해 두는 것이 좋습니다. 발음기호를 보며 단어를 발음해 보고 품사도 챙겨서 알아둡니다. 이때 비슷한 단어, 해당 단어의 명사형, 동사형 단어로 확장

298

해 보면 어휘력을 늘리는데 더욱 도움이 됩니다. 단어집은 단어를 찾고 쓰는 과정에서 단어가 외워지고, 일단 정리하고 나면 내가 모르는 단어가 반복하기 좋은 형태로 남게 되어 강력히 추천하는 방법입니다.

단어의 뜻을 다양하고 풍부하게 알면 좋겠습니다만 학생들은 영어 단어와 뜻을 1:1로 연결 짓기에도 바쁩니다. 이럴 때는 단어를 외울 때 그 단어가 사용된 문장을 함께 읽어보면 도움이 됩니다. 단어장에 정리할 때 아예 단어 옆에 그 단어가 쓰인 문장을 함께 써 두는 것도 방법입니다. 단어를 문장과 함께 익히면 필요할 때 사용하기도 좋고 뜻도 쉽게 연상됩니다.

수업 중에 낯선 단어가 많으면 수업 후에 교과서의 단어들을 익히고 외울 수 있는 추가 과제가 나오는 경우가 있습니다. 학교 과제가 그리 반갑지는 않지만 숙제를 통해서 이 단어는 확실히 외우고 간다고 생각하면 단어 쓰기나 암기 과제가 복습의 일부가 되어 의미 있고 공부에 도움 되는 숙제가 됩니다.

복습 4단계 ① -
심화: 초등 영문법 챙기기

———————— 수학이라면 학년이 올라갈수록 초등학교 내용을 기반으로 새로운 개념을 배우겠지만, 영어의 영문법은 중고등학교에

간다고 초등과 전혀 다른 것을 배우는 것이 아닙니다. 같은 내용인데 내용이 더해지고 정교해지는 것뿐입니다. 그래서 초등 영문법은 영문법의 큰 틀을 배우는 것이기에 기초를 잘 닦아두는 것이 중요합니다. 초등 영문법이 탄탄하면 중학교에 올라가서 내용이 더해지고 적용할 세부 규칙이 많아져도 흔들리지 않고 새로운 내용을 배울 수 있게 됩니다.

따라서 수업 시간에 배운 기초적인 문법 지식을 복습 때 그 내용을 확실히 해 두는 것이 중요합니다. 초등 교과서에는 영문법 내용이 직접 다루어지지 않고 규칙이 적용된 문장만 나오기 때문에 이런 내용은 수업 시간 필기나 프린트물로 제시될 수 있습니다. 복습할 때는 이런 자료를 사용하여 수업 시간에 배운 문장들에 문법 규칙이 어떻게 적용되었는지 살펴보고, 새로 배운 문법을 점검하는 문제도 다루어보면 좋

초등 영문법

be동사의 종류, 뜻
be동사로 묻고 답하기
be동사가 포함된 문장을
통으로 익혀서 배우기

Kate is from London.

중등 영문법

be동사의
과거형, 현재형, 미래형,
의문문 등 문장 만들기
보다 복잡한 문장도 형태
바꾸기

The water in this river
is clean.

고등 영문법

단, 복수 시제 맞추기
예외사항까지 다루기
더 복잡한 문장 만들기와
해석하기

The news is very
interesting.

| 초중고 영어 교육과정에서 문법 내용의 차이[5] |

습니다. 또 학교 수업 위주로 영어 공부를 하는 학생도 기초석으로 삼을만한 초등 영문법 책 한 권쯤 정해서 보는 것을 추천합니다. 복습하다가 문법 부분에 궁금한 점이 생길 때 찾아보고, 책에 딸린 문제로 적용 연습을 해보기 위해서입니다. 너무 복잡하고 자세한 교재보다는 교과서 수준의 문장을 예문으로 하여 초등 수준으로 문법을 알기 쉽게 설명한 책을 선택하는 것이 좋습니다.

복습 4단계 ② -
심화: 영어로 된 읽을거리 조금씩 읽기

영어 수업 외에 듣고, 읽고, 말하고, 쓰는 능력을 기르기 위해 영어로 된 만화영화보기, 영어 자료 흘려듣기 및 집중듣기, 영어 일기쓰기, 영어책 읽기 등 알려진 활동이 많습니다. 이런 경험 활동을 바탕으로 한 전문적인 엄마표 영어책도 시중에 무척 많습니다. 그렇기에 이 책에서는 심화 복습으로 초등학생이 스스로 해보기에 가장 쉬운 일 한 가지만을 추천하고자 합니다. 그것은 바로 영어로 쓰인 읽을거리를 매일 조금씩 읽는 것입니다.

앞서 말했듯이 영어 지식의 상당 부분은 암묵적 지식입니다. 단어를 알고 문법 규칙을 안다고 하더라도 이것을 적용하여 직접 문장을 만들고, 뜻을 알아내는 일은 생각처럼 쉽게 되지 않습니다. 올바르게 써진 문장을 자꾸만 접해봐야 읽는 속도도 빨라지고 좋은 문장도 만들 수 있습니다. 마치 독서 능력이 갖추어져야 국어를 잘하게 되는 것과 비슷한 것이지요.

따라서 하루에 10분이라도 교과서 수준의 영어로 된 읽을거리를 매일 꾸준히 읽어보기를 권합니다. 시중의 초등 독해책을 정해도 좋고, 영어로 된 그림책, 동화책, 만화책도 좋습니다. 한꺼번에 많이 하는 것보다 흥미 있는 읽을거리를 부담 없이 조금씩 매일 봤으면 합니다. 이렇게 하면 학교에서 배운 단어나 표현 등을 책에서 접하면서 단어가 어떤 뜻과 느낌으로 사용되는지 더욱 잘 알게 되고, 영어식 표현 방식에 익숙해지게 됩니다. 복잡한 문법을 아직 모를지라도 올바로 쓰인 문장을 자꾸 접하는 과정에서 문장을 바르게 구성하는 일도 수월해집니다. 더욱 중요한 것은 영어를 공부가 아닌 정보를 받아들이는 하나의 도구로 사용하는 과정에서 영어 능력이 종합적으로 길러지게 된다는 점입니다. 영어를 생활 속에서 독서 도구의 하나로 정착시킨다면 영어 실력은 시간이 지날수록 안정적으로 꾸준하게 향상될 것입니다.

알자배기

복습 습관

6장

공부 효과가
나타나려면

복습의 모든 요소를 원리, 방법, 실행 편을 통해 알아보았습니다. 이제 학습자는 복습을 시작하면 됩니다. 그런데 시작만 하면 되는 그 일이 생각보다 만만하지 않습니다. 구슬이 서 말이라도 꿰어야 보배이듯 최강의 복습 방법으로 무장했어도 실제 생활 속에서 실행하지 않는다면 앞서 보았던 복습의 효과는 조금도 내 것이 되지 않습니다.

복습을 실천해서 그 효과를 꼭 맛볼 수 있도록 쉽게 실행할 수 있는 조언을 지금부터 시작합니다.

바른 방식이어야
한다

─────────── 6학년 담임을 맡을 때 상담을 오셨던 한 어머님은 필자에게 이런 말씀을 하셨습니다.

"선생님이 복습을 강조하시는 것은 잘 알겠어요. 하지만 5학년 선생님도 복습을 강조해서 숙제로 강제하다시피 복습 노트를 쓰도록 했었는데 효과는 별로 없었어요."

그래서 어머님은 아이가 6학년이 되자 기존에 하던 영어에 수학과 역사 등 다른 과목의 사교육을 시작할 수밖에 없었다고 합니다. 고학년이 되면 학생, 학부모 모두 어떤 식으로든 공부를 해야 한다는 인식을 갖게 되고 나름대로 해결책을 강구하지만, 효과를 보지 못하면 결과적으로 곧 학원행입니다. 공부에 관한 어떤 계획과 목적을 가진 학원행이라면 모르겠으나 막연히 하루빨리 공부를 시키기 위해 선택하는 학원행은 학생을 더욱 수동적으로 만들게 됩니다.

복습은 어떤 새로운 학습법이 아닌, 공부 원리 자체를 말하는 것이라고 할 수 있습니다. 무슨 내용을 배우든지 자기 것으로 만들려면 익히는 과정이 있어야만 하고, 공부에 필수적인 그 '익히는 과정'을 복습이라고 부르는 것뿐입니다.

익혀서 알고자 하는 마음 없이 수동적으로 교과서를 읽고, 마지못해 복습 노트의 칸을 채우는 일은 얼마든지 이루어질 수 있습니다. 그러나 복습용 필기를 하고 교과서를 읽더라도 자신이 지금 하는 일이 나를 성장, 변화시킬 수 있음을 믿지 못하여 정성을 다하지 않는다면 그일은 아무 의미 없는 일이 될 것입니다. 복습이라는 이름을 가졌더라도 수동적인 공부에는 변화가 일어나지 않습니다.

복습으로 공부 효과를 내려면 한번을 하더라도 자신이 공부의 주인이 되어 정성껏 배우고, 출력식으로 힘써 익히는 복습을 실천해야 합니다. 단순히 '복습 노트쓰기', '교과서 읽기' 같은 요령을 따라 하기는 이 책에서 말하는 진정한 익히기이자 복습이 될 수 없음을 이해해야 합니다.

오래가야
한다

복습으로 공부 효과를 높이려고 마음먹은 학생이라면 반드시 넘어야 하는 산이 있습니다. 바로 '실천'이라는 이름의 산입니다. 복습이란 없었던 매일의 일상에서 복습의 자리를 새로 만들어야 하기에 '산'이며, 효과를 보려면 최소 한 달, 보통 3개월 이상 꾸준히 노력해야 하기에 '산'인 것입니다.

공부란 하루아침에 효과가 나타나는 일이 아닙니다. 그러나 많은 사람이 이 사실을 알고도 새로운 공부법을 시도했다가 얼마 안 가 효과가 안 난다는 이유로 그만둡니다. 필자가 읽은 한 책에서 공부를 시작한 어느 고등학생이 당장 성과가 나지 않자 다음과 같은 생각으로 포기의 문턱에 이릅니다.

'머리가 나쁜데 내가 이렇게 애쓴다고 뭐가 달라지겠어!'

학생이 맞이한 이 순간은 단순히 공부를 지속할 것인가, 포기할 것인가의 기로가 아니라, 곧 공부 성패의 기로라고 할 수 있습니다. 공부의 실패는 머리가 나빠서 오는 것이 아니라 공부하기를 포기하고 멈추어서 찾아오는 것입니다. 공부는 재능이나 머리로 하는 것이 아닌 노력으로 하는 것입니다. 그렇기에 공부 성공을 거두기 위해서는 '나는 스스로 변화를 만들 수 있는 존재'임을 의심하지 않고 하던 공부를 계속 밀고 가야 합니다. 이 책에서 공부하는 방법과 기술에 대해 많은 분량을 들여 이야기했습니다. 그러나 자신에게 맞는 공부 기술을 찾고 습득하는 일도 결국에는 학습자가 부단히 공부하고 노력하는 가운데에서 일어나는 것입니다. 복습의 성과는 오직 복습을 변화가 일어날 때까지 지속해낸 사람만이 확인할 수 있음을 기억해야 합니다.

바른 방식 ×
오랫동안

──────── 책의 앞부분에서 말했던 복습의 방법에는 하나의 일관된 대전제가 흐르고 있습니다. 그것은 바로 학습자 자신이 생각하는 방식의 적극적인 공부 방법으로, 그것도 꾸준히 노력해야 한다는 점입니다. 오래 하되 잘못된 방식으로 하면 '공부했다'는 겉모습뿐 효과가 나타나지 않음을 서두에서 이야기했습니다. 그러나 바른 방식으로 한다고 하더라도 꾸준히 하지 않으면 공부의 성과가 축적되지 않기에 실

력의 진보는 일어나지 않습니다. 복습법으로 진정한 공부 효과를 맛보려면 '바른 방식'과 '오랫동안'이 둘 다 충족되어야 합니다.

바른 복습의 '방식'에 대해서는 앞에서 여러 각도로 다루었기에, 이번 장에서는 복습을 어떻게 하면 '꾸준히' 할 수 있는가에 대해 이야기하겠습니다.

하루 복습에
성공하기

공부라는
매일의 도전

──────────── 자기주도 학습자 박주영 학생과 인터뷰를 하면서
필자는 한 가지 흥미로운 점을 발견했습니다. 인터뷰 중에 필자는 '공
부가 습관이 되었는가?'라는 질문을 건넸고, 그 답은 당연히 '그렇다'
일 것으로 내심 기대했습니다. 매일같이 스스로 꾸준히 공부해 온 학
생이라면 당연히 공부가 몸에 배어서 습관이 되었을 것이라고 생각했
기 때문입니다. 그런데 주영 학생의 대답은 놀랍게도 '아니다'였습니
다. 자기주도 학습이 생활의 일부가 될 만큼 꾸준하고 성공적으로 공
부해 온 학생에게도 매일같이 공부한다는 것은 매번 의지와 노력이 필
요한 일이었음을 짐작할 수 있습니다. 공부를 좋아하고 잘하는 학생에
게도 여전히 게임하기, 스마트폰, 지금 당장 쉬거나 놀기와 같은 유혹
은 언제나 존재합니다.

당장 효과가 눈에 보이지 않는데 무언가를 오래 지속하는 것은 쉽
지 않은 일입니다. 그래서 더욱 공부는 과정에서 재미를 느껴야 하고

자신의 의지로 해야 합니다. 꾸준한 공부 습관을 만들어주려고 어떤 부모들은 학생을 일정 시간 동안 책상에 억지로 앉아있게 하기도 합니다. 하지만 학생이 원치 않는 공부 습관은 본인이 하지 않기로 마음먹고 그만두면 이내 사라집니다. 공부는 스마트폰이나 게임처럼 중독되는 일이 아니기 때문입니다. 어제 혹은 지난 한 달간 공부했었다 하더라도 오늘 책상에 앉을 때는 또다시 새롭게 '이제 공부해야겠다'라고 마음을 다잡아야 비로소 책상에 앉아 오늘의 공부를 할 수 있는 것입니다. 그래서 공부를 오래 지속하려면 기본적으로 '공부를 잘하고 싶다', '공부를 제대로 하고 싶다', '공부를 통해 성장하고 싶다'는 열망과 이유가 공부하는 학생 당사자에게 분명히 있어야 합니다.

오늘 복습에
성공하기

———————— 그래서 누군가 시켜서 하는 것이 아니라 내가 필요해서 시작한 이 복습 공부를 오래 끌어가자면 지속할 에너지원이 필요합니다. 그 에너지원은 다름 아닌 한 번의 복습에 성공하는 경험입니다.

어제 복습 공부에 성공한 경험이 오늘 또다시 마음을 다잡고 책상에 앉은 나에게 남들은 모를 기대와 확신을 건네줍니다. 어제 성공적으로 복습을 해낸 경험이 오늘 나에게 '어제 복습해 보니 좋았어. 나는 오늘도 스스로 잘할 수 있어'와 같이 복습에 대한 긍정적 피드백을 주는 것입니다. 누군가는 '실패는 성공의 어머니'라고 하지만 실제로 성공을 부르는 것은 성공의 경험이라고 합니다.[1] 그렇기에 복습을 일단 시작했다면 쉽게 실패하도록 내버려 두어선 안 됩니다. 시작했으니 작게라도 어떻게든 성공할 수 있도록 성공의 조건을 최대한 맞추어주는 것이 중요합니다.

한번 공부한 경험이 기분 좋고 긍정적이면 내일 다시 공부하게 될 원동력이 커집니다. 커피를 좋아하는 필자는 책상 의자에 앉을 때 일부러 마음에 드는 잔에 커피를 담아 글쓰기를 시작합니다. 글쓰기를 기분 좋은 일과 연관 지어서 매일 글을 잘 써보려는 저만의 요령이라고 할 수 있습니다. 책상 의자에 앉기가 힘든 학생이라면 좋아하는 간식을 가져오거나 하루 공부를 완수했을 때 자신이 좋아하는 일 한 가지를 할 수 있도록 계획하는 것도 하나의 방법입니다.

이렇게 복습을 계속 끌고 가되 복습 내용이 좀 부족하고 더러 실패하는 경우가 생기더라도 자책하기보다는 '다음번에 더 잘하면 되지'라고 마음을 편하게 하는 것이 좋습니다. 공부를 시작할 때는 공부의 성과보다는 최대한 계속 이어가는 것에 초점을 맞추어서 한 번의 복습을 다음번의 복습으로, 또 그 다음번의 복습으로 자꾸만 이어가도록 해야 합니다. 이렇게 하루하루 복습에 성공하다 보면 공부를 그만큼 지속하게 되는 것이고, 그 작은 성공의 벽돌이 쌓여 더 큰 성취도 이루어낼 수 있게 됩니다.

시작이 어려운 친구들에게 필요한 마법 -
측좌핵의 마법

_____ 그런데 공부를 잘하고 싶고, 이제는 공부 좀 해 봐야겠다고 생각은 하지만, 여러 가지 이유로 정작 복습 자체를 시작하지 못하는 친구들을 발견하게 됩니다. 이 학생들의 패턴은 이렇습니다.

학생 A는 학교에서 다짐했습니다. 오늘부터 숙제는 학교 갔다 와서 바로 하고, 저녁에는 복습도 한 시간씩 하겠다고 말입니다. 그런데 문제는 마음먹은 당일에 시작됩니다. 학교가 끝나고 집에 들어서니 다짐은 사라지고 일단 책가방을 던져두고 쉬고 싶습니다. 간식 좀 먹고 하자고 생각했지만, 간식을 다 먹었는데도 책상 쪽으로 발이 떨어지지 않습니다. 조금만 있다가를 되뇌다 보니 금세 잘 시간이 되었습니다. 이제 복습은 고사하고 내일 학교에 가서 혼나지 않기 위해 숙제라도 해야 합니다. 졸음을 참아가며 숙제는 어찌어찌했지만 복습은 또 내일로 미뤄집니다.

이런 문제를 해결할 수 있는 작은 행동 하나가 있습니다. 그것은 바로 '마음을 먹으면 즉시 시작하기' 입니다. 아니 공부가 하기 싫어서 시작도 못 하고 있는 학생에게 즉시 시작하라니요. 하지만 우리 뇌는 공부를 시작하기는 어려워도 일단 시작만 하면 공부가 저절로 되는 신기한 구조로 되어 있습니다.

사람의 뇌의 양옆으로는 측좌핵이라는 신경이 모인 곳이 있습니다.

이곳에는 의욕을 북돋워 주는 신경세포가 있는데 이 세포들이 활발히 움직여야 의욕이 생겨 어떤 일을 할 수 있습니다. 문제는 이 신경세포가 평소에는 활발하지 않고, 활성화하려면 뭔가 자극을 줘야 한다는 것입니다. 어떻게 하면 측좌핵을 자극해서 의욕이 생겨나게 할 수 있을까요? 그것은 바로 뭐라도 일단 시작하는 것입니다. 그러면 신기하게도 측좌핵은 스스로 흥분해서 의욕을 담당하는 세포를 더욱 활발히 움직이게 하는데, 이것을 '작업흥분'이라고 합니다. 시작하는 행동 자체가 의욕을 만드는 자극이 되는 것이지요. 신경정신과 의사이자 뇌 과학자인 이시형 박사의 말입니다.

"'시작이 반'이라는 속담을 증명한 뇌 과학적 근거가 바로 작업흥분 현상이다. 기력이 없어서 아무 일도 할 수 없다고 하지만, 실제로는 아무 일도 하지 않기 때문에 점점 더 무기력해지는 것이다."[2]

일기나 독서록 쓰기가 너무 싫어서 엄두를 못 내고 있다가도 일단 제목이라도 쓰기 시작하면 생각했던 것보다 숙제가 그럭저럭 되어가는 경험을 해 본 적이 있을 텐데요, 바로 제목 쓰기가 작업흥분을 가져온 덕분입니다. 공부를 하고 싶고 해야겠다는 생각을 실제로 실행에 옮기는 방법은 아이러니하게도 일단 '시작'하는 것입니다. 누워서 스마트폰을 보면서 '공부할 마음이 들면 하자'라고 생각하면 그 마음은 쉽게 찾아오지 않습니다. 그러나 '책상 가까이 가기'와 같은 아주 작은 행동이라도 일단 시작하면 그 행동 하나가 공부 의욕을 되살려 오늘 하루 복습을 성공으로 이끌어 주게 됩니다.

살살
시작하기

───────── "엄마, 축구 가기 싫어. 선생님도 무서울 것 같고 차
도 타고 가야 하고..."

이 말은 축구를 싫어하는, 그래서 억지로 축구교실에 가게 된 어린
이가 한 말이 아닙니다. 축구를 하고 싶어서 한 달간 필자를 조른 끝에
드디어 내일부터 축구교실에 가게 된 저희 아들이 한 말입니다. 그것
도 밤에 자기 전에 울면서 말이죠. 어찌 된 일일까요?

사람은 누구나 어떤 일을 시작하려면 두 가지 마음을 갖게 됩니다.
그것은 바로 하고 싶다는 마음과 두렵다는 마음입니다. 우리의 뇌는
'공부를 하자', '좋은 습관을 갖자'와 같이 이성적인 생각을 담당하는 인
간의 뇌, 대뇌 신피질이 있습니다. 한편 그 아래에는 위험 상황에 두려
움을 느끼고 싸우거나 도망치도록 만들어 생존을 돕는 동물의 뇌, 대
뇌 변연계가 있기도 합니다.

'매일 복습을 해서 변화를 만들자'라고 마음먹으면 인간의 뇌는 좋
아하지만, 동물의 뇌인 변연계는 그리 달가워하지 않습니다. 변연계는
이런 변화도 일종의 위기로 여기기 때문입니다. 갑자기 안 하던 공부,
그것도 많은 양의 힘든 공부를 해야 한다고 생각하는 것만으로도 변연
계 입장에서는 큰 변화이자 위기이지요. 동물이 위기를 만났을 때 불
안해하는 것처럼 우리도 변화 앞에서 정신이 멍해지고 도망가고 싶어
지는 것입니다.[3]

그래서 공부를 처음 시작하는 학생일수록 작은 분량과 쉬운 내용으로 살살 하는 것이 필요합니다. '공부, 그까짓 것 쉽다', '별거 아니다', '조금만 하면 된다'라고 나의 대뇌 변연계를 달래주면 공부하기 싫다는 저항감이 적게 들어 오늘의 공부를 마치기가 쉬워집니다. 대뇌 변연계가 놀라지 않도록 속이는 것이지요.

변연계를 속이는 또 다른 방법이 있습니다. 그것은 바로 공부를 해야 할 때, 싫다는 생각이 들 겨를도 없이 즉시 시작하는 것입니다. 시간을 끌면 우리 뇌는 변화를 흠뻑 느끼게 되고, 그러면 동물의 뇌는 내 의지와 상관없이 나에게 '싫다, 도망가고 싶다'는 메시지를 보내게 됩니다. 그러므로 변연계가 변화를 느낄 틈을 주지 않아야 합니다. 따라서 시간이 되면 그냥 방 쪽으로 걸어가 책상 앞에 앉는다거나 책을 펴는 것과 같은 작은 공부 행동 하나를 즉시 해야 합니다. 가장 의지가 많이 드는 순간은 거기까지입니다. 시작만 하면 측좌핵의 작업흥분이 발동되고, 그때부터 공부는 저절로 굴러갑니다. 복습 시간이 되어 방 쪽으로 걸음을 옮겼다면 이제 오늘의 복습은 반 이상 성공한 것입니다.

유혹은 이기는 것이 아니라
피하는 것이다

—————— 많은 사람이 무언가를 꾸준히 할 수 있는 중요한 요인 중 하나로 '환경'을 꼽습니다. 마음먹었던 일(악기 연습, 영어 공부, 운동

등)을 하려고만 하면 방해 요소가 많아 실천이 잘되지 않기 때문입니다. 학생에게 방해 요소는 주로 스마트폰이나 TV 프로그램, 친구와의 채팅 등 오락거리인 경우가 대부분입니다.

분명한 것은 유혹은 이기는 것이 아니라 피하는 것이라는 점입니다. 사람의 의지력은 그리 강하지도, 믿을만하지도 않습니다. 그 유명한 마시멜로 실험에서도 오랜 시간 마시멜로를 먹지 않고 견딘 아이들은 절제력이 좋다기보다는 유혹을 피하는 행동(마시멜로를 보지 않도록 눈을 가리거나 다른 곳 보기, 다른 곳으로 피해있기 등)을 실행할 수 있었던 아이들이었음을 보여줍니다. 유혹을 이기는 데는 강한 정신력보다는 유혹을 이기는 전략이 중요함을 알 수 있습니다.

그러므로 오늘 복습에 성공하고 싶은데 공부를 방해하는 유혹거리에 마음이 간다면 그 물건은 처음부터 치워버리는 편이 현명합니다. 스마트폰이 집중을 방해한다면 복습이 끝날 때까지 방 밖에 갖다 두거나 꺼두는 것도 방법입니다. 복습하는 시간은 따로 떼어놓고 가족들이 불러내거나 방해하지 않도록 가족들에게 미리 알려둘 수도 있습니다. 만지작거리고 싶은 장난감, 가서 눕고 싶은 침대, 스마트폰과는 떨어진 장소에서 공부를 시작하면 유혹거리와 복습 사이의 갈등을 훨씬 줄일 수 있습니다.

복습 습관
만들기

매일 하면
힘이 생긴다

———————— 버스의 TV에서 우연히 어느 우유 회사의 광고를 보게 되었습니다.

"어느 말이든 '매일'이 붙으면 힘이 생깁니다."

이 말을 듣는 순간 정말 그런가 싶어 혼자 가만히 마음속으로 생각해 보았습니다.

'매일 먹다. 매일 운동하다. 매일 가다…'

정말 몇 가지 일들에 '매일'이라는 단어를 붙여 생각해 보니 그 일들이 전혀 다르게 느껴졌습니다. 달라지자고 결심을 하고 시작했지만 몇 번으로 그치고 흐지부지되었던 그 일들을 매일 했다면, 그 좋은 일들이 다 내 삶의 일부가 되고 진짜 변화를 만들 수 있었을 텐데 말입니다.

저는 복습이 독자분에게 그런 일이 되었으면 좋겠습니다. 한 번 하는 것만으로도 좋은 복습을 매일 할 수 있다면, 분명 공부를 돌아보고 익혀가는 일이 삶의 일부가 되고, 공부의 참 재미와 뜻을 알게 되는 변화가 일어나게 될 것입니다. 남이 시켜서 하는 공부, 남에게 칭찬받으려고 하는 공부가 아니라 어제보다 더 나은 내가 되려고 내가 선택한 공부이기 때문입니다.

복습, '매일' 했으면 좋겠습니다.

습관으로 만들면 쉽다 -
습관이 되는 조건

─────────── 그러나 매일같이 의지를 들여야 실행할 수 있는 공부를 더군다나 매일같이 한다는 것은 보통 일이 아닙니다. 게다가 우리의 의지력도 그리 믿을 것이 못 됩니다. 그렇다면 어떻게 매일같이 복습할 수 있을까요?

어떤 일을 매일, 쉽게 하려면 그 일을 습관으로 만들어야 합니다. 습관의 뜻을 사전으로 찾아보면 '어떤 행위를 오랫동안 되풀이하는 과정에서 저절로 익혀진 행동 방식'[4]이라고 나와 있습니다. 즉 습관이란 어떤 행동 방식이 익혀져서 그 행동을 하려는 생각과 의지가 필요 없을 만큼 자동화되는 것을 뜻합니다. 마치 변기를 사용하고 나면 무조건 물을 내리게 되는 것처럼 의식을 집중하거나 신경 쓰지 않아도 몸이 먼저 움직여 그 행동을 하는 것이지요. 그래서 어떤 일이 습관이 되면 그 일을 하는 데 별로 힘이 들지 않습니다. 깊이 생각하거나 다른 일을 하고 싶은 유혹과 싸우지 않아도 금세 습관이 된 그 일을 선택하게 되기 때문입니다.

복습을 오랫동안 지속해서 효과를 보려면 바로 이런 일이 일상에서 일어나야 합니다. 습관에 따라 복습하기를 자동적으로 선택해야 하는 것입니다. 그러나 많은 경우 공부하러 가기 직전까지 공부하기 싫은 자신의 마음과 싸우고 부모님의 핀잔을 견디며 고통받다가 겨우겨우 공부를 시작합니다. 이런 일이 반복되면 공부를 시작할 때마다 어제의 피곤한 기억이 고스란히 떠올라 공부는 점점 선택하기 힘든 일이 됩니다. 공부가 성공할 때까지 복습을 오랫동안 계속하려면 그 일이 쉬워지고 편해지도록 복습을 습관에 태워야 합니다.

그런데 복습을 습관으로 만들자고 생각하니 좀 이상한 점이 있습니다. 복습이 습관이 되게 하려면 습관의 정의에 나온 것처럼 '어떤 행위를 오랫동안 되풀이하는 과정'이 필요합니다. 즉 복습을 오랫동안 되풀이해야 하지요. 복습을 습관으로 만들려는 이유가 복습을 오랫동안 되풀이하기 위해서인데, 습관이 되려면 복습을 오랫동안 되풀이해야 한다고 합니다.

복습을 자꾸만 한다 ⟶ 습관이 된다
습관이 된다 ⟶ 복습을 자꾸만 한다

복습을 자꾸만 하고 싶은데 습관이 안되어 있다.
습관이 되게 하고 싶은데 복습을 자꾸만 해야
습관이 된다. 응?

습관 없이 매일 쉽게 반복할 수 있을 것 같았으면 습관을 만들 필요도 없었습니다. 그래서 복습을 습관으로 만들자면 습관의 고리로 진입하는 특별한 전략이 필요합니다.

습관을 만들 때는 습관으로 만들려는 행동을 어느 정도 되풀이해야한다는 점은 어쩔 수 없습니다. 처음 하는 것인지라 낯설고 힘이 들더라도 얼마간은 의지력을 발휘해서 복습을 반복해야만 합니다. 그래서 하루 복습에 성공하는 전략, 또 그것을 연속적으로 하는 데 도움이 되는 방법을 앞서 소개했던 것입니다. 하지만 그렇게 의지를 많이 들이는 방법으로는 오래가기 힘들뿐더러 여러 날 복습을 한다고 반드시 습관이 되는 것도 아닙니다.

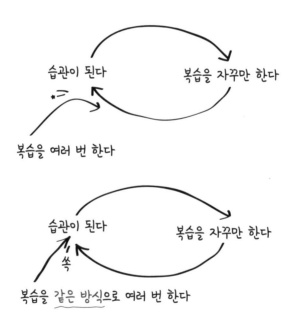

어떤 행동을 습관으로 만들려면 그 행동을 되풀이하되 그 일을 매일 '같은 방식'으로 반복하는 것이 필요합니다. 인간 행동 연구 전문가이자 심리학과 교수인 웬디 우드는 자신의 책 『해빗』에서 자제력이 높은 사람들은 남달리 의지력이 강하거나 욕구를 잘 참는 것이 아니라, 단지 습관 만들기에 더 능숙한 것뿐이라고 말하고 있습니다. 그들은 같은 시간, 같은 장소에서 같은 일을 반복함으로써 습관을 형성하는 방법을 알고 있으며, 행동 패턴이 무너질 만한 상황 자체를 아예 만들지 않습니다.[5]

따라서 우리도 복습이 매일의 습관이 되게 하려면 복습을 매일 같은 시간, 같은 장소, 같은 방법으로 할 필요가 있습니다. 공부 계획을 세울 때도 그것이 습관이 되기 좋도록 시간, 장소, 방법까지 세세하게 정하여 실천해야 합니다. 우리의 목표는 이런 방법으로 복습하는 일이 일상 속에서 하나의 패턴으로 자리 잡도록 만드는 것입니다.

똑같아야
한다

습관을 만드는 첫 번째 비결은 똑같이 반복하는 것입니다. 시간도, 장소도, 방법도 가능한 한 일정하고 똑같이 하는 것이 중요합니다.

만약 '매일 5시부터 방에서 복습하기'로 계획했다고 합시다. 그렇다면 당장 오늘부터 5시가 되면 무조건 방에 들어갑니다. 막상 5시가 되어 복습하려고 하면 동생과의 놀이를 그만두고 싶지 않다거나, 맛있는 간식이 생겨나는 등 시간을 지켜 시작하기가 의외로 쉽지 않습니다. 하지만 잠시 공부하는 한이 있더라도 일단 정한 시간이 되면 방에 들어가 책상 앞에 앉는 것이 좋습니다. 습관을 만드는 일 자체가 중요하기 때문입니다. 시간을 다 채울 수 없다면 오늘은 한 과목만 복습하고 그냥 나오겠다고 생각해도 됩니다. 대신 그 시간에 다른 일을 하면 어색해질 정도로 시간을 지켜 복습하는 일을 자꾸만 반복해야 합니다. 그러다 보면 마치 잠자리에 들려 하면 '이를 닦아야겠다'는 생각이 드는 것처럼 5시가 되면 '복습하러 가자'라는 생각이 들고 어쩐지 방으로 가고 싶은 생각이 들 것입니다.

일정한 장소와 방법도 습관을 정착시키는데 중요한 요인이 됩니다. 글을 쓰는 작가들은 새로운 영감을 얻기 위해 집필 장소를 다양하게 선택할 것 같지만, 의외로 그렇지 않습니다. 많은 작가가 일정한 집필 장소에서 글쓰기를 좋아합니다. 자신의 서재에서만 쓰는 사람이 있는가 하면, 좋아하는 특정 카페에 가야만 글이 잘 써진다는 사람도 있습니다. 글을 쓸 때 마시는 차, 사용하는 컴퓨터, 즐겨 쓰는 편집 프로그램까지도 거의 일정한 편입니다. 같은 일을 같은 방식으로 하는 것이 식상하고 지겨울 것도 같지만, 이렇게 글을 쓰는 일이 주변 요소들과 맞물려 습관이 되다 보니 나중에는 그 시간에 그 장소에 가는 것만으로도 글쓰기에 금방 집중이 되고 글도 잘 써지게 됩니다.[6]

작아야
한다

복습이 습관이 되도록 하기 위해서는 '계획한 일을 다 했나?'도 중요하지만, 더 중요한 것은 '조금이라도 매일 했는가?' 입니다. 습관을 만들기 위한 첫 번째 요소는 잦은 반복이니까요. 그러므로 계획을 실천해 가는데 마음먹은 양이 달성되지 않는다면 할 일의 분량을 줄여서라도 매일의 미션을 완수하기 쉽게 만들어야 합니다. 공부량은 매일 공부가 안정화되면 그때 다시 조금씩 늘려 가면 됩니다.

결심을 실천하는 '스몰스텝 전략'을 잘 설명한 책, 『아주 작은 반복의 힘』에서는 운동이든 공부든 매일같이 뭔가를 반복함으로써 생활의 변화를 만들고 싶다면 그 일을 무조건 작게 만들어야 한다고 조언합니다.[7] 움직이기 싫어서 도저히 운동이 안 되는 사람이라면 할 일은 '30분 운동하고 오기'가 아니라 '운동화 신고 문밖에 1분간 서 있기'와 같이 정말로 작게 잡아야 한다는 것입니다. 앞서 소개한 여러 복습 방법을 과목별로 다양하게 사용하면 더욱 좋겠지만, 그것이 어렵다면 일단 처음에는 '과목별로 배운 것 한 줄 쓰기'와 같이 아주 가볍게 시작할 수 있습니다. 아니면 가장 약한 과목, 예를 들어 수학 한 과목만 우선 복습하겠다고 생각할 수도 있습니다. 작은 것이라도 마음먹은 것을 완수하는 성공의 경험을 맛볼 수 있도록 목표 과제를 애초에 쉽게 잡는 것입니다. 작은 성공을 거듭하다 보면 자신감도 생기고 습관 만들기에도 한 발 더 다가설 수 있습니다.

동물의 뇌를 길들이는 3일,
습관이 되는 66일

─────── 뇌 과학자들은 사람이 싫은 공부를 억지로 참고할 수 있는 한계를 72시간 정도로 보고 있습니다. 공부하기가 싫다가도 의지를 다지면 뇌에서 스트레스를 이겨내는 방어 호르몬이 분비되어 어느 정도는 공부를 해나갈 수 있는데, 그 호르몬의 유효기간이 72시간입니다. 작심 3일이긴 하지만 그래도 3일 정도는 의지를 들여 공부하는 것이 그럭저럭 가능한 것입니다.[8]

스스로 무언가 새롭게 한다는 것은 쉽지 않은 일이지만, 이것을 견디고 3일을 지속하면 어느덧 나에게도 변화가 일어나기 시작합니다. 3일 동안 계획한 공부를 실천하면서 어색하던 공부가 어느덧 익숙해져 동물의 뇌가 낯설어서 일으켰던 저항감도 줄어들게 됩니다.

그러나 3일간 반복한 일은 저항감이 줄었다뿐이지 습관의 완성을 뜻하는 것은 아닙니다. 2009년, 런던 대학교에서 실시한 연구 결과에 따르면 새로운 행동이 습관으로 자리 잡기까지는 평균 66일이 걸리는 것으로 나타났습니다.[9] 두 달 남짓한 짧지 않은 시간 동안 계속 스스로 복습을 실천해 나가야 비로소 복습이 습관이 될 수 있는 것입니다. 그래서 습관을 만드는 여정 동안에는 1주나 1달 동안 공부 계획을 실천했을 때 '평소 하고 싶던 일하기', '먹고 싶던 맛있는 것 먹기'와 같이 자신에게 상을 주거나 의지를 다지는 전략들을 쓸 필요가 있습니다. 이 책을 읽고 계시는 부모님들은 복습 습관을 만들기 위해 애쓰는 자녀를 아낌없이 칭찬해 주시기 바랍니다. 아직 습관이 되지 않은 행동을 계속하자면 외부적인 보상이 다시 의지를 다지고 행동을 이어가는 데 도움이 되니까요.

그러나 습관이 잘 형성되고 나면 이제 더 이상 복습을 잘했다는 칭찬이나 복습 후 나에게 주는 선물이 없이도 복습은 잘 굴러가게 됩니다. 보상은 습관이 얼마나 강력해졌는지 측정할 수 있는 좋은 척도입니다.[10] 즉 보상이 없어도 복습을 계속할 수 있다면 드디어 복습은 습관이 된 것이지요. 이쯤 되면 매일의 복습은 더 이상 힘든 일이 아닙니다. 그냥 일상이 됩니다.

복습이 습관으로 형성될 즈음이 되면 복습의 효과도 나타납니다. 공부가 쉬워지고 좋아질 것이며 몰랐던 부분이 해결되는 경험이 쌓이면서 공부 자신감도 생기게 됩니다. 앞서 소개한 저의 경우 복습을 한지 한 달여 만에도 좋은 효과가 일어나긴 했습니다. 하지만 한 달이 꼭 좋은 성과물을 확인할 수 있는 시간은 아니며, 그보다 시간이 더 걸릴

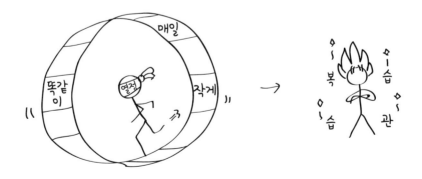

수도 있습니다. 그런데 일주일이나 한 달이 되었는데 변화가 없다고 그만두면 앞으로 한두 달 후면 얻게 될 열매를 포기하는 것과 마찬가지입니다. 스스로 공부해 보기로 마음먹었다면 최소 2~3달은 밀고 가야합니다. 비록 적은 양이고 완벽하지 않더라도 말입니다.

습관이 되는
공부계획 짜기

좋은 계획은
단순하다

———————   하루를 짜임새 있게 보내면서 매일의 복습도 실천
하자면 어느 정도 계획이 필요합니다. 그런데 독자분은 계획표를 만
들고 잘 지켜본 경험이 있습니까? 그런 사람은 아마 많지 않을 것입니
다. 내 손으로 만든 계획표인데 지키기 어려운 이유는 무엇일까요? 첫
번째 이유는 계획표를 짜고 지켜본 경험이 많지 않다 보니 나에게 맞
는 계획을 짜지 못해서입니다. 두 번째 이유는 보통 계획을 너무 많이
짰기 때문입니다.

공부처럼 계획 짜기에도 피드백이 필요합니다. 자기 계획이라 할지
라도 물 흐르듯 처음부터 잘 지키는 사람은 아무도 없습니다. 어떤 일
을 잘할 수 있는지는 직접 해보지 않고서는 알 수 없기에 나에게 맞는
계획 만들기도 해 봐야 알 수 있습니다. 계획은 우선 짜고 얼마간 지켜
본 후에 분량이나 실천 방식 중 안 되는 부분은 고쳐가면서(피드백) 완
성해 가야 합니다.

계획을 짜고 지켜본 경험이 없는 학생일수록 계획표는 쉽고 단순해야 합니다. 지키기 쉽도록 말이죠. 예를 들어 하루 계획표 중에 마음대로 쓸 수 있는 시간을 놔둔 채 '숙제는 4시에 한다.', '복습은 수학, 사회를 8~9시 사이에 한다.'와 같이 몇 가지 신경 써서 꼭 해야 하는 일을 배치하는 정도로만 계획을 정하는 것입니다. 좋은 계획은 단순합니다. 그래야 쉽게 지켜집니다.

할 일을
계획 속에 가둔다

꼭 지킬 수 있도록 계획표를 이렇게 짜면 어떨까요?

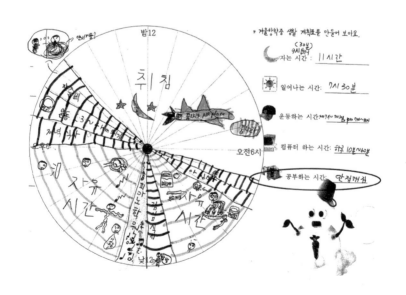

피아노 학원가기 외에는 식사와 운동, 자유 시간으로만 이루어진 단순한 계획표지요. 아마도 이 학생은 계획표를 무난히 지킬 것으로 보입니다. 그러나 계획표가 단순한 만큼 도전하거나 바꿀 것도 없습니다. 공부는 내킬 때 할 수 있도록 언제, 얼마나 할지를 아예 쓰지 않았습니다. 아마도 공부 시간을 써 두면 그 시간에 맞추어 공부하라는 잔소리를 듣게 되는 것을 예방하려는 것 같습니다.

하지만 계획표를 짜는 이유는 즐겁게 놀고 공부도 꾸준히 해서 성장하기 위해서입니다. 작은 도전이 없다면 성장도 발전도 기대할 수 없습니다. 게다가 공부 시간을 정해놓지 않으면 자유 시간 내내 공부를 계속 미루는 셈이 되어 마음 편히 놀 수도 없습니다.

어차피 해야 할 일이라면 그 일이 나의 자유 시간을 침범하고 방해하지 못하도록 내 계획 속에 가두어 버립시다. 공부 시간, 숙제 시간 등을 계획 속에 딱 정해두는 것이지요. 지금 놀고 있다 하더라도 '있다가 8시부터가 공부 시간이니 지금은 놀아도 돼'와 같이 생각할 수 있지요. 초등학생이라면 잘 놀아야 공부도 잘할 수 있습니다. 해야 하는

일은 계획 속에 가두고 내 생각대로 사용할 수 있는 시간을 확보해야 재미있게 놀기도 하고 읽고 싶은 책도 마음껏 읽으며 쉴 수 있습니다.

공부는
가장 생생한 시간에

─────── 공부 시간을 정할 때 한 가지 주의할 점이 있습니다. 내가 정하는 것이니 공부 시간을 어디든지 배치할 수 있겠지만, 그 시간은 내가 가장 생생하고 컨디션이 최고인 시간이어야 한다는 것입니다.

이렇게 생각해 봅시다. 하교 후 낮 시간 전체를 친구들과 놀거나 쉬는 시간으로 잡고, 공부 시간을 잠자기 직전인 10시~11시와 같이 배치하면 어떨까요? 아마 공부하는 동안 나른하고 졸릴 가능성이 높습니다. 공부 시간이 취침 시간에 너무 가깝기 때문입니다. 그렇다고 학교에 다녀와서 전혀 쉬지 않고 바로 공부하는 것도 어려울 수 있습니다. 그러므로 하루 중 놀고, 쉬고, 자고 싶은 마음이 가장 적은 시간, 공부 의욕이 넘치고 컨디션이 최고일 시간이 내 일과에서 언제일지 곰곰이 생각해 보는 것이 필요합니다. 공부가 힘든 일, 참는 일이 되어서는 매일 성공적으로 해내기 어렵습니다. 내가 잘하고 싶은 공부를 내가 가장 생생하고 의욕 넘치는 시간에 배치해서 매일 복습에 성공하도록 만드는 것입니다. 공부를 잘하기 위한 노력에는 이렇듯 자기 생활을 짜 임새 있게 끌어가는 일도 포함됩니다.

시간 분량이 아닌
할 일의 분량으로

——————— 최근 중고등학생들이 공부하는 것처럼 초등학생들 도 7~8시간씩, 일부는 10시간 이상 공부한 타임 랩스(Time Lapse)영상 을 유튜브에 올리는 일이 유행하고 있습니다.[11] 공부 타임 랩스란 하 루 동안 자신이 공부하는 모습을 영상으로 찍은 뒤, 그것을 몇 분으로 압축 편집한 것을 말합니다. 일부에서는 '어린 학생이 대단하다'는 반 응입니다. 그러나 초등공부는 수업과 책으로 하는 공부 외에도 놀이하 고, 가족과 소통하고, 외부 세계를 경험하는 등 생활 전반을 통해 이루 어지는 것이기에, 입시 공부처럼 긴 시간 자신을 몰아붙이는 공부는 초 등학생에게 적합하지 않습니다. 입시생처럼 무조건 오랜 시간 공부하 겠다고 생각하면 오히려 공부 효율성도 떨어지고 몸과 마음에 무리가 될 수 있습니다. 초등학생의 공부는 초등 교육과정 내에서 배우고, 그 날의 배운 내용을 소화하는 정도로 충분합니다. 그래서 하루의 공부 계 획은 2시간, 3시간과 같이 시간의 길이로 정하는 것이 아니라 그날 공 부할 분량 중심으로 짜고, 그 총 분량을 수행하는 시간도 길어야 2~3 시간을 넘지 않는 것이 좋습니다.

복습 원리 편, 힘써 생각하기 장에서 시간을 제한하면 몰입이 더욱 잘 된다고 이야기했습니다. 그래서 계획은 공부 분량을 중심으로 짜되 공부 시간은 '5시~6시 복습 시간'과 같이 할 일의 시작 시간과 끝나는 시간을 어느 정도 정해두는 것이 도움이 됩니다. 꼭 그 시간 동안 책상에 앉아있어야 한다거나 그 시간을 넘어선 안 된다는 뜻이 아니라, 정한 시간 안에 계획한 분량의 할 일을 끝낼 수 있도록 최대로 몰입해서 공부하려는 것이지요. 공부의 양은 '몇 시간을 공부했나?'가 아니라 '내가 실제로 알고 익히고 연습한 것이 얼마나 되는가?'로 판가름 나는 것입니다.

이렇게 분량으로 정한 공부를 매일 한 후에 훗날 이것을 양으로 환산해보면 하루 동안 굳이 7~8시간을 몰아 공부하지 않아도 적지 않은 양의 공부를 해냈음을 발견하게 될 것입니다. '한꺼번에 오랫동안 많이'가 아니라 '효율적으로 조금씩 꾸준히'가 더욱 효과적임을 항상 기억해야 합니다.

작게 시작해서 크게 키우자

하루 동안 하는 방과 후 복습의 양은 할 수 있을 만큼 작게 시작해서 익숙해지면 분량을 늘려가는 방식으로 하기를 추천합니다. 다음은 작게 시작해서 크게 키우는 하루 복습의 예입니다.

작게	**1단계만**
	과목별로 백지복습하기(한 장을 4개로 나누어 떠오르는 내용 다 써보기)
과도기	**2단계 및 3단계 일부 선택형**
	백지복습 후 교과서 읽기 → 수학만 문제집 풀기
크게	**3단계 복습**
	1. 백지복습 → 2. 교과서 읽기 → 3. 국: 어휘정리 / 수: 문제집 풀기 / 사: 공책정리 / 과: 실험관찰 부족분 정리 / 영: 단어외우기
확장형	**4단계 복습하기**
	1. 백지복습 또는 설명하기 → 2. 교과서 읽기 → 3. 국: 단어 문제집 / 수: 문제집 풀기 / 사: 공책정리 / 과: 문제풀기 / 영: 단어외우기 → 4. 수학: 사고력 문제 도전하기 / 국어: 본문 관련 도서 읽기

학습자의 현재 수준을 고려하여 하루에 공부할 수 있는 분량을 생각해 보고, 그에 맞추어 위와 같이 복습의 수준을 정합니다. 그 후 2주 ~1달가량 유지해 보고 잘 되면 한두 가지씩 내용을 추가하면서 필요한 수준까지 복습량을 늘려 가는 것이 좋습니다. 과목별로 자세히 복습하거나 가볍게 복습하는 정도의 차이는 있을지라도 학교 공부를 복습을 통해 잘 감당하려면 궁극적으로는 균형 있게 다섯 과목을 모두 복습하는 것을 추천합니다.

공부 계획
예시

―――――――――― 　다음은 어느 초등 고학년 학생의 하루 일과표입니다. 학교와 학원 시간 외의 기타 시간은 어느 정도 유동적이지만 색이 들어간 '숙제 시간'과 '내 공부 시간'은 매일 같은 시간에 시작하고 끝내도록 정해두었습니다. 스스로 하는 일이지만 마치 학원에 가듯이 매일 일정한 시간에 시작해서 그 일이 습관이 되게 하려고 합니다.

시간	하는 일	비고
8시~9시	기상, 아침 식사, 등교	
9시~3시	학교	
3시~3시 30분	휴식, 간식	
3시 30분~4시 30분	숙제 시간	학교 숙제, 일기 또는 독서록
4시 30분~5시 30분	피아노 학원	
5시 30분~7시	바깥놀이	자전거 타기, 친구와 배드민턴
7시~8시	가족 식사	
8시~9시	내 공부 시간	오늘 복습, 영어 공부
9시~10시	씻고 잘 준비, 독서	동생과 놀이, 책읽기
10시	취침	

숙제와 공부, 복습은 각각 3시 30분과 8시에 시작해서 1시간 이내로 마무리합니다. 분량과 시간이 정해져 있으니 몰입해서 밀도 있게 하려는 노력이 필요합니다. 물론 정해놓은 1시간보다 일찍 끝내면, 그 시간은 자유롭게 쓸 수 있습니다. 숙제나 복습할 거리는 매일 어떤 과목을 배우는지에 따라 달라질 것입니다. 학교 시간표에 따라 달라지는 복습 및 할 일의 내용을 일주일간 정리한 예시는 다음 페이지에 제시하였습니다.

보통 학교 숙제는 시간표에 맞추어 규칙적으로 나오는 경우가 많습니다. 국어가 있는 날에 국어 조사, 사회가 있는 날에는 공책정리, 목요일에는 독서록 숙제와 같이 말입니다. 그래서 매주 같은 요일에 하게 되는 숙제는 '숙제' 칸에 따로 써서 배치했습니다. 숙제가 없는 날도 있고 어떤 날은 특별한 숙제가 생겨나기도 합니다. 생겨난 숙제는 3시 30분부터 '숙제 시간'에 처리합니다. 독서록의 경우 금요일에 제출하기 위해서 목요일로 잡았지만, 임박해서 하는 것이 부담된다면 상대적으로 여유가 있는 수요일로 옮겨서 배치할 수도 있습니다.

이 학생이 복습하려는 과목은 그날 배운 과목 중 국어, 수학, 사회, 과학, 영어입니다. 시간표를 보고 그날 수업이 있는 과목은 모두 복습할 과목이므로 내 공부란에 그대로 옮겨 적었습니다. 수업 시간이 많은 화, 금요일에는 복습 분량이 많고 수요일은 과목이 적어 분량이 많지 않습니다. 그러니 새로운 공부를 시작하고 싶다면 여유 있는 수요일에 배치하는 것이 가장 좋겠지요. '내 공부'에서 복습을 포함한 총 공

	월	화	수	목	금
1	과학	과학	수학	영어	체육
2	창체(컴)	사회	체육	국어	보건
3	음악	영어	도서관	미술	국어
4	국어	국어	사회		영어
5	체육관	수학	실과(컴)	동아리/수학	과학
6	수학	도덕		동아리/창체	사회

* 과학, 영어, 체육(2) - 교과선생님
* 과목별 교육과정 시수에 맞추어 수업이 이루어지게
  되므로 시간표는 자주 변경되게 됩니다.

스스로 평가 : Good

	6/1 월		6/2 화		6/3 수		6/4 목		6/6 금		토
숙제	국어 조사	○	사회 공책정리	○			독서록 쓰기	○	일기 쓰기	○	오전 보충, 한 주 반성과 계획
내 공부	과학, 국어, 수학 복습	△	과학, 사회, 영어, 국어, 수학 복습	○	수학, 사회 복습	○	영어, 국어, 수학 복습	× →	국어, 영어, 과학, 사회 복습	○	
	EBS 영어 문법	×	영어 독해책 2장		EBS 영어 문법	△	영어 독해책 2장	△	EBS 영어 문법	○	
평가 및 계획	한 주간 열심히 공부한 나를 칭찬해 주고 싶다. 다만 목요일에는 수영이 있어서 운동 후에는 복습을 자꾸만 못하게 된다. 그래서 목요일 복습은 다음 날로 미뤄졌고 금요일에도 분량이 남아 토요일에 마저 다 했다. 이럴 바에는 목요일 영어 독해를 다른 날로 옮기는 것이 좋겠다. 언제가 좋을까?										

| 학생의 학교 시간표와 일주일 공부 계획 예시 |

부량이 1시간을 넘지 않도록 하기 위해 EBS 영어 문법과 영어 독해책은 서로 다른 날로 배치하였습니다. 영어 복습의 4단계인 문법과 독해는 이렇게 격일로 과제를 바꾸어가며 매일 조금씩 할 수 있도록 계획을 잡았습니다.

토요일은 공부거리를 따로 적지 않고 보충이라고 적었습니다. 만약 주중에 계획한 분량을 다 하지 못했을 때는 토요일 오전 중으로 보충할 수 있도록 여유시간을 두었습니다. 보충할 것이 없다면 자유 시간으로 사용하면 됩니다.

내가 만든 계획표를 지켜보고, 계획했던 일들이 지켜진 정도에 따라 ○△×로 자기평가를 해 봅니다. 당일에 할 수 없었지만 다음날에라도 꼭 해야 한다고 생각되는 공부는 →로 미루기 표시를 해서 다음날 해결합니다.

한 주의 공부를 마치면 토요일에는 평가 및 계획란에 한 주 공부를 마친 자신의 소감을 적습니다. 잘한 부분은 스스로 칭찬해 주고 잘 안 되었던 부분은 개선점을 생각해서 다음 주 일주일 계획을 세울 때 반영합니다. 계획에 대한 일종의 자기 피드백란인 것이지요.

계획표의 오른쪽 위에는 한 주 동안 계획했던 것을 다 지켰으면 →가 있더라도 그 주는 Perfect, △×가 3개 이내면 Great, 5개 이내면 Good과 같이 기준을 정해서 스스로 평가를 해보면 좋습니다.

여러 주 연속으로 Good 이상을 기록하면 Combo를 주어 2Combo, 3Combo와 같이 내가 연속적으로 계획 달성에 성공하는 것을 뿌듯하게 느낄 수 있도록 평가해 보는 것도 추천합니다. 5Combo를 달성하면 5주나 연속 성공한 것이니 크게 축하해야겠지요. 연속 성공 목표를 정했다가 이를 달성하는 주에는 치킨 먹기와 같이 친구나 부모님과 보상체계를 만들어보는 것도 재미있습니다.

토요일 오후나 일요일에는 잠시 시간을 내어 다음 일주일의 공부 계획을 작성합니다. 개선점이 없다면 지난주와 같이 작성하면 되고, '평가 및 계획'에서 반영할 피드백이 있었다면 그에 따라 분량, 요일 등을 조정합니다. 수정된 계획표는 다음 주 월요일부터 새롭게 시작합니다.

복습 공부로
효과를 거두는 날

복습의 효과가
찾아온다는 것은

———————— 눈이 뻑뻑하고 피곤해 조금 일찍 자려고 누운 어느 날 6학년 큰아들이 교과서를 내밉니다.

"엄마, 나 내일 단원평가 있는데, 한번 물어봐 줘요."

모처럼 아이가 하는 부탁이니 이불 속에서 잠시 작은 등을 켰습니다. 학기말이다 보니 2학기 사회책 3개의 대단원 중 마지막 대단원 전체가 범위입니다. 교과서를 펴서 인권의 뜻도 묻고 교과서에 나온 조선시대 인권 신장 제도에 대해서도 묻습니다. 법의 역할을 문장으로 대답하게 하고 기본권의 뜻과 용어도 빈칸 넣기로 물어봅니다. 어쩐 일인지 대답이 척척 입니다.

"오~ 느낌 좋은데! 2단원 때랑 너무 달라."

2단원 단원평가 전날에도 이렇게 물어보고 답하기를 했었는데, 답이 막혀 아들이 쩔쩔매던 모습이 떠올랐기 때문입니다.

"그러네. 엄마, 다 됐을까?"
"내가 물어볼 수 있는 건 다 물어봤어~파이팅!"
다음날, 아들은 사회 단원평가 100점 시험지를 내밉니다.

"오~ 잘했네! 근데 엄마는 이미 어젯밤 물어볼 때 예감하고 있었어. 우리 아들이 3단원 공부를 잘했더라고"
"그치? 공책정리하니깐 내용 정리가 엄청나게 된 것 같아!"

아들은 담임 선생님께서 복습 과제로 내준 사회 공책정리를 하느라 6학년 내내 애를 먹었지만, 그 과정에서 수업의 핵심이 점차 파악되기 시작했고, 학년말이 되자 효과를 보게 된 것입니다. 과묵한 아들이지만 모처럼 뿌듯한 표정입니다.

복습으로 해온 공부는 좌충우돌 끝에 이제 한두 개씩 성공의 회신을 보냅니다. 잘 되어서 정착한 부분이 있는 반면, 아직은 해결되지 못한 부분도 있습니다. 그래도 학교 공부를 중심으로 자기 공부를 어떻게 해나가면 좋을까 스스로 고민하고 노력하면서 조금씩 공부와 삶의 주인이 되는 길로 들어서고 있다는 생각에 이제는 중학생이 된 아들을 믿고 지켜봅니다.

복습 공부의 결과는
공부 독립

복습 공부법으로 초등 고학년을 보낸 학생에게는 어떤 일이 일어날까요? 일단 복습으로 얻게 되는 가장 큰 성과는 학생이 학교 공부 위주로 내 공부는 내가 스스로 할 수 있다는 자신감을 얻게 되는 것입니다.

부모님이 학생보다 학생의 일과와 공부를 더 걱정하면서 단원평가를 준비하도록 종용하고 숙제를 챙겨주는 모습은 이제 사라집니다. 숙제를 챙기고, 진행 중인 학교 공부가 잘되고 있는지 점검하고, 자기 생활을 관리하는 일은 아직 부족하지만 점차로 학생 스스로 담당하게 됩니다. 공부하다 모르는 것, 부족한 것을 만났을 때도 해결 방법을 고민하고 실행하는 일은 이제 학생의 몫입니다. 아직은 미숙하고 방법을 몰라서 힘들 때도 있겠지만 배운 내용을 다시 읽어보고, 선생님과 친구들에게 질문하고, 문제를 풀면서 자신이 모르는 것을 공략하여 아는 것으로 만드는 공부전략도 학생 스스로 하나하나 습득해 나가게 됩니다.

학생이 스스로 공부할 줄 알게 된다는 것은 이렇듯 학생 자신이 공부의 주인이 되어 일상의 문제도 스스로 돌파해 나갈 줄 아는 능동성을 갖추게 되는 것을 말합니다.

공부와
삶의 주인으로 서는 날

때는 다시 석기시대입니다. 오늘은 엄마도 아빠도 멀리 사냥을 나가시고 가죽을 손질하며 혼자 동굴을 지킵니다. 그때 동굴 앞에서 들려오는 소리에 본능적으로 몸을 일으켰습니다. 조심스레 나가보니 이게 웬 횡재입니까? 우리 가족이 늘 찾아 헤매던 멧돼지가 바로 눈앞에 있는 것이 아니겠어요? 몸집도 그리 크지 않은 것이 나서 볼 만한 상대인 것 같습니다. 하지만 그렇다고 방심하면 다칠 수도 있으니 긴장을 늦추어선 안 됩니다.

'침착해, 놓치더라도 한번 해 보자. 주먹도끼를 들고 나갈까? 아니지, 일단 멀리서 창을 던질까? 소리를 지를까?'

그동안 사냥을 따라다니며 배우고 익혔던 온갖 기술이 머리를 스칩니다. 혼자서 사냥감을 만난 이 순간이야말로 그동안 갈고 닦아온 나

저 멧돼지는
이제 제 겁니다~

의 사냥술을 제대로 시험해볼 수 있는 절호의 기회라는 생각에 가슴이 뜁니다.

석기시대 청소년이 혼자 멧돼지를 만나는 것처럼 이제 학생은 때로 자신에게 찾아온 크고 작은 어려움과 도전을 부모님 없이 스스로 감당해야 합니다. 삶에서의 어려움과 도전은 두렵기도 하지만 한편으로 어른이 되어가는 나를 시험해 볼 기회이기에 때로는 가슴 설레는 모험으로 다가오기도 합니다.

그동안 복습법으로 공부를 끌어가느라 힘들 때도 있고 좌충우돌하기도 했지만 조금씩 공부를 스스로 해나가고 있다는 사실에 나 자신이 대견하고 뿌듯합니다. 이제 학생은 어렴풋이 깨닫습니다. 나를 가장 잘 아는 것은 나 자신이며 내 삶의 주인이 나라는 사실 말입니다.

아이들은 모두 자신의 삶을 빛나게 해줄 내면의 힘을 가지고 태어났습니다. 그런데 어른들은 그 숨겨진 보물이 당장 보이지 않는다고 아이들이 아무것도 못 할 것처럼 전전긍긍하며 걱정하고 있는 것은 아닐까요?

잠재력대로 대접하면 그보다 큰 사람이 된다는 괴테의 말처럼[12] 우리 자녀와 학생들의 저력 또한 비록 완성되지 않았지만 마치 완성된 것처럼 여기고 믿어줄 때 발휘될 것입니다. 기회가 주어진다면 아이들은 저마다 가진 잠재력을 발휘하여 부모와 선생님은 상상조차 할 수 없을 만큼 독창적이고 빛나는 사람으로 성장하게 됩니다. 그리고 미래에, 지금의 어른들은 미처 생각할 수 없는 새로운 난관을 만났을 때도 스스로 연마한 자신만의 지혜로 어려움을 당당히 헤쳐나가는 삶의 주인공이 될 것입니다.

복습으로 공부와 삶의 주인이 되기로 결심한 학생 여러분의 멋진 성숙을 진심으로 응원합니다.

열망과 확고한 목표가 선행되어야 하고

바른 방식으로, 꾸준히 실천할 때

비로소 성취가 이루어진다!

참고문헌 / 주해 註解

1장

1) 공자, 『논어』 「제6편 옹야」, 홍익출판사, 2005, 82쪽
2) 황농문, 『공부하는 힘』, 위즈덤하우스, 2013, 91쪽
3) 서울대학교 교육연구소, 『교육학용어사전』, 하우동설, 2011
4) 칼 뉴포트, 『딥 워크』, 민음사, 2017
5) 고영성, 신영준, 『완벽한 공부법』, 로크미디어, 2017
6) 강성태, 『강성태 66일 공부법』, 다산에듀, 2018, 126쪽
7) 한재우, 『혼자 하는 공부의 정석』, 위즈덤하우스, 2018, 22~31쪽
8) 『2020 서울 신도중학교 신입생 안내』 중 발췌
9) 전위성, 『초등6년이 자녀교육의 전부다』, 「2011, 교원교육연구소 자료」, 오리진하우스, 2015, 263~264쪽 재인용
10) 공자, 『논어』 「제1편 학이」, 홍익출판사, 2005, 27쪽
11) 손윤희, 『중등학생의 사교육 및 개인공부시간이 학업성취도의 종단 변화에 미치는 영향 분석』, 서울대학교, 2016, 59쪽
12) EBS 다큐프라임, 『학교란 무엇인가』 「8회 0.1%의 비밀」 참조

2장

1) EBS 다큐프라임, 『교육대기획 10부작 학교란 무엇인가』 「8부 0.1%의 비밀」
2) 김판수, 최성우, 양환주, 『메타인지와 말하는 공부』, 패러다임북, 2017
3) 강성태, 『강성태 66일 공부법』, 다산에듀, 2018, 96쪽
4) 사이토 다카시, 오은영 역, 『내가 공부하는 이유』, 걷는나무, 2014
5) 선행학습과 상위인지능력(메타인지)간 관계를 파악하기 위해 '9부 사교육 분

석보고서' 방송 내에서 시행한 실험을 말한다. 고1과정까지 선행학습을 한 중3 학생을 대상으로 먼저 고1수학 수준의 문제 20문항을 학생들에게 보여주고 풀 수 있는 문제수를 예상하게 한다. 그 후 해당 문제를 학생들이 실제로 풀게 하여 맞힌 문제수와 예상 문항수를 비교했다. 실험결과 학생들의 두 응답은 2개 ~11개까지 대부분 큰 차이를 보였다. 특히 학생들은 대부분 자신이 실제 맞힐 수 있는 문제 수 보다 더 많은 문제를 풀 수 있다고 생각하는 경향을 보였다.

6)   송재환, 『초등 5학년 공부법』, 글담출판사, 2010, 23~25쪽
7)   김경일, 『십대를 위한 공부사전』, 다림, 2018, 198쪽

3장
---

1)   EBS 다큐프라임 『교육대기획 10부작 학교란 무엇인가?』「8회 0.1%의 비밀」
2)   김경일, 네이버캐스트, 『생활 속의 심리학』「또 다른 지적 능력 메타인지」
3)   리사 손, 『메타인지 학습법』, 21세기북스, 2019, 23~25쪽
4)   김경일, 『십대를 위한 공부사전』, 다림, 2019, 156쪽
5)   '머릿속 구조를 바꾸는 공부'의 내용은 책 『혼자하는 공부의 정석』 중 「혼자하는 공부를 위한 뇌과학의 원리②」통해 알게 된 사실을 필자가 나름대로 이해하여 정리한 것이다. 이 책의 해당 장을 통해서 필자는 느리지만 정확하려고 애썼던 공부가 갑자기 도약을 가져왔던 원리를 이해하게 되었고, 이것을 '탁월함의 추구'라는 말로 개념화할 수 있었다.
6)   미하이 칙센트미하이, 『FLOW』, 한울림, 2004, 290쪽
7)   황농문, 『공부하는 힘』, 위즈덤하우스, 2013, 61쪽
8)   안데르스 에릭슨, 로버트 풀 『1만 시간의 재발견』, 비지니스북스, 2016

4장
---

1)   초등 교과서의 글들은 6학년 교과서라 하더라도 국어를 제외하면 1~2개의 문단 정도로 짧은 편이다. 이러한 글의 중심 생각 찾기는 5학년 1학기 국어(가) 3.

글을 요약해요 단원의 '구조를 생각하며 글 요약하기'시간에 자세히 배운다. 다른 과목을 공부할 때도 국어에서 공부한 내용을 적극 활용해보자.

2)   국어(나) 5학년 1학기 교과서 9. 여러 가지 방법으로 읽어요, 280쪽

3)   강성태, 『미쳐야 공부다』, 다산에듀, 2015

4)   김판수, 최성우, 양환주, 『메타인지와 말하는 공부』, 패러다임북, 2017

5)   초등 고학년부터 자기주도 학습으로 공부해온 학생으로 필자는 자기주도 학습의 효과성 및 공부 방식이 궁금하여 중학교 졸업 시점과 대학교 2학년, 두 차례에 걸쳐 학생과 심층 인터뷰를 하였다. 학교 수업과 방과 후 교실, EBS 방송, 심지어 학원까지도 주도적이고 효과적으로 이용하며 공부해온 이 학생의 공부 모습을 통해 필자는 자기주도 학습의 효과성을 확신하는 한편, 개념적으로만 생각했던 출력식 공부의 방법들을 실제로 추출할 수 있었다. 학생은 현재 고려대학교 경제학과에 재학 중이다.

6)   과학 5학년 1학기 교과서 3. 태양계와 별 64~65쪽

7)   과학 4학년 1학기 교과서 3. 식물의 한살이 54쪽

8)   과학 5학년 1학기 교과서 3. 태양계와 별 62~63쪽

9)   과학 5학년 2학기 교과서 2. 생물과 환경 33쪽

10) 조승우, 『공부 마스터플랜』, 포레스트북스, 2019, 121쪽

11) 강성태, 『강성태 66일 공부법』, 다산에듀, 2018, 27쪽

12) 양현, 김영조, 최우정, 『서울대 합격생 100인의 노트정리법』, 다산에듀, 2015

13) 이찬영, 『기록형인간』, 매일경제신문사, 2015, 71쪽

14) 양현, 김영조, 최우정, 『서울대 합격생 100인의 노트정리법』, 다산에듀, 2015

5장

---

1)   유시민, 『유시민의 글쓰기 특강』, 생각의길, 2015, 61쪽

2)   최수일, 『지금 가르치는게 수학 맞습니까?』, 비아북, 2017, 126쪽

3)   공식은 일반적으로 계산의 법칙 따위를 문자와 기호로 나타낸 식을 말한다. 초등에서는 문자와 기호표현이 많지 않아 '공식'이라고 하기 보다는 '계산의 법칙'이라고 하는 편이 정확하겠지만 편의를 위해 공식이라고 용어를 사용하고자

한다.

4) 이시형,『공부하는 독종이 살아남는다』, 중앙북스, 2009, 196쪽

5) (교육부 고시 제2015-74호)『2015 초등학교 교육과정』「영어」[별표4] 의사소통에 필요한 언어 형식

6장

1) 마태효과를 말하는 것이다. 생물학에서는 승자효과(winner effect)라 부른다. 어떤 사람이 성공을 이루면 테스토스테론이 더욱 많이 분비돼 지배적 행동이 강화되고 그로 인해 더 많은 성공을 불러온다는 이론이다. 김민주,『시장의 흐름이 보이는 경제법칙 101』「가진 자가 더 갖게 되는 이유」, 위즈덤하우스, 2011

2) 이시형,『공부하는 독종이 살아남는다』, 중앙북스, 2009, 74쪽

3) 이시형,『공부하는 독종이 살아남는다』, 중앙북스, 2009, 196쪽

4) 국립국어원,『표준국어대사전』발췌

5) 웬디 우드,『해빗』, 다산북스, 2020, 127쪽

6) 이동우,『이동우의 10분 독서』,「글쓰기에 대한 생각」, 네이버 오디오클립, 2018. 4. 10 방송분

7) 로버트 마우어,『아주 작은 반복의 힘』, 스몰빅라이프, 2016

8) 이시형,『공부하는 독종이 살아남는다』, 중앙북스, 2009, 71쪽

9) 게리 켈러, 제이 파파산,『원씽』, 비지니스북스, 2013, 79쪽

10) 웬디 우드,『해빗』, 다산북스, 2020, 208쪽

11) 이별님 기자,『[입시공화국] 초등학생도 '20시간 공부 타임 랩스' 열풍』(뉴스포스트, 2020. 2. 11. 기사)

12) 차동엽,『무지개원리』, 위즈앤비즈, 2008, 재인용.
인간은 보이는 대로 대접하면 결국 그보다 못한 사람을 만들지만, 잠재력대로 대접하면 그보다 큰 사람이 된다. (괴테)

알자배기
초등 복습 비법

초판 1쇄 인쇄 2020년 10월 5일
초판 1쇄 발행 2020년 10월 19일

지은이 유혜영

펴낸이 최남식
외부스태프 전현영, 조민서
마케팅 김지권, 한고은, 신수경
제 작 전건호

펴낸곳 오리진하우스
출판등록 2010년 3월 23일 제313-2010-87호
주 소 인천광역시 서구 고산후로121번안길 28 , 206호
전 화 02-335-6612 **팩 스** 0303-3440-6612
이메일 originhouse@naver.com
포스트 post.naver.com/originhouse
블로그 blog.naver.com/originhouse

값 16,000원ⓒ2020, 유혜영
ISBN 979-11-88128-22-8 03370: ₩16000

• 오리진하우스는 독자 여러분의 원고 투고를 기다리고 있습니다.
  원고가 있으신 분은 originhouse@naver.com으로 간단한 개요와 취지, 연락처 등을 보내 주세요.

이 도서의 국립중앙도서관 출판예정도서목록(CIP)은 서지정보유통지원시스템 홈페이지(http://seoji.go.kr)와 국가자료공동목록시스템(http://www.nl.go.kr/kolisnet)에서 이용하실 수 있습니다.(CIP제어번호: CIP2020041686)

KOMCA
승 인 필